JN429150

몽골과
그리스도교

한국교회 몽골선교 30주년 기념

몽골과 그리스도교

안경덕 지음

일조각

일러두기

1. '동방교회'를 시대와 상황에 따라 '동시리아교회'라고도 표현하였다. 그리고 '네스토리우스파교회'라는 명칭은 라틴·그리스교회의 역사적 입장을 반영한 것이므로, 특별한 경우를 제외하고는 사용하지 않았다.
2. 통치자(황제, 왕, 칸)와 성직자(교황, 총대주교)에 병기한 연도는 재위·재임 기간이다. 그 밖의 인물에 병기한 연도는 생몰년 또는 몰년이다.
3. 외래어 표기는 원칙적으로 국립국어원의 어문 규정을 따랐으나 다음과 같은 예외를 두었다.
   — 성경의 인명과 지명은 『새번역성경』(2005)을 따랐다.
   — 몽골의 인명과 지명의 일부 표기는 현지음에 가깝게 표기하였다.
      예) 일한국 → 일칸국
      아리크부카 → 아리크부케
4. 미주의 인용 자료 출처는 저자명·출간 연도·해당 쪽만 표기하고, 「참고문헌」에서 해당 인용 자료를 자세히 안내하였다.
5. 부연 설명이 필요한 경우에는 [ ]로 묶어 구별하였다.

추천사

안교성(장로회신학대학교 교수, 교회사·역사신학)

안경덕 선생의 『몽골과 그리스도교』가 출간되어 기쁜 마음으로 추천사를 쓴다. 그 이유는 몇 가지이다. 첫째, 개인적인 이유이기는 하지만, 추천자도 한때 몽골과 관련이 깊었기에 몽골에 관한 것이라면 무엇이든지 일단 환영하는 마음이 든다. 『몽골과 그리스도교』의 출간도 마찬가지다.

둘째, 최근 들어 그리스도교 역사가 서유럽 중심적인 역사관을 탈피하여 새로운 역사를 추구하고 이런 과정에서 아시아 그리스도교 역사 연구가 중요한 흐름으로 대두하고 있다. 그러나 새로운 역사서들이 아시아 그리스도교 역사에 대해 이전보다 더 폭넓고 심화된 내용을 담고 있는 것은 사실이지만, 아시아 그리스도교가 워낙 방대하다 보니 특정 지역의 그리스도교 역사에 대한 언급은 제한적이고 책 가운데 여기저기 산발적으로 흩어져 있을 수밖에 없다. 따라서 특정 지역의 그리스도교 역사를 간추리려면, 다시 읽으면서 정리하는 수고를 해야 한다. 『몽골과 그리스도교』는 몽골에 관심이 있는 독자를 위해 이런 수고를 대신해 주는 친절한 책이다. 아시아 그리스도교 역사에서 몽골이 차지하는 위상이 매우 높다는 사실은 아시아 그리스도교 역사에 조금이라도 관심을 가진 사람이라면 누구나 인정하는 바이다. 저자는 몽골을 중심으로 동방교회 역사를 다루면서, 몽골 그리스도교 자체를 소개할 뿐 아니라, 동방교회 전체 가운데 몽골 그리스도교의 좌표를 짚어 주고 있어, 몽골 그리스도교와 동방교회를 한꺼번에 볼 수 있도록 해 준다.

셋째, 『몽골과 그리스도교』는 아시아 그리스도교 역사에 대한 깊은 관심과 이해를 가진 저자가 집필한 책이다. 저자는 이미 아시아 전체와 아시아의 특정 지역, 즉 아시아 서쪽 끝에 놓인 팔레스타인 및 아시아 동쪽 끝에 놓인 중국의 그리스도교를 다룬 다양한 책들을 번역하였다. 『나는 팔레스타인의 크리스천이다』, 『파사집: 17세기 중국인의 기독교 비판』, 『부득이: 17세기 중국의 반기독교 논쟁』, 『실크로드 기독교: 동방교회의 역사』 등이 대표적이다. 그리스도교 선교를 포함한 문명 교류의 역사를 보면, 상아탑에서 연구하는 학자 못지않게 혹은 그 이상으로 현장에서 사역하면서 연구에 힘썼던 현장의 학자(그리스도교의 경우 선교사 학자missionary scholar)들의 기여도가 높다. 저자의 경우도 몽골에서 다년간 지냈으며, 몽골에 대한 이해가 깊은 편인데, 『몽골과 그리스도교』는 그의 관심과 노력이 맺은 열매라고 할 수 있다.

『몽골과 그리스도교』도 다른 모든 역사서와 마찬가지로 장점과 단점이 있다. 장점은 몽골 그리스도교 역사에 대한 요긴한 지침서요 입문서라는 것이다. 기존의 아시아 그리스도교 역사만 해도 섭렵하기가 불가능할 정도로 방대한데, 저자는 몽골을 중심으로 그 내용을 잘 정리하였다. 따라서 몽골 그리스도교에 대한 정보를 얻으려는 사람들은 이 책을 첫걸음 삼을 수 있을 것이다. 그리고 보다 깊은 연구를 하려면 스스로 연구의 바다에 뛰어들면 된다. 단점은 기존의 연구 가운데 주로 서유럽 학자들의 연구만 충실하게 소개하고 있어, 최근 들어 이루어진 서유럽 이외의 학자들과 몽골 학자들에 의한 연구를 충분히 반영하지 못하고 있다는 것이다. 아마 이 분야는 후학이나 다른 학자 또는 저자 자신이 담당해야 할 것이다. 한술 밥에 배부를 수 없다는 말도 있고, 천 리 길도 한 걸음부터라는 말도 있으니, 후속 연구를 기대해 본다. 이참에 몽골 그리스도교에 대한 여러 전문가들이 참여한 연구서도 나왔으면 하는 생각이 든다. 가령 『중국 그리스도교 핸드북Handbook of Christianity in China(Vols. 1~2)』이나 『일본 그리스도교 핸드북Handbook of Christianity in Japan』이 떠오른다. 그렇다면 『몽골과 그리스도교 핸드북』도 가능하지 않을까?

『몽골과 그리스도교』 출간을 다시 한번 축하하면서, 몽골을 사랑하는 사람들은 물론 몽골에 관심이 있는 독자들에게 일독을 권한다.

책을 펴내며

그리스도교 복음이 10세기 이전에 몽골인들 속으로 들어왔었다는 사실史實을 알게 된 나는 이를 밝혀 선교의 접점으로 삼아야겠다고 생각하였다. 그런데 뜻밖에도 내가 접했던 많은 몽골인들은 자기 민족과 나라의 역사에 대한 인식이 부족하면서 부정확하였다. 이는 아마도 오랫동안 민족주의를 금기로 여기는 공산 정권의 통제를 받았기 때문일 것이다. 특히 칭기즈 칸 이전 시대의 선조들이 그리스도교를 수용했다는 사실을 알고 있는 몽골인들은 거의 없었다.

몽골인들은 이미 1,000년 전에 그리스도교 역사상 가장 선교적이고, 문화 포용적이며, 순교적인 동방교회를 통해 복음을 받아들였다. 그리스도교의 적통이라 자부하는 제국교회와 뿌리가 같지만, 단 한 차례도 국가 권력의 비호를 받은 적이 없었던 교회, 예수 시대의 언어인 시리아어(아람어)를 예전어로 사용하고 있는 교회, 태동 때부터 그리스의 철학과 과학을 신학과 결부시킴으로써 귀중한 인류의 지적 자산을 보존하여 이슬람 문화가 꽃피우도록 자양분을 주었던 교회, 유라시아 지역에 200개가 넘는 교구들을 가지고 있었던 교회, 중앙아시아와 인도·중국까지 지경을 넓히며 선교적 소임을 감당하면서 동서 교류의 중심에 섰던 교회, 영성을 귀중히 여기고 모든 문화 속에 살아 움직이는 하나님을 바라는 교회, 바로 그 동방교회를 통해서였다. 그러므로 동방교회는 교회사에서 중요하게 다루어야 할 부분이며, 종교다원주의Pluralism라는 환경에서도 세속적인 권력을 탐하는 오늘날의 교회에 큰 깨달음을 줄 수 있는 교회이다.

『몽골과 그리스도교』라는 다소 거창한 제목을 붙인 이 책은 그동안 내가 접했던 동방교회에 관한 여러 자료 가운데 몽골과 관련된 것을 중심으로 편집한 책이라 할 수 있다. 여러 언어로 표기된 퍼즐 같은 사료史料 정리와 이 사료들에 대한 평가와 함께 중요 종교 및 사상과의 접촉 과정·민족 이동·동서 교류·유라시아의 지정학 등에 대한 상당한 이해와 유기적 연결 및 해석을 한두 명의 학자가 이루어 낸다는 것은 불가능에 가까운 작업이다. 더군다나 나는 몽골과 관련한 심층 연구를 하는 학자도 아니기 때문에 몇 가지 2차 자료를 엮는 선에서 그칠 수밖에 없었다. 10년이 넘는 몽골 생활을 정리하는 한편, 2021년은 한국교회의 몽골 선교 30년을 맞는 해로 이를 회고하고 반성하는 의미에서 이 책의 작업을 시작하였다. 무엇보다도 몽골인들과 선교사들이 몽골의 그리스도교 역사를 이해하는 데 자그마한 도움이라도 주고픈 마음이다.

일조각 김시연 사장님과 강영혜 선생이 많은 시간을 들여 원고를 세세히 검토하시고 충실한 조언을 주신 것에 깊이 감사드린다. 또 정복희 화백의 노고에도 감사드린다. 2008년부터 몽골에서 간호계의 지도자 양성을 위해 온갖 정성을 쏟고 있는 아내 오가실 교수의 성원과 격려로 이 원고가 빛을 보게 되었다는 점도 아울러 밝힌다.

2021년 9월 지은이

차례

03

셀레우키아-크테시폰 시대 1
교회의 안정과 성장

04

셀레우키아-크테시폰 시대 2
신학의 정립

05

바그다드 시대
이슬람과의 공존

Ⅱ 복음의 수용자: 대초원의 부족들

06

동방 선교

07

몽골인들이 만난 복음

08

그리스도인 왕비들·공주들과 고관들

09

원나라 때의 그리스도교

10

일칸국에서의 동방교회

11

몽골의 그리스도교 흔적들

Ⅲ 북원시대부터 현대까지

12

몽골과 티베트 불교

13

19~20세기 초 세계 선교와 몽골

부록

들어가며

2,000년 전 팔레스타인Palestine 땅에서 생긴 '예수 사건'을, 일부 유대인들은 구약에서 예언한 것처럼, 메시아의 강림이라고 믿었으며, 그리스도의 재림을 확신한 예수의 열두 제자들은 예수가 승천한 뒤에 이 '기쁜 소식[복음福音]'을 온 세상에 전파하러 나섰다. 일반적으로 그리스도교가 메시아의 강림을 계기로 모체인 유대교의 틀에서 벗어나 독립된 종교로 자리매김한 때를 예루살렘Jerusalem이 로마에게 정복당한(70) 직후로 본다. 이 시기는 베드로St. Peter(?~64?)·바울St. Paul(10?~67?) 등 예수의 직전直傳 제자 대부분이 사거한 뒤로, 임박하다고 믿고 있던 그리스도의 재림이 지연되면서 유대교 경전(구약)에 그리스도교만의 경전(신약)이 추가되고 제의적 기능을 갖추게 되는 그리스도교가 비로소 종교의 모습을 지니게 되는 때이다. 복음은 유대인 디아스포라diaspora를 거점으로 먼저 서쪽으로는 그리스인들에게, 이어서 로마제국 안에 사는 사람들에게 전해졌고, 동쪽으로는 아르메니아Armenia와 메소포타미아Mesopotamia에 사는 사람들에게 전파되었다.

로마제국 황제들의 핍박을 견뎌 낸 초대교회Early Church는 313년 콘스탄티누스 1세Constantine I 때에 공인을 받아 제국교회Imperial Church로서 위상을 갖게 된다. 392년 국교가 된 그리스도교는 지역적·문화적 특성에 따라 라틴교회(가톨릭교회)와 그리스교회(정교회)로 갈라졌고, 16세기의 종교개혁으로 라틴교회에서 개혁교회(개신교회)가 다시 갈라져 나왔다. 여기까지가 일반인들이 접하는 교회사의 큰 줄거리이다.

하지만 교회형성기부터 로마제국 동쪽 국경 너머 메소포타미아에 동방교회(시리아교회)라는 또 하나의 초대교회가 모습을 드러내고 있었다. 이 교회를 통하여 복음은 실크로드를 타고 중앙아시아와 중국·몽골 대초원·만주까지 전파되었다. 이를 '동진그리스도교'라고도 부른다. 그러나 서양교회사 편중의 교회사가들 대부분은 동진그리스도교를 외면하거나 이단으로 치부하였다. 복음이 동서로 만민에게 두루 전파되었다는 '하나님의 선교missio dei'[1]에 대한 폭넓은 이해가 필요한 부분이다.

많은 사람들이 메소포타미아에서 발원한 동방교회The Church of the East를 콘스탄티노플에 자리하였던 동방정교회(그리스교회)와 혼돈하거나 혼용하고 있다. 신학교에서조차 동방교회에 관한 것들을 전혀 말하지 않으면서, 교회의 역사에서 제국교회를 서로마제국을 기반으로 하는 서방교회인 라틴교회Latin church 또는 Catholic church, 동로마제국에 자리 잡은 동방정교회Greek church, Orthodox church 또는 Byzantium church로 양분하여 지금도 가르치고 있다. 용어의 구분을 정확하게 해야 할 부분이다.

이 책은 크게 세 부로 구성하였다. Ⅰ부에서는 아시아 동쪽 끝까지 복음을 전파한 동방교회의 역사를 약술하였다. 중앙아시아와 북방 대초원에 복음을 전한 교회를 이해하는 것이 먼저이기 때문이다. 동방교회 역사는 편의상 성청 소재지를 중심으로, 전승시대(70~291)·셀레우키아-크테시폰시대(291~780)·바그다드시대(780~1281)로 구분하였다. 일칸국Il Khanate(1256~1335) 이후의 역사에 대해서는 Ⅱ부에서 다루었다. Ⅱ부에서는 실크로드를 따라 5~6세기 이전부터 유라시아의 초원부족들에게 전해진 동방교회의 역사를 동아시아에서 그리스도교가 모습을 감추기 시작한 14세기까지 가급적 상세하게 다루었다. 14~15세기는 원元·명明 교체기를 지나면서 자유롭게 전파되던 그리스도교가 동아시아에서 사라진 시기인 동시에 동방교회의 고향인 메소포타미아·페르시아와 선교 거점이었던 중앙아시아를 이슬람이 차지하면서 동방교회의 쇠락이 시작된 시기이기도 하다. Ⅲ부에서는 동방교회의 쇠락과 함께 초원에서 동방교회가 자취를 감춘 내용을 약술한 후, 원나라 이후 북원시대를 열었던 몽골인들의 역사를 집중적으로 재조명하면서 몽골의 불교화 과정을 시대적·지정학적 상황에 맞추어 정리하였다. 이어서 선교의 세기라 불리는 19~20세기 초에 몽골인들에게 다시 복음을 전할 수 있게 되었음을 서술하였다.

— 주

1 1934년 독일 선교학자 Karl Hartenstein이 '선교의 주체는 교회missio ecclesiae'라는 종래의 개념을 깨면서 사용한 용어이다. 그 뒤로 저명한 선교학자 David Bosch, Lesslie Newbigin, Darrell Guder 등이 'missio dei'라는 개념을 선교학에 도입하였다. Bosch, David J, 1991, p.420; Lesslie Newbigin, 1989, p.230 참조.

I

복음의 전달자 동방교회

OI

전승시대

메소포타미아의 젖줄로, 터키 북동부에서 발원하여 남서쪽 페르시아만Persian Gulf 어귀 바스라Basra 쪽으로 흐르는 유프라테스Euphrates강이 로마제국Roman Empire(B.C. 27~A.D. 476)과 파르티아제국Parthian Empire(B.C. 247~A.D. 224)의 경계선이었다. 이 강 유역은 1세기에 로마 문명과 페르시아 문명이 만나는 곳으로 개방적인 분위기가 충만하였고, 그리스인·시리아인·아르메니아인·페르시아인은 물론이고, 기원전 8세기부터 몇 차례에 걸쳐 디아스포라가 된 유대인들[1]이 뒤섞여 살고 있는 민족들의 도가니였다. 또 유프라테스강은 언어의 경계선이기도 하였다. 로마제국에서는 그리스어가 널리 통용되고 있었지만 메소포타미아 지역에서는 실크로드 상인들의 언어로 발전해 온 아람어(시리아어)가 일상어였다. 예수 그리스도는 히브리어의 사촌격인 아람어로 복음을 선포하였다. 예수가 승천한 뒤에는 유프라테스강을 사이에 두고 다른 길을 걷게 되는 두 개의 초대교회가 생겨났다.

— 동방교회의 전승

300년쯤에 시리아어로 쓴 『아다이의 가르침The Doctrine of Addai』에서는, 에데사Eddesa(현재 터키 우르파Urfa)에 복음이 전파된 과정과 아브가르 5세 Abgar V(B.C. 4~A.D. 50)와 예수 그리스도가 편지를 주고받은 사실을 말하고 있다.[2] 동방교회에서는 교회의 기원을 아기 예수에게 경배하러 온 동방박사들에게서 찾고 있는데,[3] 사도행전에서는 33년 오순절 때 지중해를 둘러싼 '여러 곳'에서 온 유대인들과 이방인 개종자들이 하나님이 한 큰 일(복음 선포)을 각기 제 나라 말로 듣고서 놀랐다고 전한다. 여러 곳에서 온 이방인들에는 파르티아인Parthians · 메데인Medes(고대 이란인) · 엘람인Elamites(현재의 이란 서단과 남서쪽에 살던 민족)과 메소포타미아에 사는 사람들이 섞여 있었다.[4] 다시 말하면, 복음이 유대인들이나 헬라인들에게 전해진 것처럼 메시아 강림 이후에 메소포타미아에 사는 사람들에게도 전해졌고, 동방교회에서는 이것이 메소포타미아 교회의 시작이었다고 말한다.[5]

그리스도교의 동방 전파를 말할 때 빠짐없이 등장하는 에데사는 시리아 오르하이Syrian Orhay라고도 부르는 곳으로, 파르티아와 로마 사이에 있던 작은 왕국 오스로에네Osroene(B.C. 132 ~A.D. 214)의 수도였다. 이 왕국이 그리스도교 전파에서 중요한 자리를 차지하게 된 것은 이곳 주민들이 다문화적 분위기에서 상대적으로 자유로운 삶을 살고 있었기 때문이다. 이 왕국은 서쪽으로는 안디옥Antioch으로, 동쪽으로는 니시비스Nisibis(현재 터키 누사이빈Nusaybin)로 향하는 실크로드 구간을 차지하고 있어서 경제적으로는 부강했지만 정치적으로는 동서 두 강대국들의 자비에 목을 매고 있었다.

전승에 따르면, 31년쯤 한센병으로 고생하던 아브가르 5세가 예수를 에데사로 초빙하고 싶다는 내용의 편지를 보냈다고 한다.[6] 예수는 자신이 누구인지도 잘 모르면서 믿어 준 왕을 칭찬하면서, 자신은 사명을 완수하고 하나님 아버지의 집으로 돌아가야 하므로 직접 오지는 못하

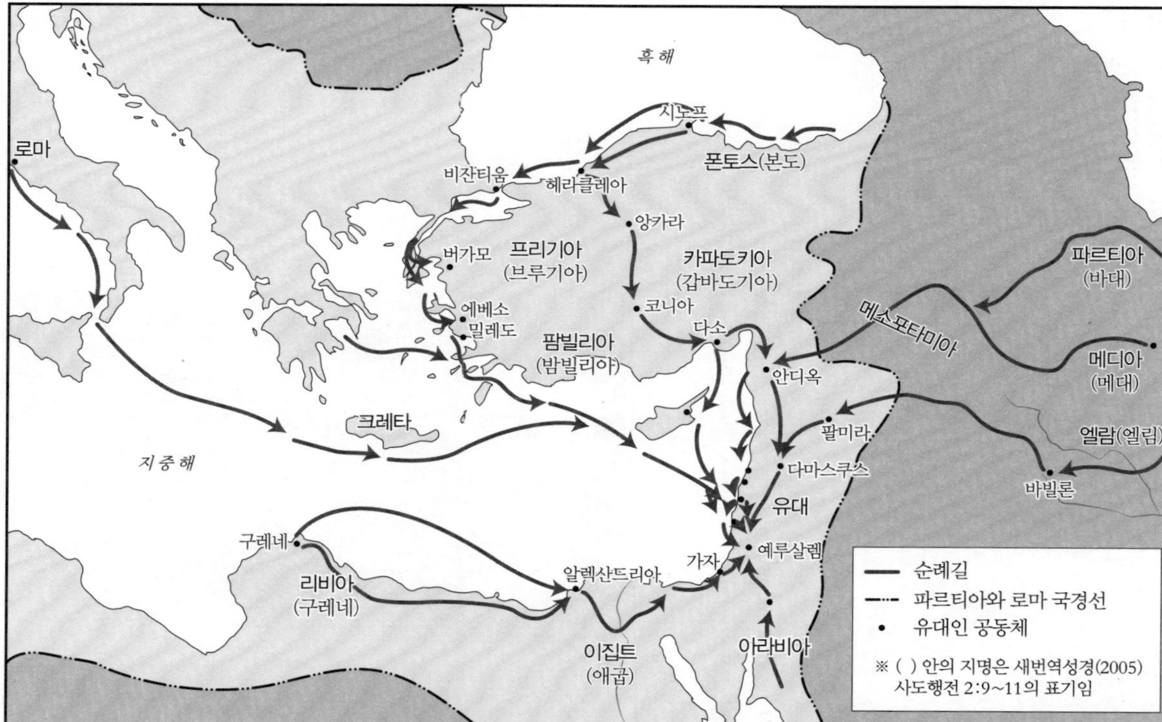

유대인 디아스포라의 예루살렘 순례길(33년 오순절)
(출처: Aharoni&Avi-Yohan, The Carta Bible Atlas 2011, map no.270)

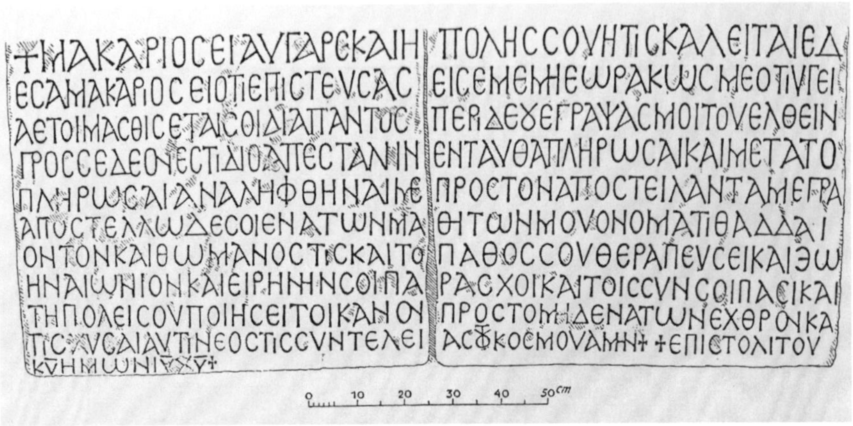

아브가르 5세에게 보낸 예수의 편지
터키 우르파(에데사) 근교 키르크마가라Kirk Magara에서 발견되었다.
(출처: H. von Oppenheim etc., 1914, p.824)

하난으로부터 만딜리온을 전달받는
아브가르 5세(10세기)
(이집트 성녀 카타리나 수도원
St Catherine Monastery 소장)

겠으나, 제자 하나를 보내어 병을 치료해 주고 에데사에 축복을 내리겠다는 답신을 보냈다. 예수는 왕의 사자 하난Hanan에게 답신을 받아 적게 하고, 또 자신의 모습을 담은 그림(만딜리온Mandylion)을 가지고 에데사로 돌아가게 하였다. 예수가 승천한 다음 사도 도마는 아다이를 병든 아브가르 5세에게 보냈는데, 아다이의 치료를 받은 왕이 개종하였고, 아다이는 선교사들을 장사꾼으로 꾸며서 다시 메소포타미아로 보냈다. 아다이는 죽기 직전에 아가이를 후계자로 지명하였고, 아가이도 마찬가지로 선교사들을 동쪽으로 보냈다고 한다.

— 초대교회

사도행전이나 대부분의 교회사가들은 많은 유대인 초대교회 교인들이 유프라테스강을 건너 메소포타미아로 이주한 사실을 말하지 않는다. 1~2세기 때 이 강을 사이에 둔 지역의 정치와 종교 상황은 매우 복잡하였다. 다신교적 전통 위에 세워진 로마제국은 내부적으로 유대교의 일신교적 전통과 크게 충돌하고 있었고, 외부적으로는 메소포타미아를 차지하려고 동쪽의 파르티아제국과 대립하고 있었다. 이에 따라 황제숭배사상을 강요하면서 그리스도인들을 정치적으로 핍박했던 로마 폭군들의 박해를 피하여, 유대인이 아닌 그리스도인들조차도 지하로 숨어들거나 제국 밖으로 피신할 수밖에 없었다. 그 피신처들 가운데 하나가 바로 에데사였다.

로마제국 동쪽 국경 밖 유프라테스강 상류에 위치한 에데사는 지리적 위치와 문화적 다양성 때문에 많은 종교 난민들이 모여들었고, 로마제국 밖의 초대교회가 태동한 곳이다. 이 때문에 에데사는 역사상 첫 그리스도교 국가의 수도라는 자부심을 가지고 있었다. 이 도시를 에워

싼 지역에서는 일찍부터 유일신사상monotheism과 삼위trinity라는 개념이 퍼져 있어서, 유대교에서 메시아Messiah라고 부르는 중보자中保者, Mediator의 모습이 부각될 수 있는 풍토가 마련되어 있었다. 또 아시리아Assyria(B.C. 2500 무렵~B.C. 612)와 바빌로니아Babylonia(B.C. 1830 무렵~B.C. 539)에게 멸망당한 이스라엘왕국(B.C. 922~B.C. 721)과 유다왕국(B.C. 930~B.C. 586)의 디아스포라의 후손으로 메소포타미아에 정착하고 있던 인구도 이미 백만 명이 넘었다. 그런데 그리스도교가 로마제국 전역으로 퍼지기 시작한 시기인 70~73년과 132~135년에 유대인들이 로마제국을 상대로 한 한두 차례의 봉기에서 패하자, 디아스포라의 물결이 다시 메소포타미아·아라비아·인도까지 퍼져 나갔다. 특히 메소포타미아는 유대인들의 조상 아브라함Abraham의 고향이었다. 또한 그의 손자이며 이스라엘 12지파(부족)의 조상인 야곱Jacob도 자신을 아람인Arameans(시리아인)으로 알고 있었다.[7] 사도 바울의 말처럼, 아람인의 후손인 유대인 그리스도인들이 이방인 그리스도인들에 대한 할례를 거부하고 모든 민족의 주님으로서의 하나님을 강조하면서,[8] 인종이나 민족에 대한 소속감을 초월함으로써 예수의 가르침을 세계의 종교로 만들었다. 즉, 하나의 민족만을 선택하는 하나님이 아니라 온 세상을 선택하는 하나님으로 인식하게 된 것이었다.

> 거기에는 그리스인과 유대인도, 할례 받은 자와 할례 받지 않은 자도, 야만인도 스구디아인[9]도, 종도 자유인도 없습니다. 오직 그리스도만이 모든 것이며, 모든 것 안에 계십니다.[10]

사도행전에서는, 이방인들의 사도인 바울Paul이 35년 실크로드의 출발점이자 종착점인 안디옥Antioch에 첫발을 디뎠고,[11] 그곳에서 40년쯤에 나사렛인Nazarene이라고 부르던 유대인 그리스도인들과 구별하여 그리스어를 사용하는 이방인 그리스도인들을 가리켜 그리스어로 'christianoi', 즉 그리스도인Christian이란 말이 사용되기 시작했다고 말한다.[12] 이러한 구분이 생겼다는 것은 43~45년쯤에 베드로와 바나바Banaba(?~61)가 이끌었던 안디옥교회 안의 유대인 그리스도인들과 이방인 그리스도인들 사이에 이 공동체를 뒤흔들 만큼 심각한 내분이 있었다는 증거이기도 하다.

누구에게나 열려 있는 신앙공동체가 바로 새롭게 택함을 받은 백성이라는 생각은 모세Moses의 율례律例와는 맞지 않는 것이었다. 바울과 바나바는 이 문제를 예수의 형제 야고보James(?~62), 베드로, 세베데Zebedee의 아들 요한john과 의논하러 예루살렘으로 갔다. 48년에 열린 첫 사도회의에서는 바울의 입장을 대체로 지지하였고,[13] 네 가지 사소한 것들만 추가하였다.[14] 유대 메시아 종파들 가운데 하나였던 예수의 가르침이 바울의 지혜와 노력에 힘입어 민족적인 특성을 초월하는 세계종교로 변화하는 계기가 마련된 것이었다. 말하자면, 바울은 지역종교인 유대교의 교인으로 태어났으나 이제 세계종교인 그리스도교의 교인이 된 것이다.

이 사도회의를 계기로 율법 폐기 문제를 놓고 그리스도인들과 유대인들 사이에 불화가 깊어졌다. 사도들에 대한 핍박[15]과 그리스도인들의 로마제국에 대한 반란 가담 거부가 이러한 불화의 방증이라 할 것이다. 70년에 발생한 예루살렘 성전 파괴를 두고도 그리스도인들과 유대인들의 해석은 서로 달랐다. 그리스도인들은 이 파괴를 그리스도 처형에 따른 징벌로 보았고, 유대인들은 모세 율법을 어긴 것에 대한 하나님의 진노라고 생각하였다. 특히 유대인 공동체 안에서 개종자가 많이 나왔으므로 1세기 말에 열린 얌니아 회의The Council of Jamnia[16]에서 그리스도인들에 대한 비난이 터져 나왔다. 이런 일련의 상황들은 그리스도교가 유대교와 갈라지는 수순이었다. 사도시대Apostolic Age(33~100)를 지나 교부시대Patristic period(100~451)로 들어가면서 그리스도교는 그리스도의 재림을 기대하고 준비하는 종교로서 제 길을 찾아가게 된다.

예수의 직전直傳제자들이 교회를 이끌었던 사도시대가 끝나고, 교부敎父, Church Fathers[17]들이 교회의 지도자로 등장하였다. 초기의 교부들은 예수의 직전제자들과 면식이 있던 사람들이거나 그 제자들로부터 크게 영향을 받은 교회지도자들이었다. 교회사에서는 이 같은 권위를 가진 초기 교부들로 로마의 클레멘스Clement of Rome(88~99),[18] 안디옥의 이그나티오스Ignatius of Antioch(35~110),[19] 스미르나의 폴리카르포스Polycarp of Smyrna(69~155),[20] 히에라폴리스의 파피아스Papias of Hierapolis(70~163)[21] 네 명을 꼽고 있다. 이 교부들은 그리스도교 신학의 형성 과정에서 방향성을 제시하였을 뿐 아니라, 이들의 신학사상(그리스도에 대한 이해)이 후대에 다양한 해석을 낳아 신학이 지역별(그리스·라틴·시리아)로 각기 커다란 흐름을 형성하였고, 이 때문에 교리를 달리하는 세 개의 교회가 탄생하게 된다.

— 메소포타미아의 초대교회

초대교인들 상당수가 유프라테스강을 건너 메소포타미아로 이주하기에 앞서 그곳에 먼저 복음을 전한 사람이 누구였는지를 놓고 많은 사람들의 이름이 오르내린다. 동방에서 그리스도교가 처음 자리 잡은 곳은 오스로에네왕국의 수도 에데사와 아디아베네Adiabene왕국이었다. [나중에 에데사는 동방교회 신학의 중심지로, 아디아베네왕국은 동방교회 선교의 중심지로 중요한 역할을 하였다.] 에데사에 복음을 전파한 사람들로는 동방박사들과 오순절 때 예루살렘에 머물고 있던 순례자들(사도행전 2:9~11)은 물론이고, 예수의 제자인 도마Thomas(?~72) · 마르 아다이Mar Addai(37~65) · 마르 아가이Mar Aggai(66~87)와 마르 마리Mar Mari(88~120)라는 이름이 등장한다. 이들은 동방교회 가톨리코스Catholicos(총대주교)의 공식 족보에서 첫 네 자리를 차지하고 있다.

에데사의 바르다이산Bardaisan of Edessa(154~222)[22]이 3세기 초에 쓴 『제국의 법률Book of the Laws of the Lands』에 따르면, 에데사를 기점으로 동쪽으로 전파되기 시작한 그리스도교는 224~226년에는 메소포타미아 전역을 비롯해 이란·카스피해 남단[23]·트란스옥시아나Transoxania(아무다리야강 동쪽 지역. 현재 우즈베키스탄과 타자키스탄의 대부분·카자흐스탄 남서부)와 모술Mosul, 박트리아Bactria(아프가니스탄 북부)까지 전파되었다. 또 『마르 마리의 시리아 행전The Syrian Acts of Mar Mari』(6~7세기?)에서는 마르 아다이가 보낸 마르 마리가 셀레우키아-크테시폰Seleucia-Ctesiphon에 교회를 세웠다고 한다. 그 교회당이 코케 대성당Cathedral of Kokhe의 전신이다. 마르 마리는 티그리스Tigris강을 따라 남쪽으로 내려가서 바스라에 이르렀고, 여정을 후지스탄Khuzistan과 페르시아 지방에서 멈추었다. 6세기에 쓴 『아디아베네 연대기The Chronicle of Adiabene』에서는 마르 아다이가 마르 프키다Mar Pkidha(104~114)를 아디아베네왕국의 초대 주교로 임명하였고, 아디아베네에는 규모가 큰 유대인 공동체가 있다고 하였다.[24] 타시아노Tatian the Assyrian(120~180)도 172년쯤 고향인 아디아베네로 돌아와 복음을 전하였고 아주 엄격한 금욕주의를 가르치면서 수도원 운동을 펼쳤다.

에데사와 아디아베네 중간에 위치한 니시비스Nisibis에도 2세기 말에 그리스도인 공동체가 있었으며, 이곳의 초대 주교인 야곱Jacob(338)은

로마제국과 파르티아제국 전쟁 이전의 에데사와 아디아베네(50년쯤)
(출처: Talbert, J. A: Atlas of Classical History, Routledge 1989, pp.160~162)

325년 니케아공의회에도 참석하였다. 8세기에 노아Noah(창세기 6~10장)의 방주가 머물렀다고 하는 장소를 니시비스 근처에서 찾아냈는데 그곳에 동방교회 수도원 터가 남아 있다.[25]

메소포타미아에서 그리스도교를 처음 받아들인 첫 번째 집단은 수적으로 많았던 유대인 디아스포라이다. 두 번째 집단은 메소포타미아 북부에 살던 토착 아람인들, 아시리아인들Assyrians, 칼데아인들Chaldeans로, 여기에 3세기 말이 되면 페르시아인들이 추가된다. 세 번째 집단은 그리스도인 피난민들로, 3세기 중반부터 데키우스Decius(249~251)·발레리아누스Valerian(253~260)·디오클레티아누스Diocletian(284~305) 등 로마 황제들의 박해를 피하여 사산조 페르시아로 몰려든 사람들이다. 네 번째 집단은 로마제국과 뒷날의 비잔티움제국의 전쟁포로들과 추방자들로 이 또한 적지 않은 숫자였다. 사산조 페르시아의 왕들은 이들에게 3세기 중반부터 자국 안에서 정착할 길을 열어 주었다. 대표적 예로, 샤푸르 1세Shapur I(240?~272)는 260년 전쟁포로들을 이주시켜 '곤데샤푸르Gondeshapur'를 건설하였는데, 뒷날 이 도시에서 이슬람 르네상스가 태동하였다.

동방교회가 2세기에 티그리스강을 건너 중앙아시아와 인도 선교의 전략적 중심지라고 볼 수 있는 아디아베네 지역으로 빠르게 전파된 배경은 다음과 같다. 첫째, 아디아베네왕국의 수도인 아르빌Arbil에는 그리스도교가 탄생되기 전부터 많은 수의 유대인 디아스포라가 살고 있었으며, 더욱이 지금의 모술에 해당되는 티그리스강 오른쪽 끝에 '히브리요새'[아랍인들의 침공 때 파괴되었다.]를 건설할 정도로 유대인들이 강력한 집단으로 자리 잡고 있었다. 사도시대에 에데사를 통해 이 지역으로 그리스도교가 전파되었다.[26] 둘째, 티그리스강 동쪽에 거주하는 그리스도인들은 거의가 페르시아인들로, 셈족이나 아람인과는 혈통이 달랐다.

그들 대부분은 한때 조로아스터교를 믿다가 개종한 부모를 두었거나, 자진해서 그리스도교로 개종한 사람들이었다. 이 가운데 많은 신자들이 세례명을 쓰고 있었으며, 의술이 출중했던 페르시아 그리스도인 의사들은 팔라비어Pahlavi를 사용하고 있었다. 에데사의 신학교에서는 시리아어 문헌을 팔라비어로 번역할 정도로 문화 수준이 높았다. 심지어 동방교회 교회규칙도 페르시아어로 쓴 경우가 많았으며, 나중에는 이 교회규칙이 거꾸로 시리아어로 번역되기까지 하였다.[27] 오늘날에는 '튀르크'라는 단어가 '무슬림'이라는 단어와 같은 뜻으로 사용되는 경우가 많으나, 콘스탄티노플과 아나톨리아를 차지했던 오스만제국Ottoman Empire(1299~1922)의 선조들은 무함마드가 태어나기 전부터 독실한 그리스도인들이었다.

요약하면, 동방 선교가 빠르게 전파된 것은 메소포타미아에는 유대인 디아스포라들이 많았고, 또 이 지역의 공용어가 아람어였으므로 이 언어를 구사하는 선교사들이 유대인들과 비유대인 상인들, 상류계급 사람들과 쉽게 접촉할 수 있었으며, 그물처럼 촘촘히 연결된 실크로드 덕분이었다. 비록 로마와 파르티아 사이의 국경선이 견고하였으나 상인들과 상인으로 꾸민 선교사들은 아무런 방해도 받지 않고 국경을 넘나들 수 있었다. 실제로 에데사에서 니시비스, 아르빌, 셀레우키아-크테시폰, 마이샨Maishan[28]에 이르는 메소포타미아 지역과 그 너머 카스피해 연안까지 육상 실크로드를 따라 복음이 전파되었다.

— 주

1 열왕기 하 17:5~6에서 말하는 아수르왕은 티글라트 필레세르 3세Tiglath-Pileser Ⅲ(B.C. 745~B.C. 727)이다. 그가 역사상 처음으로 이스라엘인들을 포로로 아시리아로 끌고 갔으니, 이것이 유대인 디아스포라의 시작이다.

2 Mar Bawai Soro, 2007, pp.37~38.

3 마태복음 2:1~2.

4 사도행전 2:9~12.

5 Mar Bawai Soro, 2007, p.35. 유대교에서 유대인이라 함은 일반적으로 유대교 신자를 가리킨다.

6 Segal, 1970, p.73.

7 신명기 26:5, "내 조상은 떠돌아다니며 사는 아람 사람으로서 몇 안 되는 사람을 거느리고 이집트로 내려가서, 거기에서 몸 붙여 살면서, 거기에서 번성하여, 크고 강대한 민족이 되었습니다." 여기에서 야곱은 자신이 아람 사람임을 밝힌다. 아브라함과 야곱의 자손인 예수 그리스도는 아람어로 복음을 전파하였는데, 아람어는 동방교회의 언어이다.

8 갈라디아서 2:1~21.

9 스구디아인Scythian은 '스키타이인'으로 불린다. 기원전 7~3세기에 흑해 연안에 살던 유목민족이다.

10 골로새서 3:11.

11 사도행전 11:19.

12 사도행전 11:26.

13 사도행전 15:1~29.

14 사도행전 15:29.

15 사도행전 21:27~37.

16 얌니아 회의는 1세기 말에 팔레스타인 얌니아(현재 이스라엘 야브네Yavne)에서 히브리성경의 정경을 확정지었다고 전해지는 유대교 지도자 회의이다. 이에 따라 예수를 메시아라고 믿는 그리스도인들의 유대교 회당 출입을 금하게 된다(요한복음 9:22).

17 교부는 일반적으로 그리스도교 신학의 기초를 놓았던 고대의 그리스도교 신학자들을 통칭한다. 그러나 여기서는 사도시대 직후에 활동한 교회지도자들을 가리킨다.

18 가톨릭교회의 제4대 교황이다. 그가 쓴 편지는 초대교회에서 널리 읽혔고, 고린도교회의 교인들은 그를 교회에 조화와 질서를 가져온 지도자로 칭송하였다.

19 안디옥의 주교로 사도 요한의 가르침을 받았다. 로마에서 순교하기 전 여러 통의 편지를 남겼는데, 교회론·성례·교역자·성육신에 관한 내용이었으며 사도 바울의 글을 많이 인용하였다.

20 스미르나(현재 터키 이즈미르)의 주교로 사도 요한의 제자이다.

21 히에라폴리스의 주교로 5권짜리 설교집 『주님의 말씀 강해』(95~120)를 통해 그리스도교 교리 정립에 큰 영향을 주었다. 원본은 중세 말에 일실되었으나 다른 책들에 이 책을 인용한 내용이 많이 남아 있다. 사도 요한의 설교를 직접 들었고, 폴리카르포스의 친구였다고 한다.

22 바르다이산은 귀족 가문 출신으로 아브가르 8세에게 복음을 전하였다. 그리스 철학에 조예가 깊었으며, 시리아어로 쓴 신학과 철학 관련 저술을 남겼다. 에데사에 동방교회 사제를 양성하기 위한 신학교를 세웠다.

23 225년에 이미 25개 이상의 교구가 메소포타미아와 카스피해 연안에 있었는데, 이 해는 사산조 페르시아가 파르티아에게 결정적인 승리를 거둔 해이기도 하다. 동방교회가 공식적으로 독립을 선포했던 424년 주교회의 당시에는 옥수스강(아무다리야강) 주변에 4개의 대교구가 있었다. Mingana, 1925, pp.298~99.

24 Moffet, 1998, p.71.

25 Baumer, 2006(2016), p.22.

26 Mingana, 1925, p.300.

27 Mingana, 1925, pp.300~301.

28 마이샨은 5~13세기에 동방교회 대교구가 있던 지역으로 현재 이라크 남부와 쿠웨이트에 해당한다.

02

교회의 대분열

2세기 초 로마제국 안팎의 초대교회 조직은 커다란 골격만 있고 체계화된 위계位階나 정의定義된 상징, 예수의 가르침을 정리한 일반화된 정경正經도 없었을 뿐만 아니라 하나님에 대한 공통적인 이해도 없었다. 거의 모든 분야에 살을 입히는 작업을 해야 하였다. 다양한 비전과 청사진을 가진 많은 디자이너들(주로 교부들)이 이 작업에 참여하고 기여하였다. 종교 창시자가 직접 기본 교리를 기록하여 남긴 마니교Manichaeism나, 무함마드라는 예언자가 죽은 지 20년쯤 지나서 신의 계시를 명확한 텍스트 형태로 남긴 이슬람과는 달리, 그리스도교에서는 거의 500년 동안 교부들·주교회의synods·공의회ecumenical councils·파문 등을 통해 진리를 찾는 과정을 밟았다. 이렇게 천천히 그리스도교의 정통성을 발전시킨 결과 서로 일치하지 않는 교리들이 생겨났고 주류에서는 이를 이단異端, heresy이라고 불렀다. 아마도 정통이 없었다면 이단이라는 것도 생기지 않았을 것이다.[1]

— 분열의 씨앗: 삼위일체 교리와 그리스도론

그리스도교 신앙공동체의 분열을 초래한 것은 '삼위일체三位一體, Trinity'라는 교리dogma로, 여기에는 히브리의 엄격한 유일신사상을 희석시킨다는 전제가 깔려 있다. 구원사역에서 그리스도가 기본적으로 가장 중요하고, 초대 그리스도인들에게는 경배 대상의 중심에 그리스도가 있었으므로 히브리인들이 믿는 초월적인 하나님만을 의지할 수 없었다. 따라서 그리스도와 성경에서 말하는 하나님과의 관계를 재고할 수밖에 없었다. 하나님은 한 분인가? 아니면 세 분인가? 성부와 성자와 성령의 상호 관계를 어떻게 이해하는가? 삼위일체 안에 이단적 요소는 없는가? 삼위일체에 대한 이 같은 질문은 필연적으로 '예수는 누구인가?'라는 그리스도론Christology으로 귀결되었다. 바로 이 때문에 그리스도교의 단일성이 깨어져 서로 앙숙 관계인 세 개의 교회 조직이 생겨났으며, 서방교회(라틴교회와 비잔티움교회)는 동방교회를 이단으로 매도하였다. 문제의 중심에는 그리스도의 본성本性, 즉 "그리스도가 하나님이냐, 인간이냐? 아니면 그 두 본성을 다 가지고 있느냐?"에 대한 질문이 깔려 있었다. 또 "두 본성을 다 가지고 있다면, 그 두 본성은 어떻게 서로 연결되는가? 그 두 본성이 함께 십자가 위에서 고난을 받고 죽었는가?" 그리고 이에 못지않은 뜨거운 논쟁은 그리스도교에서 용인하는 메시아 예언이 담긴 구약성경(히브리성경)에 대한 평가 문제였다. 구약성경의 대강大綱이 예수의 가르침과 모순되는 점은 없는가도 문제가 되었다. 4세기가 되어서 그리스도의 인성을 지나치게 강조하는 안디옥학파Catechetical School of Antioch가 형성되었고, 다른 한쪽에서는 그리스도의 신성을 과장하고 인성적 측면을 소홀히 하는 알렉산드리아학파Catechetical School of Alexandria가 탄생하였다.[2]

313년 로마 황제 콘스탄티누스 1세(306~337)는, 다분히 정치적인 목적으로, 밀라노 칙령Edict of Milan을 반포하여 로마제국 안에서 그리스도교 신교信敎의 자유를 보장하였다. 제국교회 탄생의 순간이었다. 이에 따라

325년 황제의 별궁에서 열린 니케아공의회 장면(바티칸 시스티나 성당의 프레스코)
이 공의회는 콘스탄티누스 1세(왼쪽 아래)가 그리스도의 신성을 부정하는 아리우스주의자들을 정죄할 목적으로 소집하였고, 여기에서 삼위일체라는 그리스도교의 기본 교리를 담은 「니케아신경」을 채택하였다. 이때부터 이 신경이 교회에서 이단을 색출하는 중요한 기준이 되었다. 로마제국의 황제들은 제국의 통일과 안정을 교회가 뒷받침하게 하려고 이어서 공의회를 소집하였다.

황제가 모시는 그리스도교의 하나님은 로마제국의 신으로 격상되었다. 381년 테오도시우스 1세Theodosius I(379~395)는 콘스탄티노플공의회를 소집하여 그리스도교를 국교라고 선포한 뒤에[3] 그리스도교에서 다른 종교로의 개종을 금지하였으며, 10년 뒤에는 제국 안에서 모든 이방신에 대한 예배를 중단시키고 이교 사원들을 파괴하거나 교회당으로 개조하였다.[4]

콘스탄티누스 1세는 극심한 분란의 위기를 겪고 있던 로마제국이 하나의 종교로 결속되기를 원하였으므로 교회 안에서 교리를 통일하는 것이 우선이라고 생각하였고, 이런 생각이 후대 황제들에게 귀감이 되었다. 이런 필요성 때문에 콘스탄티누스 1세는 325년 니케아공의회First Council of Nicaea를 열어 「니케아신경Symbolum Nicaenum」을 제정하여 교회의 기본 문제를 정리하였다. 공의회에서는 교회를 여러 개의 대교구로 나누어 소속된 주교들을 관리하도록 하였는데, 총대주교가 대교구 여럿을 관할하는 형식이었다. 콘스탄티노플 총대주교는 서열상으로는 로마 총대주교 다음으로, 로마 주교의 수위권은 교황 다마수스 1세Damasus I(366~384) 때에 확립되었다.

451년 칼케돈공의회Council of Chalcedon에서 예루살렘 대주교를 총대주교로 격상시켜 총대주교 자리는 모두 다섯이 되었다. 물론 이런 교회 조직은 제국교회에만 적용되었고, 제국 밖에 있는 교회들에는 해당되지 않았다[7세기에 이집트와 서아시아가 아랍인들에게 정복당하자 알렉산드리아·안디옥·예루살렘 총대주교는 이름만 남게 된다.].

테오도시우스 1세의 칙령에 따라 로마제국 안에서 종교의 자유는 사라졌고, 신학적 담론은 국가의 검열 대상이 되었다. 529년 아테네 아카데미Academy of Athens가 폐교되면서 제국에서 언론의 자유마저도 사라졌고, 이에 따라 비잔티움제국에서 헬레니즘Hellenism의 유산이 자취를 감추기 시작하였다. 그때부터 비정통적인 그리스도인들과 이교도들은 혐오와 배척의 대상이 되었고 국가가 정의의 심판자가 되었다. 431년 안디옥 교구에서 네스토리우스 추종자들(동방교회 교인들)에 대한 압박을 계기로 비정통파로 몰린 그리스도인들에 대한 대규모 박해가 시작되어 결국 종교재판이 열리는 지경에까지 이르렀다. 이 종교재판이 난장판이 되면서 네스토리우스파 교인들을 희생물로 삼았다. 그러나 짧은 시간에 그리스도교가 로마제국에서 국교의 자리를 차지하게 되면서 국경 밖에 살던 그리스도인들, 특히 로마에 적대적인 국가에 사는 그리스도인들의 신변에 심각한 문제가 생겼다. [유프라테스강 동쪽에 살던 그리스도인들은 조만간 고통스런 대가를 치르게 된다.]

— 동방교회 분립을 둘러싼 신학 논쟁

로마제국에서 그리스도교가 국교로 되어가는 동안에도 안디옥학파와 알렉산드리아학파의 신학자들은 그리스도에 관한 논쟁을 이어 가고 있었다. 안디옥학파는 예수가 어떻게 인간이면서 동시에 하나님이 될 수 있었는가를 이해하고자 애썼으며, 알렉산드리아학파는 요한복음 첫 절에 나오는 "말씀이 육신이 되었다."[5]는 의미를 이해하려고 노력하였다. 안디옥학파는 예수의 완벽한 인간적 면모에 치중하였고, 알렉산드리아학파는 예수의 신성을 강조하였다. 그리스도는 완벽한 두 본성을 가진 분이라고 주장하는 안디옥학파를 양성론자兩性論者, Dyophysites라고 불렀고, 반면에 두 본성이 합쳐졌다고 주장하는 알렉산드리아학파를 단성론자單性論者, Monophysites 또는 복합단성론자複合單性論者, Miaphysites라고 불렀다.

성경 해석에 있어서도 안디옥학파에서는 원문비평주의textual criticism[6]와 역사주의historicism[7] 경향을 따라 문자적으로 해석하였고, 알렉산드리아학파에서는 비유적으로 해석하였다. 안디옥학파의 주석가들은 그리스인 주교 타르수스의 디오도루스Diodore of Tarsus(392) · 몹스에스티아의 테오도로스Theodore of Mopsuestia(352~428)의 영향을 받은 신학자들이었다. 요약하자면, 안디옥학파 주석가들은 합리적이었고, 공관복음서를 중심으로 아리스토텔레스Aristoteles(B.C. 384~B.C. 322)의 철학적 입장을 취한 반면, 알렉산드리아학파 주석가들은 신비하고 은유적인 플라톤Platon(B.C.

428?~B.C. 347?)과 요한복음의 입장을 취하였다. 안디옥학파에서 그리스도는 '하나님을 지닌 인간', 즉 자유의지로 성부 하나님의 뜻에 복종하기로 작정하여 십자가 위에 자신을 던진 존재였다. 요한 크리소스토모스John Chrytsostom(347~407)도 인류 구원은 그리스도가 온전한 인성과 함께 온전한 신성을 지니지 않았다면 불가능하다고 설파하였다.

동방교회 신학자 디오도루스는 예수의 인성과 영혼이 하나가 되었다는 점을 강조하면서도 예수가 완전한 신성을 가졌다고 하였다. 그는 "우리는 로고스logos(말씀)이신 하나님이 고통당하셨다고 믿을 수 없다. 마리아의 몸에서 태어나신 아기가 로고스이신 하나님의 성전인데, 그 아기를 유대인들이 죽였고 그 죽음을 통해서 그 안에 있던 신성이 다시 살아났다는 말이 온당하다."[8]고 말한다. 이런 생각의 핵심은 하나님의 아들과 인간인 예수라는 두 본성이 서로 어떤 관계에 있는지를 정의하기에 달려 있는데, 정의하기에 따라서는 그리스도의 존재론적 단일성이 없어질 위험이 있기 때문이다. 신학자 디오도루스는 성부 하나님의 외아들로 삼위의 제2격인 그리스도를 마리아의 아들이며 다윗David의 계보인 예수와 구별하였다. 이렇게 구별한 결과 마리아에 관한 논쟁이 재연되었고 이 때문에 네스토리우스에게 불운이 닥쳤다.

테오도로스가 말하는 동방교회의 신학적 기초는 다음과 같다. 첫째, 그리스도는 두 번째 아담으로 완벽한 인성을 가져서 모든 사람을 죽음에서 건져 냈다는 확신이다.[9] 테오도로스와 네스토리우스는, 사도 바울처럼, 이런 확신으로부터 그리스도인이라면 역사적 예수[10]의 온전한 삶을 본받아야 할 의무가 있다는 생각을 끌어내었다. 이런 견해 때문에 그리스도인이 성례전을 받으려면 어떠한 기준을 충족해야 하는지에 관한 문제가 대두되었다. 예를 들어, 그리스도인이 되려면 예수처럼 순결한 독신의 삶을 살아야 하는가[11]와 같은 문제였다. 둘째, 고난과 죽음 같은 인간적 특성은 그리스도의 신성 때문일 수가 없다는 것이다. 셋째, 예수 그리스도의 온전한 인성을 강조하였다.[12] 431년 에베소공의회 직후에 디오도루스와 테오도로스의 가르침이 이단이라는 혐의를 받았지만, 이 두 동방교회 교부들은 그들이 살았던 시대에는 정통으로 간주되던 사람들이었다. 한 세기가 더 지난 553년에 열린 제2차 콘스탄티노플공의회에서는 정치적 이유와 유스티니아누스 1세Justinian I(527~565)의 압력으로 테오도로스와 그의 저술을 이단이라고 선언하게 되었고, 결국에는 동방교회 전체를 싸잡아 정죄하기에 이르렀다.

1차 대분열

사도시대의 전통을 같이 이어받은 로마제국 안의 초대교회와 메소포타미아의 초대교회가 황제가 소집한 공의회를 계기로 분열된 것은 지리적·정치적으로 볼 때 자연스러운 수순이었다. 로마 황제는 통치적 필요에 따라 국가와 교회의 관계를 효율적으로 유지·발전시키려고 공의회를 소집하였으므로, 정치적 통일을 저해하는 교리나 집단을 이른바 '이단'으로 몰았다. 또 교회 안의 여러 세력과 집단은 이를 빌미로 교회의 주도권(교권)을 놓고 치열한 싸움을 벌이게 되었다. 위계와 조직이 사실상 명확하지 않은 가운데 거의 자생적으로 생겨났던 초대교회에서는 사도적 권위가 중요했으며, 세속적 의미의 교권은 생겨나지도 않았으니 교권이 쟁탈의 대상이 될 수도 없었다. 하지만 제국교회라는 명시적인 조직교회가 생겨나면서 교권을 둘러싼 싸움이 치열하게 벌어졌고, 이 싸움이 교회의 분열로 이어졌다. 교회의 분열을 역사적으로 조명하면, 첫 번째는 5세기를 전후하여 단성론과 양성론이라는 신학적 입장에 따라 초대교회 때부터 (복합)단성론 입장을 취하였던 교회들이 우선 갈라져 나갔고, 이어서 비슷한 시기에 비슷한 이유로 동방교회가 분립한 사건이다. 두 번째는 1054년의 대분열로, 신학적 입장이 달라서라기보다는 교권을 둘러싸고 오래 반목해 왔던 로마교회(가톨릭교회)와 비잔티움교회(정교회)가 공식적으로 갈라선 사건이다. 세 번째는 로마교회 안에서의 대분열로, 1517년 종교개혁으로 개신교회Protestant church가 탄생한 사건이다. 이제 교회 대분열의 첫 사건인 동방교회의 태동에 관해 살펴보자.

431년의 에베소공의회가 미봉으로 끝나면서 안디옥학파와 알렉산드리아학파는 경쟁적으로 영향력을 확대하였다. 449년에 재개된 에베소공의회는 '강도회의Robber synod'라는 별명이 붙은 회의였는데, 알렉산드리아학파에서 반대자들을 폭력으로 위협하거나 제거해 버렸기 때문이다. 이렇게 되자 새로 즉위한 황제 마르키아누스Marcianus(450~457)는 교회의 질서를 바로잡으려고 451년 칼케돈공의회를 열어 강도회의의 결정을 무효로 하고, 정죄된 안디옥학파 주교들을 사면하였으며, 소요 주동자들을 처벌하였다. 이 공의회에서 채택한 「칼케돈신경Chalcedonian Creed」에서는 그리스도의 본성을 다음과 같이 정리하였다.

> 그리스도는 두 본성을 가지신 분으로 그 본성들은 혼합되지 않고, 변하지 않고, 분리되지도, 분할되지도 않는다. 그 본성들 사이에 있는 차이가 연합 때문에 없어진 것이 아니라, 오히려 두 본성의 특징을 그대로 보전하여 한 위격, 한 실체 안에서 하나가 되었다. 그 분은 두 위격으로 분할되거나 분리되지 않는 분이시다.

「칼케돈신경」 내용은 네스토리우스의 생각과 별다른 차이가 없었지만, 네스토리우스의 변증에 대해서는 유죄 판결을 내리는 역설을 만들었다. 네스토리우스의 가르침이 대부분 옳다고 확인하면서, 또 알렉산드리아학파의 키릴로스Cyril of Alexandria(375~444)의 주장은 거의 철회하면서도, 어처구니없게 키릴로스를 성인이라고 선언한 것이다. 비록 「칼케돈신경」이 공포되어 그리스도에 관한 과열된 논쟁에 종지부를 찍었다고는 하지만, 그리스도의 본성에 대한 신비가 다 풀린 것은 아니었다. 제국교회에서 신조creed가 반복적으로 개정되었던 것은, 신학적 논쟁과 관련이 있었다기보다는, 비잔티움제국 내 정치 권력의 향배와 더 많은 관련이 있었다.[13]

칼케돈공의회는 그리스도교의 보편성을 유지할 목적으로 열린 회의였으나, 하나의 교회가 해체되어 제각각의 위계와 조직을 가진 세 개의 교회들로 분할되는 결과를 가져왔다. 알렉산드리아학파의 복합단성론자들에게는 「칼케돈신경」이 안디옥학파 신학의 승리, 즉 네스토리우스의 승리로 보였기 때문에 받아들일 수 없었다. 또한 황제가 칼케돈공의회를 주도하였으므로 그 결과에 대한 대중의 불만과 분노는 황제에게로 향할 수밖에 없었다. 그리되자 알렉산드리아학파에서는 칼케돈공의회의 결정을 지지하는 사람들을 가리켜 '황제파'라고 비아냥거렸다. 황제에 대한 반감은 팔레스타인과 시리아에서도 마찬가지였다. 칼케돈공의회에 대한 거부감이 확산되면서 많은 대교구가 제국교회를 이탈하여 동방교회로 합류하였고, 비잔티움제국에 대해 누적된 이들의 혐오감은 200년 뒤에 이집트와 시리아가 아랍의 정복자들을 해방자로 환영하는 것으로 극명하게 드러나게 된다.

457년 이집트 알렉산드리아Alexandria에서 폭도가 날뛰고 이집트와 시리아에서 소요가 터지자, 황제는 제국의 안정이 절실하다는 점을 깨달았다. 제국의 결속을 위해서는 이집트와 시리아가 더 중요하였으므로, 황제는 어떠한 대가를 치루더라도 격분한 복합단성론자들을 회유하고자 하였다. 이 때문에 황제 제논Zeno(474~491)은 482년 '화합칙령Henoticon'이라는 새로운 그리스도론을 반포하는데, 여기에서 네스토리우스를 다시 정죄하고 네스토리우스의 파문을 다시 확인하였다.

'화합칙령'은 안디옥교회 신자들을 큰 고통 속으로 몰아넣었다. 그들에게는 국가의 핍박을 감수하거나, 사산조 페르시아로 피난하거나, 황제파에 합세하는 선택만이 있었다. 489년 페르시아 땅에 있던 에데사의 신학교가 문을 닫으면서 로마제국 안에서 안디옥학파의 신학은 사라져 버렸고, 동방과 서방 사이의 신학적 교류도 단절되었다.

하지만 제국의 분열을 염려한 유스티누스 1세Justin I(518~527)는 로마 총대주교의 도움이 필요하였으므로 '화합칙령'을 무효로 하고 칼케돈공의회의 결과를 다시 인정하였다. 519년 복합단성론을 주장한 안디옥 총대주교 세베루스Severus the Great of Antioch(512~518)와 추종자들인 주교 55명이 자리에서 쫓겨나는 것으로 복합단성론자들은 35년 동안의 분열에 대한 대가를 치렀다. 유스티니아누스 1세도 백부의 정책을 계승하여 533년 「칼케돈신경」을 법제화하였는데, 이 신경을 주교회의에서 추인하였다. 이에 따라 복합단성론자들에 대한 핍박이 강도를 더하자 이들 대부분이 사산조 페르시아의 영토인 메소포타미아로 이주하였다.

복합단성론자들을 주교직에서 몰아낸다는 주교회의 결정은 그리스도교 역사에 깊은 골을 만들어서, 피해자들은 비잔티움교회에서 독립한 새 교회를 공식적으로 만들었다. 그리하여 이집트에서 콥트교회Coptic Church가 생겨났고, 시리아에서 542년부터 야곱 바라다에우스Jacob

Baradaeus가 비밀리에 시리아정교회Syriac Orthodox Church를 조직하게 된다. 새로운 보편적 교회의 탄생을 계기로 복합단성론을 주장하는 교회들이 이탈하는 결과를 낳았던 것이다.

이어서 544년 제국교회의 수장인 로마 황제 유스티니아누스 1세는 이른바 '삼장법Three Chapters'이라는 칙령을 공포하여 동방교회 교부 테오도로스를 정죄하면서 동방교회를 이단으로 몰아가기 시작하였다. 이제 하나의 교회가 세 개의 독립된 교회들로 나뉘어졌다. 첫째, 「칼케돈 신경」을 수용한 로마·콘스탄티노플·예루살렘의 제국교회와 안디옥의 시리아인들 절반, 둘째, 「칼케돈신경」에 반대하는 콥트교회와 시리아정교회, 셋째, 유프라테스강 동쪽에 자리 잡은 동방교회였다.[14]

교회의 보편성(단일성)이 깨지게 된 것은 무엇보다도 그리스도의 교회가 제국교회로 격상되면서 황제에게 편향되어 독립성을 상실한 탓이 크다. 독립성을 상실한 교회가 신학적 근거는 아랑곳하지 않고 권력이 만들어 낸 신조를 수용하게 되었다. 교회와 국가가 같은 배를 타게 되자, 비판적인 정치 세력들은 국교에 반대하는 소수의 종교 세력과 연합할 수밖에 없었다. 또 다른 이유로는 그리스도의 본성 같은 문제처럼 불가사의한 사안에 대하여 하나의 해석만을 강요하고, 또 일신론이라는 공통분모를 가지면서도 다른 입장을 가진 사람들을 이단으로 정죄하는 경향이 교회 안에서 일상화된 것을 들 수 있다.

— 동방교회의 성경: 페시타

어느 종교든지 경전은 종교의 시작이고 근간이다. 그리스도교의 경전인 성경은 구약과 신약으로, 구약은 그리스도교의 뿌리인 유대교의 경전을 말하며, 신약은 사도시대부터 300년 이상의 세월을 지나면서

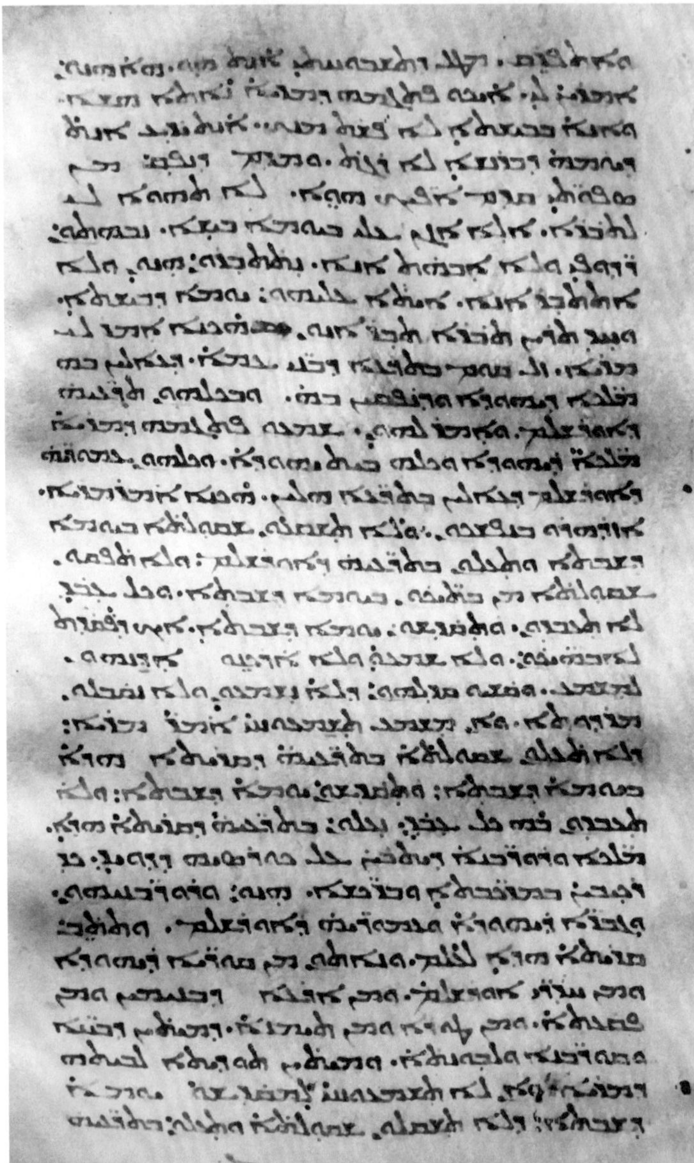

양피지에 쓴 페시타 필사본(9세기)
(이스라엘국립도서관National Library at Givat Ram 소장)

교회가 역사적 선별 과정을 거쳐 정경으로 받아들인 것을 하나로 집성한 책을 말한다.

팔레스타인에서 아람어를 사용하던 유대인들 사이에 전파되기 시작한 그리스도교는 크게는 로마제국 안과 유프라테스강 동쪽 메소포타미아의 두 개 권역으로 확산되었다. 5세기에 이르러서는 문화·역사·언어를 달리하는 라틴어권·그리스어권·아람어권에서 각기 커다란 분파로서 조직과 형태를 갖추게 된다. 당시 라틴교회(서로마교회)에서는 불가타Vulgate, 그리스교회(동로마교회)에서는 그리스어 불가타Greek Vulgate, 로마제국의 영향권을 벗어난 시리아교회에서는 페시타Peshitta를 성경으로 채택하고 있었다. 예수시대 이후 초기 그리스도교에 중요한 세 언어로 정리된 이 성경들은, 구약의 경우 히브리성경Hebrew Bible과 70인역Septuagint을 텍스트로 사용하면서 외경外經, Apocrypha의 채택 여부에서 두드러진 차이를 드러냈고, 신약의 경우 그리스어 텍스트를 공통적으로 채택하고 있었다.

구약성경의 찬집

유대교 정경인 히브리성경은 제2성전시대인 기원전 450년쯤 토라Tora(모세5경)를 시작으로 약 200년에 걸쳐 예언·역사서인 네빔Neviim, 지혜·문학서인 케투빔Ketuvim 등 24권[그리스도교 성경에서는 39권으로 분책되었다.]으로 집성되었고, 여기에 신구약 중간기[말라기 이후부터 예수시대 이전까지]에 나온 외경들이 추가되었다. 유대교가 얌니아회의 이후에 회당會堂, synagogue시대로 접어들면서 유대교 신학자들은 유대교 전통의 통일성을 유지하기 위하여 7세기부터 거의 300년에 걸쳐 히브리성경을 다시 정리하였다. 마소라 사본Masoretic Text(MT)이라고 부르는 이 텍스트를 16세기의 종교개혁자들은 구약의 텍스트로 삼았다.

히브리성경은 프톨레마이오스 2세Ptolemy II(B.C. 285~B.C. 247)의 지시로 그리스어로 번역되는데, 기원전 3세기 중반에 번역에 착수하여 기원전 132년에 완역되었다고 한다. 신약의 복음서와 서신을 보면 예수와 사도 바울이 70인역을 자주 인용하였으며, 초대교회에서 그리스 교부들도 70인역을 많이 사용하였다. 신구약 중간기에 나온 외경 일부가 여러 판본의 70인역에 추가되었는데, 라틴교회와 그리스교회에서는 이 외경의 일부를 구약에 포함시키고 있다.

신약성경의 찬집

타시아노가 2세기 말에 『디아테사론Diatessaron(gospel harmony)』을 찬집한 것을 계기로 여러 교부들이 신약성경에 포함될 내용을 제시하였다. 2세기 말부터 이레나이우스Irenaeus(142~200)·알렉산드리아의 아타나시우스Athanasius of Alexandria(?~373)·히에로니무스Jerome(342~420) 등의 노력으로 5세기 초에는 네 복음서·사도행전·사도 바울의 14개 서신·7개의 목회서신·요한계시록 등 27권이 신약에 포함되었다. 시리아교회에서는 『디아테사론』이 세상에 나오기 전부터 『베투스시라Vetus Syra』라는 경전(신약)을 사용해 왔고, 『페시타』가 찬집된 뒤에도 상당 기간 이를 병용하였다.

페시타와 불가타

시리아계 교회들의 성경인 페시타는 구약의 경우 70인역을 텍스트 삼아 번역하였고, 신약의 경우 그리스어 텍스트를 채택하였으며, 616년에 [목회서신으로 분류되는] 베드로후서·요한2서와 3서·유다서·계시록 등 5권을 추가하여 모두 27권으로 찬집되었다.

한편 가톨릭교회의 성경인 불가타Vulgate(Vulgata)는 382년 히에로니무스의 히브리성경 라틴어 번역본과 그리스어본 신약의 라틴어 번역본을 합본한 것으로, 비공인 상태에서 사용되다가 트렌트공의회(1545~1563)에서 공인받아 1592년 교황 클레멘스 8세Clement VIII(1592~1605)가 공표한 것이다. 이 불가타를 1979년 신판이 나올 때까지 400년 동안 가톨릭교회가 사용하였다. 그리스어 불가타는 불가타의 그리스어 번역본으로 동방정교회가 채택한 성경이며, 구약의 경우 70인역을 텍스트로 하였다.

페시타와 동아시아의 문자들

동방교회를 포함한 시리아교회들이 사용하는 페시타는 내부적으로 교회의 통일과 연합의 상징으로 중요하지만, 문화사적으로 중앙아시아 여러 민족의 문자 창제에 지대한 영향을 주었다는 점에 주목해야 한다.

아람어와 아람문자는 히브리문자와 마찬가지로 페니키아문자에서 파생된 것으로, 아시리아와 바빌로니아 시대부터 서아시아의 공용어와 문자가 되었고, 예수시대에는 파르티아인들·바빌로니아인들·아랍인들은 물론이고 유프라테스강 너머 서쪽의 아디아베네에서도 사용하고 있었다. 동방교회 선교사들이 아람어 성경인 페시타를 들고 실크로드를 따라 선교에 나서면서 선교지에서 아람문자를 모방한 여러 문자들이 만들어지는데, 소그드문자Sogdian script·위구르문자Old Uyghur alphabet·몽골문자Mongolian script·만주문자Manchu script 같은 것들이다. 만주와 몽골의 문자가 성서의 문자인 히브리문자·시리아문자의 영향을 받았다는 사실이 새삼스럽다.

— 주

1 교부시대 초기의 교부들은 삼위일체라는 그리스도교의 골격이 삼신론으로 변질되는 것을 가장 경계하였고, 또한 유대교의 교리인 단일신론도 이단으로 간주하였다. 따라서 사모사타의 바울Paul of Samosata(200~275)이 주장하는 양자론養子論(Adoptionism: 예수는 인간이지만 성령에 의해 신의 아들이 되었다는 설), 에비온주의자들Ebionites의 단일신론monotheism, 아리우스주의Arianism, 사벨리우스주의Sabellianism, 가현론假現論(Docetism), 마르키온주의Marcionism 등을 이단으로 치부하면서 치열하게 삼위일체 교리를 정립하였다. Baumer, 2006(2016), pp.32~38.

2 Baumer, 2006(2016), p.33.

3 황제는 380년 2월 27일 모든 시민들이 「니케아신경」을 따르는 그리스도교를 믿어야 한다는 공동신앙령Cunctos populos(데살로니카 칙령)을 반포하였고, 이어서 381년 공의회를 소집하였다.

4 Baumer, 2006(2016), pp.38~39.

5 요한복음 1:1~18.

6 성서의 역사적 배경과 사실성, 양식과 문학적인 요소(문체 등), 저자가 사용한 자료, 자료의 편집 구조, 저자가 사용한 수사학 등을 비평하는 성경 해석 방법이다.

7 인간 생활의 모든 현상을 물리적인 시간·공간 개념과는 따로 있는 역사적인 흐름 가운데 있다고 하여 그 생성과 발전을 파악해야 한다는 주장이다.

8 Grillmeiser, *Alois: Jesus der Christus im Glauben der Kirche*, 2002, p.242. [qtd.in Baumer, 2006(2016), p.41]

9 고린도전서 15:45~49.

10 Historical Jesus는 예수의 생애와 가르침을 바울서신, 복음서, 기타 성서 외의 자료를 기반으로 역사비평적 관점에서 재현reconstruction하려는 연구 분야를 가리킨다.

11 고린도전서 7:1~16.

12 Baumer, 2006(2016), p.42.

13 로마 황제와 제국교회는 325~787년에 제1차 니케아공의회(325)·제1차 콘스탄티노플공의회(381)·에베소공의회(431)·칼케돈공의회(451)·제2차 콘스탄티노플공의회(553)·제3차 콘스탄티노플공의회(680~681)·제2차 니케아공의회(787)를 열어, 국가와 교회가 하나가 된 그리스도왕국을 건설하려고 하였다. 이 과정에서 복합단성론을 주장하는 콥트교회·에티오피아교회·아르메니아교회·시리아정교회 등이 이단으로 선고되어 독립하였고, 그리스도의 양성론을 주장한 메소포타미아의 동방교회도 성모마리아를 신의 어머니가 아니라 그리스도의 어머니라고 주장하면서 교리상으로도 제국교회와 다른 입장을 보이면서 독립하였다. 이 시기에 제국교

회가 삼위일체 교리를 정립해 나가는 과정에서 정통으로 자부하던 정교회Eastern Orthodox Church와 가톨릭교회Catholic Church는 확립된 교리 전체를 수용하였으나, 동방교회는 첫 두 공의회에서 확정된 교리만 수용하였다.

14 Baumer, 2006(2016), pp.54~55.

몽골문자의 창제

칭기즈 칸Genghis Khan에게 복속될 당시에 나이만족은 위구르문자Old Uyghur alphabet(8~19세기)를 사용하고 있었다. 위구르문자는 소그드문자Sogdian alphabet(2~13세기)를 모방한 것으로, 페시타를 기록한 시리아문자Syriac alphabet(2세기~현재)처럼 아람문자Aramic alphabet(B.C. 10~A.D. 8세기)에서 파생하였다. 페니키아문자가 모체이다. 위구르문자는 처음에 오른쪽에서 왼쪽으로 썼으나, 한자의 영향으로 세로쓰기한 것으로 추정된다. 지중해 연안에서 금석문이나 벽을 장식할 때 사용한 고대 시리아어도 세로쓰기였으므로 그 영향을 받았을 가능성도 있다. 1204년 칭기즈 칸은 나이만 칸의 옥새를 지키는 위구르인 타타통가Tatatunga에게 위구르문자를 이용하여 몽골어를 기록하는 문자(비칙bichig)를 만들라고 지시하였다. 2년 뒤에 칭기즈 칸은 그에게 몽골의 관습법을 기록하게 하였고, 『예케 자사크Yeke Jasaq』라는 법령집도 나오게 된다. 티베트 학자 사캬 판디타Sakya Pandita는 1247~1251년 카라코룸에 머물면서 위구르문자를 개조하는 작업을 시작하였고, 이 작업은 18세기까지 이어졌다. 또 쿠빌라이 칸의 명으로 판디타의 조카인 파스파Phagspa가 티베트의 전서체篆書體를 모방하여 만든 이 파스파문자는 1386년까지 사용되었다. 중국 항구도시 자이툰泉州에 남아 있는 동방교회 신자 묘석 가운데는 파스파문자가 각인된 것들도 있다. 17세기에 들어서 몽골문자에서 칼미크Kalmyk문자·부랴트Buryat문자·만주문자가 갈라져 나온다.

03

셀레우키아-크테시폰 시대 1

교회의 안정과 성장

동방교회는 200여 년에 걸친 전승시대와 초대교회시대(73~291)를 지나는 동안에 파르티아제국과 로마제국 사이의 분쟁 지역인 니시비스와 에데사를 잠시 거점으로 삼다가, 교회의 중심지를 파르티아제국의 수도 셀레우키아-크테시폰으로 옮기면서 기초를 다져 나가기 시작한다. 224년 파르티아제국에 이어 사산조 페르시아(224~651)가 들어선 뒤에도 동방교회가 가톨리코스의 성청을 여전히 셀레우키아-크테시폰에 두었으므로, 전승시대 다음 시대를 '셀레우키아-크테시폰 시대(291~780)'라고 이름 짓고 논지를 이어가려고 한다. 이 500여 년 동안 동방교회는 독립된 교회로서의 조직과 위계를 갖추었고, 신학교를 세워 성직자들을 양성하면서 신학을 정립하였으며, 조로아스터교의 무지막지한 박해를 견뎌 내고 이슬람의 침투에 저항하고 타협하면서 동진 그리스도교로서 선교적 위상을 확립해 나간다.

— 사산조 페르시아의 그리스도교 박해

224년 사산조 페르시아가 들어선 초기에는 파르티아제국 시대보다는 상황이 동방교회에 다소나마 유리하게 전개되었다. 사산조 페르시아의 창건자는 조로아스터교 고위 사제의 자손인 아르다시르 1세Ardashir

고대도시 셀레우키아-크테시폰의 왕궁 폐허

사산조 페르시아의 샤푸르 1세가 로마 군대의 그리스도인 포로들을 동원하여 세운 궁전이다. 동방교회는 291~780년 이 도시에 성청을 두고 활발한 동방선교를 펼쳤다.

I(224~241)로, 로마제국의 위협을 막아 내고 군사력을 키우면서 찬란하였던 아케메네스조 페르시아Achaemenid Empire(B.C. 6세기 중엽~B.C. 330)의 영광을 재현하려 하였다. 또한 종교적인 면에서는 고대 페르시아 종교인 조로아스터교를 부활시키고, 그리스도교·유대교·불교 같은 외래 종교의 침입을 막으려 하였다. 이런 상황이 조로아스터교를 사산조 페르시아의 국교로 격상시키는 기반이 되었다.

아르다시르 1세는 227년 파르티아제국의 수도 셀레우키아-크테시폰을 점령한 뒤 동쪽으로 영토를 넓혔고, 인더스Indus강 유역 북쪽의 쿠샨Kushan왕국도 무너뜨렸다. 아들인 샤푸르 1세Shapur I(241~272)는 로마제국과의 전쟁에서 로마 황제를 둘씩이나 포로로 잡으면서 로마제국에 굴욕감을 주었다. 샤푸르 1세 시대의 영토는 유프라테스강 유역의 에데사에서 인더스강 삼각주까지, 오만Oman에서 소그디아Sogdia(현재 우즈베키스탄 지역)에 이르렀다. 그는 244~260년에 사로잡은 수십만 명의 포로를 아시리아Assyria · 실리시아Cilicia · 카파도키아Cappadocia에 새로 도시를 건설하여 살게 하였다. 이때 건설한 곤데샤푸르에 세운 동방교회 신학교가 후세에 위명을 떨쳤고, 529년에는 국립대학이 되었다. 역설이라면, 조로아스터교의 부흥을 위해 그리스도인들을 추방·소개疏開하였던 샤푸르 1세 덕분에 그리스도교가 이란의 중심부인 파르스Fars(이란 남서부) · 엘람Elam(Susiana, 현재 이란 남서부) · 후지스탄Khuzistan(현재 이란 남서부의 이라크 접경 지역)으로 파고든 것이었다.

나르세스Narses(293~302) 때에 이르러 사산조 페르시아는 아르메니아Armenia와 북서부 메소포타미아를 로마에 이양하면서 로마제국과의 평화를 회복하였다. 그때까지 페르시아의 그리스도인들은 로마제국이 이교도 국가였으므로 두 제국 사이의 전쟁에도 불구하고 어떤 영향도 받지 않았다. 그러나 조로아스터교가 국교로 격상되고, 이어서 로마 황제 콘스탄티누스 1세가 그리스도교를 공인하는 일(313)이 벌어지자 페르시아 내 그리스도인들의 사정이 악화되었다. 사산조 페르시아에서는 소수 종교인 그리스도교가 적국인 로마에서 공인을 받았기 때문이다. 이제 그리스도인들은 로마제국의 간첩이라는 의혹을 사게 되었다. 두 제국 사이에 전쟁이 있을 때마다 사산조 페르시아에서는 그리스도인들을 박해하였고, 평화협정이 체결되고 나면 이런 박해가 느슨해지는 일이 되풀이되었다.

아케메네스조 페르시아의 영광을 재현하려고 조로아스터교의 부활에 박차를 가하였던 사산조 페르시아는 동방교회와 갈등을 일으킬 수밖에 없었다. 세계관이 크게 다른 두 종교들 사이에는 타협이 불가능하였다. 사산조 페르시아 학자들은 흩어진 텍스트를 모아, 팔라비 문자Pahlavi script의 일종인 사산문자Sasanian script를 기반으로 하여 고유문자를 창제하였고, 『아베스타Avesta』라는 경전을 만들면서 자라투스트라Zarathustra(B.C. 628~B.C. 551)의 가르침과 함께 고대 페르시아의 신앙을 이 경전에 뒤섞어 넣었다. 따라서 사산조 페르시아에 이르러서는 조로아스터교의 이원론이 더 극단화되고 급진적이 되었다. 또 사산조 페르시아에서는 조로아스터교 세습 성직자들의 영향력이 컸으므로 국가와 종교를 나눌 수 없게 되었다. 특히 카르티르Kartir가 대제사장으로 활동한 240~293년에는 사제들의 위세가 절정에 달하였다. 바흐람 1세Vahram I(273~276)는 카르티르에게 마니Mani(216~274)[1]의 처형을 허용하였고, 287년쯤에는 이러한 탄압이 그리스도인들에게로 확대되었다. 종교와 국가가 밀착한 결과 조로아스터교를 거부하는 행위는 바로 반역죄에 해당하였다. 조로아스터교 중심지였던 파르스 지방에는 그리스도인들의 숫자가 적었기에 박해의 규모와 정도가 극심하였다. 하지만 메소포타미아와 이란 남서부에는 토박이 조로아스터교인들이 소수였으므로 그리스도교는 사산조 페르시아 때에도 계속 전파될 수 있었다.

조로아스터교에서는 독신인 그리스도교 성직자들을 창조신 아후라 마즈다Ahura Mazda의 원수로 단정하고 박해하였으며 예외를 두지 않았다. 로마제국 출신의 바흐람 2세Vahram II(276~293)의 왕비인 그리스도인 칸디다Candida도 개종을 거부하자 처형될 정도였다. 나르세스왕 치하에서의 그리스도인들에 대한 박해는 맛보기에 불과하였고, 그다음 두 세기에 걸쳐 본격적인 박해가 이어졌다.

이 시대에 그리스도교는 유프라테스강 동쪽으로 이미 널리 퍼져 있었다. 유프라테스강과 티그리스강 상류 지역인 북부 메소포타미아의 투르 아브딘Tur Abdin 부근의 '종들의 산The Mountain of the Servants of God'은 일찍이 4세기부터 동시리아교회(동방교회) 수도원 활동의 중심지였다.[2] 그 중심 도시인 니시비스의 명성을 드높인 것은 이런 수도원들뿐만 아니라 니시비스 신학교였다. 363년 이 도시가 사산조 페르시아의 샤푸르 2세Shapur II(309~379)에게 넘어가자 신학교 교장 에프렘은 교수진을 이끌고 로마제국의 도시인 에데사로 피신하여 그곳에서 신학교의 전통을 이어갔다.

티그리스와 유프라테스 두 강의 하류가 만나는 삼각주에 위치한 이라크 남부의 항구 도시 바스라 부근, 프라트데마이샨Prat de Maishan으로 불리던 곳이 니케아공의회 직전인 310년에 대교구로 승격되었다. 그보다 앞서 바스라의 다윗David of Basra 주교가 인도에서 선교했다는 말이 있는 것으로 보아, 이미 3세기에 바스라에 그리스도인 공동체가 있었을 것이다. 페르시아만 위쪽 하르그Kharg섬에서도 3세기 중엽으로 추정되는, 시리아문자로 새겨진 그리스도인들의 묘석들이 발견되어 이런 주장을 뒷받침하고 있다. 그 뒤로도 5세기에서 11세기까지 존속하였던 방이 60개나 있는 동방교회 수도원이 발굴되었다. 당시 하르그섬은 인도·중국·메소포타미아를 오가는 상선들의 중간 정박지였다.[3]

4세기 초 파르티아제국의 수도 셀레우키아-크테시폰의 주교가 다른 주교들보다 우위에 서기 시작한 때를 동방교회가 사실상 탄생한 순간이라고 볼 수 있다. 하지만 이렇게 위계와 조직을 갖추기 시작한 교회가 외부로부터 위험을 맞게 된 것은 바로 샤푸르 2세의 재위 후반기 40년 동안(339~379)에 이어진 박해 때문이었다. 339년 니시비스 공략전이 벌어졌을 때 왕은 전비를 조달하려고 그리스도인들에게 특별세를 부과하면서 셀레우키아-크테시폰 주교에게 징세의 책임을 안겼다. 주교의 통치를 받는 '밀레트millet'라는 자치구역 안에 살고 있던 그리스도인들이 납세를 거부하자, 왕은 모든 교회당들과 수도원들을 헐어 버리고 100명의 성직자들을 잡아들였으며 주교를 상대로 배교를 설득하였다. 왕이 배교를 거부하는 그리스도인 수천 명을 처형하겠다고 협박해도 교회가 요지부동이었으므로, 주교의 눈앞에서 투옥 중인 성직자 모두를 참수하고 드디어 주교까지 처형하라는 명을 내렸다. 이 일은 341년에 일어났다.

그 뒤로도 그리스도인들에 대한 대규모 살육은 계속되었고, 이때 유대인들이 그리스도인들을 고변하는 일에 앞장섰다. 국가가 박해를 명한 것이었지만 사태는 급속히 악화되어 거칠고 통제 불능의 대학살로 이어졌다. 과로한 사형집행인들을 도와 죄수들이 사형을 대신 집행하는 일까지 있었다. 순교자들은 순교라는 광기에 사로잡혀 자책하면서 제 발로 순교라는 왕관을 향하여 사형장으로 나갔다. 이렇게 걷잡을 수 없는 살육이 벌어지고 그리스도인 농부들과 상인들이 산속으로 도주하게 되자 샤푸르 2세는 국내의 안정과 제국의 번영을 염려하게 되었다. 교회 조직은 붕괴되고 주교까지 처형되는 일이 이어지자, 수도의 주교로 선출된다는 것은 죽음을 자초하는 것이었으므로 주교 자리는 이삭 1세Isaac I(399~410)가 선출될 때까지 반세기 넘게 비어 있었다.[4]

샤푸르 2세는 비잔티움제국을 상대로 다시 전쟁을 벌였고, 또 이란 동부로 침입한 에프탈족(화이트 훈족)[5]을 물리치면서 영토를 크게 확장하고 권력을 강화하였다. 이때 위대한 성경주석가인 시리아인 에프렘Ephrem the Syrian(306~373)을 비롯한 많은 그리스도인들이 에데사로 피신하였다. 같은 시기에 사산조 페르시아 영토가 북동쪽으로 확장되었으므로 다음 세기에 동방교회는 아르메니아와 조지아Georgia에서 선교할 기회를 갖게 된다. 동부 조지아를 표적으로 삼은 동방교회의 선교는 363

년에 시작되어 한 세기 동안 이어졌으며, 늦잡아도 424년에 동방교회는 아르메니아에서 교구를 만들 수 있었다.[6]

그리스도인들에 대한 엄청난 박해는 샤푸르 2세를 계승한 아르다시르 2세Ardashir II(379~383)가 죽고 나서야 끝이 났다. 그러나 일부 지방에서는 학살이 멈추지 않았는데 광신적인 종교재판관들이나, 순교자들의 재산을 몰수하려는 탐관오리들이 부추겼기 때문이었다. 얼마나 많은 희생자들이 나왔는지는 알 수 없다. 어떤 자료에는 기록된 순교자들만 해도 16,000명이라 하고, 다른 자료에서는 190,000명이라고 한다. 정확한 수를 알 수 없지만 기간 등을 고려하면 아마도 많은 쪽으로 추정한 순교자 숫자가 진실에 가까울 것이다.[7]

사산조 페르시아 때의 박해는 그리스도인들이 무제한으로 희생되었으며 지나치리만큼 잔인하고, 가학적인 처형으로 악명이 높다. 신앙을 고백한 사람들은 목이 잘리거나 돌에 맞거나 십자가에 달리는 정도가 아니라, 고통을 최대한 끌어올리는 아주 잔혹한 방법으로 살해되었다. 살해를 피하려고 많은 신자들이 배교하였지만, 더욱 경악스러운 것은 그리스도인이라고 자백한 많은 사람들이 신앙을 지키기 위해 기꺼이 순교를 받아들였다는 사실이다. 이런 사람들은 자신들이 그리스도의 십자가를 들어 올린다고 생각하면서 내면에서 죽음을 극복하는 에너지를 끌어낸 것 같다. 그리스도가 첫 순교자로서 기꺼이 십자가를 받아들였듯이 이제는 자신들이 순교자가 되어 그 뒤를 따른다는, 말하자면 그들의 죽음은 그리스도가 받은 고난의 재연再演인 셈이었다. 이런 이미지 때문에 사산조 페르시아 때 박해가 계속되는 동안 순교에 대한 크나큰 동경과 간절한 염원이 생겨났다.[8]

박해 속에서 점화된 동방 선교

샤푸르 2세의 누이이며 아내인 시라한Shirahan은 그리스도인으로, 그녀가 순교자가 될 위기에 처하자 왕은 그녀를 이란 동부 메르브Merv의 총독에게 시집 보내어 그곳에서 보호받으며 살게 하였다. 대학살에서 살아남은 주교 바르사바Bar Shaba는 363년 공주의 정신병을 치료한 인연으로 공주를 따라 메르브로 가서 교회당을 여러 개 세웠다. 이를 계기로 당시 선교사들은 메르브에서 더 나아가 호라산Khorassan 지방을 지나 에프탈족이 사는 동쪽까지로 활동 범위를 넓혔다.

샤푸르 3세Shapur III(383~388)가 즉위한 뒤에 로마제국과의 외교관계가 정상화되어 그리스도인들의 신상에 긍정적인 변화가 생겼다. 395년쯤에 에프탈족이 두 제국의 북쪽 국경을 위협하자, 두 제국은 공동의 적에 대응하면서 더 가까운 사이가 되었다. 바흐람 4세Vahram IV(388~399)를 계승한 야즈다기르드 1세Yazdgerd I(399~420) 때에도 선대들이 추구하였던 두 제국 사이의 긴장 완화책을 이어갔다. 비잔티움과 평화로운 관계를 유지하는 시기에는 그리스도인들이 이용 가치가 있었는데, 왕이 그리스도인들의 도움으로 귀족들과 종교재판관들의 영향력에서 벗어날 수 있었기 때문이다. 410년 야즈다기르드 1세는 이교異教를 용인하는 칙령을 반포하여 그리스도인들에게 자유를 주었지만, 조로아스터교인들이 배교하는 경우에는 전처럼 처형하였다. 그렇게 되자 선교사들은 주로 이란 북부에 사는 불교신자들을 개종하는 일에 매달렸다. 마니교도와 마르키온파Marcionism 교도[9]를 상대로 하는 선교 활동도 물론 허용되었다.[10]

동방교회 성직자들은 야즈다기르드 1세 치하에서 교회 조직을 재건하면서, 로마제국에서 추방된 서시리아인들(시리아정교회 교인들)과 사산조 페르시아에 살고 있던 동시리아인들(동방교회 교인들) 사이에 있던 위계상의 불필요한 중복도 털어 냈다. 사도들이 세웠다고 주장하는 동방교회는 야즈다기르드 1세가 칙령을 반포한 해인 410년에 첫 주교회의 Synod를 열어 독립된 교회로서의 위계를 갖추기 시작하였다.[11] 이 회의에서 가톨리코스로 선출된 이삭 1세는 모든 그리스도인들의 수장이라는 예우를 받았으며, 동방교회 교인들을 포함한 제국 안의 모든 그리스도인들이 가톨리코스의 권위에 순종하게 되었다. 앞서 살펴보았듯이, 에베소공의회와 칼케돈공의회를 거치는 동안에 제국교회의 분열이 가속화되면서 안디옥학파를 지지하는 많은 성직자들이 동방교회로 합세하였고, 따라서 교세가 질적·양적으로 크게 성장하였다.

동방교회가 급성장하자 이를 두려워한 조로아스터교 술사들과 재판관들은 왕을 압박하여 그리스도교 탄압을 재개하였다. 그리스도인들이 다시 투옥되었고, 교회당들은 파괴되었다. 야즈다기르드 1세를 계승한 바흐람 5세Vahram V(421~438) 때에는 박해가 더욱 심해져서 그리스도인 묘지를 훼손하기까지 하였다. 야즈다기르드 2세Yazdgerd II(438~457)는 왕위 계승 과정에서 그리스도인들에 대한 박해를 잠시 중단하였지만, 제국에서 이교도들을 쓸어버리겠다는 마음이 변한 것은 아니었다. 445~457년 메소포타미아와 아르메니아에서 그리스도인들에 대한 박해가 다시 휘몰아쳤는데 가톨리코스조차 희생자 명단에 오를 정도였다. 446년 최악의 대학살이 오늘날 키르쿠크Kirkuk라고 부르는 베이트 셀록의 카르카Karka of Beit Selok 대교구에서 발생하였다. 기록에 따르면, 10명의 주교들과 약 153,000명의 신자들이 도륙되었다. 457년 야즈다르기드 2세의 죽음으로 학살은 막을 내렸고, 다행스럽게도 뒤를 이은 호르미즈드 3세Hormizd III(457~459)와 페로즈 1세Piroz I(459~484)는 그리스도인들에게 호감을 가진 왕들이었다. 페로즈 1세 재위 말년에 그리스도교 박해가 잠시 재개되었으나, 왕이 에프탈족과의 전투에서 전사하는 바람에 집단 학살은 면하게 되었다. 542년쯤에는 호스로우 1세Chosrau I(531~579)가 마르 아바Mar aba 총대주교에게 사형 선고를 내렸다가 그리스도인들의 반란을 염려한 나머지 사형 집행을 유예하고, 아제르바이잔Azerbaijan으로 추방한 일도 있었다.[12] 당시 그리스도인들은 메소포타미아 곳곳에서 다수를 차지하고 있었다.

교회 조직과 교세

410년 첫 주교회의에서 「니케아신경」을 동방교회의 신조로 채택하였는데, 이를 계기로 사산조 페르시아 군주는 제국 안에 있는 그리스도인들을 하나의 공동체로 인정하였고, 자치권을 주었으며, 보호를 약속하였다. 교회지도자는 결혼·상속·개인 송사 같은 공동체 내부의 제반사를 관할하였고, 공동체의 행동에 대해 책임을 졌으며, 또 납세의 의무를 지녔다. 셀레우키아-크테시폰 주교를 왕이 임명하면서 그에게 제국 내의 주교임면권을 주었기 때문에, 수도의 주교가 자연스럽게 페르시아 전역의 교회를 대표하게 되었다. 이 때문에 동방교회를 '페르시아 교회'라고도 부른다. 첫 주교회의에는 6개의 대교구 주교들과 함께, 카타르Qatar와 레이Ray 등 사산조 페르시아 밖에 있는 주교들 10명도 참석하였다.[13]

이어서 424년 알히라al-Hira에서 열린 주교회의는 동방교회 역사상 가장 중요한 회의였다. 가톨리코스로 선출된 다디쇼Dadisho(421~456)가 소집했던 이 회의는 420~422년 박해기를 거치면서 터졌던 내분을 수습하기 위한 것으로, 여기에서 동방교회의 자주성과 가톨리코스의 최고

권을 확인하였다. 이것은 동방교회 총대주교가 로마제국 안에 있는 총대주교들과 대등한 위치에서 독자적인 행동을 취할 수 있다는 의미이다. 이로써 동방교회는 서방의 제국교회와 위계적으로 단절하였고, 완전히 분리된 별도의 교회가 되었다.

주교회의에서는 성직자 선출 방법 등을 제정하여 교회 안의 위계를 확립하였다. 가톨리코스의 주재로 4년마다 열린 주교회의에서 중요한 교무를 처리하였다. 410년에는 셀레우키아-크테시폰 대교구를 포함하여 7개의 대교구에 38개의 교구가 있었다.[14] 대주교의 자리가 공석이 되면 해당 대교구에 속하는 주교들과 신자들이 후임자를 선출한 다음 가톨리코스의 재가를 받는 절차를 밟았다. 주교는 사제들과 집사들을 임명하고, 교구에 속한 교회들을 가르치고 세우는 일을 하였다. 수도원도 모두 주교의 관할이었다. 정리해 보면, 동방교회는 총대주교-대주교-주교-부주교-지방 전임주교-사제-집사-부집사-낭독자 등 모두 아홉 개의 위계로 지탱되고 있었다. 평신도가 맡은 재산 관리인 자리는 성직이 아니었다.

가톨리코스는 절대권을 가지고 있었지만, 국가사법권의 도움을 받아야 했고 주교회의의 견제를 받았다. 사제 양성은 니시비스와 셀레우키아-크테시폰에 있는 신학교가 맡았으며, 동방교회 주교들과 수도원장들 대부분은 신학 교육을 받은 사람들이었다. 가톨리코스의 선임은 선출권이 있는 대주교들이 선택한 다음 페르시아 왕의 동의 절차를 거쳤다.

내지 대주교들과는 달리 외지 대주교들은 파르스의 루아르다시르Rew Ardashir와 테헤란 부근 레이Ray 대주교를 제외하고는 모두 가톨리코스가 임명하였다. 대주교들 거의가 메소포타미아에서 파송된 수도사

선교사들이었다. 외지 대주교들은 내지 대주교들보다 더 폭넓은 자율권을 가지고 있었다. 그 이유는 총대주교가 소집하는 주교회의에 거리상으로 참석이 어려웠기 때문이다. 그들은 6년마다 신앙고백과 중요한 교무에 대한 현황 보고서를 총대주교에게 보내야 했지만, 독자적으로 주교를 임명할 수 있었다. 대초원에 산재한 외지 대교구들은 너무 넓어서 부주교와 지방 전임주교를 여럿 두기도 하였다.

486년에 아카키우스Acacius(485~496)가 소집한 주교회의에서는 동방교회의 양성론을 확인하는 별도의 신경을 채택하였다. 교회는 단일성을 강화하려고 아람어 방언인 시리아어를 예전어로 사용하였지만, 기도서·찬송가·시편·신약성경의 발췌본은 현지어로 번역해 사용하였다. 지금도 중앙아시아에서는 팔라비어(중세 페르시아어)·아랍어·고대 터키어·소그드어·위구르어·몽골어·한자로 된 고대의 그리스도교 관련 문서들이 많이 발견되고 있다.[15]

— 중앙아시아를 넘어 땅끝까지

동방교회는 제국교회와 위계상의 연결을 끊고 자주성을 확보한 뒤에 동쪽으로는 이란·중앙아시아와 중국에, 남쪽으로는 페르시아만Persian Gulf·예멘Yemen·아라비아반도Arabian Peninsula와 소코트라섬Socotra Island까지 선교사들을 파송하였다. 가는 곳마다 많은 책을 가지고 갔고, 학교·병원·수도원을 세웠다.[16]

이란

그리스도교는 초대교회 때부터 이란 지역에 전해졌다고 사도행전(2:6~9)에 기록되어 있다. 여기서 말하는 파르티아인Parthians·메대인

Medes·엘람인Elamites은 이 지역에 살던 사람들이다. 사료에 따르면, 4세기부터 그리스도교의 선교 중심지는 엘람Elam(루아르다시르)·레이(테헤란Teheran)·곤데샤푸르Gondeshapur(베드라파트Beth Lapat)라고 한다. 동방교회는 367년 곤데샤푸르에 수도원을 세웠고, 6세기에는 신학과 의학을 가르치는 종합대학교도 세웠다.

이란 동부(호라산Khorassan)·메르브Merv·헤라트Herat에 주교좌가 있었고, 이곳의 주교들은 410년에 열린 첫 주교회의에 참석하였다. 6세기에 들어서 이 교구들은 대교구로 승격하였고, 중앙아시아와 중국에 선교사들을 파송할 정도였으니 교세가 크게 왕성하였을 것이다.

7세기 초에 이르러서는 이란의 인구 절반이 그리스도인들이었다. 이 가운데 75%가 동방교회 신자들, 20%는 시리아정교회 신자들, 나머지가 「칼케돈신경」을 따르는 멜카이트Melkite(이하 '황제파교회' 신자)들이었다.

중앙아시아

중앙아시아는 광활한 지역으로, 이 지역을 관통하는 실크로드가 이란과 서아시아를 중국과 연결시키고 있다. 이 길을 따라 상인들·외교사절들·군인들은 물론이고 여러 종교의 수도사들과 선교사들이 동아시아로 갔다. 바르다이산은 2세기 말에 박트리아Bactria(고대 중앙아시아에 있던 지명으로 힌두쿠시 산맥 북쪽에서 아무다리야강 남쪽에 이르는 지역. 현재 아프가니스탄 북부)에 교회가 있었다고 하였고, 그보다 앞서 196년에 카스피해 연안의 길란인들Gilanians과 옥서스강(아무다리야강) 유역에 사는 튀르크인들이 그리스도교로 개종하였다는 기록이 남아 있다.[17] 6세기에는 투르키스탄 서부에 그리스도인들이 살았고, 소그드인들이 페시타를 소그드어로 번역한 증거도 남아 있다. 바그다드 시대 초기에 동방 선교에 앞장섰던 총대주교 디모데 1세Timothy I(780~823)는 편지에서 튀르크 왕이 그리스도교로 개종하고 튀르크족에게 대주교를 파송해 달라는 요청을 하였다고 썼고, 티베트에서도 똑같은 일이 일어났다고 하였다.[18] 9세기에는 사마르칸트Samarkand가 대교구가 되었고, 10세기에는 신장新疆에까지 복음이 전파되었다.

중국

역사적 상황을 종합해 보면, 6세기 이전에 중국에 복음이 전해졌을 것이다.[19] 하지만 개방 정책을 편 당唐(618~907) 태종太宗(626~649)이 635년 동방교회 선교사 알로펜Alopen, 阿羅本을 맞이한 것이 최초의 공식적인 기록이다. 이러한 내용은 781년에 세운 대진경교유행중국비大秦景敎流行中國碑에 새겨진 것인데, 1623년 예수회 선교사들에 의해 서양에 알려졌다. 둔황敦煌 등에서는 동방교회 경전의 한문 번역본이 여러 점 발견되었고,[20] 2006년에는 뤄양洛陽에서 당 대의 경교경당景敎經幢도 발견되었다.[21]

845년 외래 종교에 대한 격심한 탄압이 시작되어 사제들이 환속하고, 학살되는 일이 벌어졌다.[22] 이후 중국에서 그리스도교는 쇠퇴의 길을 걸었고, 10세기 말이 되어서는 그 모습을 거의 감추었으나, 13~14세기 원나라 때 대칸들의 포용 정책에 힘입어 다시 전파되었다. 여러 선교사들과 마르코 폴로가 이에 대한 기록을 남겼다.

그 밖의 지역

셀레우키아-크테시폰 시대에 동방교회의 선교 활동 무대는 아프리카와 유럽을 제외한 전 세계였다. 인도에는 예수의 직전제자 도마와 바돌로매Bartholomew가 복음을 전했다는 전승이 남아 있고, 지금도 많은 도마 그리스도인들이 신앙생활을 하고 있다.[23] 사도행전(2:11)과 갈라디아서(1:17~18)에서는 아랍인에게도 복음을 전했다고 하였다. 많은 주교들이 아라비아 선교를 위해 주교로 서품되었는데, 아라비아 지역에는 451년까지 18곳에 교구가 만들어졌으며, 이곳의 주교들은 칼케돈공의회에 참석하였다. 6세기에 그리스도교는 인도양의 소코트라섬까지 전파되었다.[24]

— 사산조 페르시아 말기의 동방교회

424년 제국교회와 결별하고 독립한 동방교회는 5세기 후반에 위기를 맞았다. 당시 동방교회의 실력자는 니시비스 대주교 바르사우마Barsauma(415~496)로, 사산조 페르시아의 왕 페로즈 1세의 두터운 신임을 받고 있었다. 안디옥학파를 지지하는 그는 국가가 동방교회 하나만을 인정한다면 사산조 페르시아에 크게 이로울 것이라는 말로 페로즈 1세를 설득하였다. 왕이 에프탈족과의 전투에서 전사하자 계승자인 발라시Balash(484~488)는 비잔티움제국과의 평화를 모색하면서 호전적인 바르사우마 대신에 아카키우스를 총대주교로 선택하였다.

아카키우스와 바바이Babai(497~502)가 가톨리코스로 재임하는 동안 교회는 비교적 평온하였다. 특히 사산조 페르시아의 왕 카바드 1세Kavad I(488~496, 499~531)가 그리스도교에 호감을 가졌고, 조로아스터교 성직자들이 자체의 개혁에 시간을 빼앗기고 있었기 때문이다. 이 개혁은 귀족들의 세습적인 축재와 종교재판관들의 전횡으로 생긴, 백성들의 누적된 적대감을 교묘하게 이용한 것이었다. 이원론적 세계관을 가진 조로아스터교에서는 만민 평등·형제애·생명의 신성함을 명시하고 있었고, 또 모든 재화와 여인들의 공유를 선포하였으며, 평화와 채식 위주의 생활방식을 장려하였다. 젊은 왕 카바드 1세는 이를 이용하여 많은 사회 개혁 방안을 내놓았는데, 이에 대한 반동으로 기성 세력들은 496년 왕을 추방하였고 왕은 숙적인 에프탈족에게로 피신하였다. 이때 신하인 동방교회 신자 둘이 왕과 동행하였는데, 여기에 주교 하나와 사제들 넷이 합류하였다. 망명 기간에 왕은 동행한 동방교회 사제들과 교인들이 옥서스강 북쪽에 살던 에프탈족들을 어떻게 개종시키고, 그들에게 어떻게 문명의 빛을 전파하였는지를 제 눈으로 확인할 수 있었다. 카바드 1세는 499년 왕위에 복귀하자 조로아스터교 술사들을 죽이거나 가두었고, 그리스도인들에게 호의를 베풀었다.[25]

그렇게 시작된 트란스옥시아나에 사는 에프탈족들을 상대로 한 동방교회 선교는 성공적이어서, 549년에 주교가 서임되었고 이웃한 서튀르크족 일부가 같은 시기에 그리스도교를 받아들였다. 하지만 동방교회는 카바드 1세 치하에서 종교적 관용이라는 유리한 환경을 제대로 이용하지 못한 채 내분에 빠져 분열로 치닫고 있었다. 총대주교 자리 계승을 두고 서로를 파문하는 일이 벌어졌으나, 주교들의 개입으로 바울 1세Paul I(539)가 총대주교로 선출되었고, 얼마 뒤에 마르 아바 1세Mar Aba I(540~552)가 그 뒤를 이었다. 마르 아바 1세는 선출되기 전에 성지 여러 곳을 순례한 적이 있었고, 선출될 당시에는 니시비스 신학교에서 고전을 번역하고 있었다. 그는 분열을 수습하고, 신학 교육의 수준을 향상시키며, 이완된 수도원 규율을 다시 세웠다. 그러나 선출된 해인 540년 비잔티움제국과의 전쟁이 터졌고, 사산조 페르시아 군대는 안디옥을 약탈한 뒤 10만이 넘는 전쟁포로들을 페르시아로 끌고 왔다. 이 때문에 그의 개혁은 초기에 난관을 만나기도 하였다. 비잔티움제국과 전쟁이 있을 때마다 사산조 페르시아 내 그리스도인들에 대한 해묵은 의구심이 점증되었던 탓이었다. 마르 아바 1세의 경우는 유능하였지만, 그 이후에는 평범하거나 무능한 총대주교들이 줄을 이었다. 대주교들이 자기가 마음대로 휘두를 수 있는 사람을 총대주교로 지명했기 때문이다. 총대주교 요셉Joseph(552~567)과 에스겔Ezekiel(570~582)이 선종한 뒤 이소야브 1세Ishoyahb I(582~596)가 뒤를 이었고, 이 시기에 호스로우 2세Chosrau II(590~628)가 부왕 호르미즈드 4세Hormizd IV(579~590)를 시해하는 궁정 반란이 터졌다.[26]

사산조 페르시아는 호스로우 1세 치하에서 전성기를 구가했는데 비잔티움제국의 동쪽 영토를 정복했을 당시 페르시아 인구의 절반이 그리스도인이었다[당시 동방교회에는 106명의 주교급 이상 성직자들이 있었다.]. 시리아·소아시아·팔레스타인과 이집트 남부를 시리아정교회 교인들이 차지하고 있었고, 황제파 교인들도 있었기 때문이다. 이런 사정으로 호스로우 2세는 동방교회 교인들과 시리아정교회 교인들에게 실용적이고 불편부당한 정책을 펼 수밖에 없었다. 이어서 호스로우 2세 치세에서도 페르시아의 그리스도인들은 두 제국 사이에 평화가 유지되는 10년 동안 황금기를 누렸다. 페르시아의 젊은 왕은 그리스도인 왕비의 영향을 받아 교회당을 다시 세우고, 앞장서서 그리스도교를 장려하였다. 그러나 602년 비잔티움제국의 황제 마우리키우스Maurice(582~602)가 시해되자 사산조 페르시아와 비잔티움제국의 화친은 끝났고 25년간의 전쟁이 시작되었다.

비잔티움제국의 황제 헤라클리우스Heraclius(610~641)가 624년 아르메니아·아제르바이잔·북부 메소포타미아로 진군하여 627년 승리를 안고 회군하였다. 그때 크테시폰에서 왕세자 시로이Shiroi가 주동한 궁정 반란이 590년 때와 비슷한 모습으로 일어났다. 시로이는 628년 부왕 호스로우 2세와 이복형제 모두를 살해한 뒤, 카바드 2세Kavad II(628)라는 이름으로 왕위에 올랐다. 그러나 그가 몇 달 뒤 갑자기 세상을 떠나자 계승자의 씨가 마른 왕국은 야즈다기르드 3세Yazdgerd III(632~651)가 즉위할 때까지 계속되는 내전으로 극심한 혼란에 빠져들었다.[27]

카바드 2세 때 정치적 감각이 뛰어난 이소야브 2세Ishoyab II(628~646)가 총대주교로 선출되었다. 그는 신학 교육을 개혁하였고, 비잔티움제국과의 평화 교섭을 마무리하였다. 또한 중국(당나라)으로 선교사를 파송하였으며, 페르시아의 그리스도인들을 보호하려고 매우 노력하였다.

총대주교의 노력으로 비잔티움제국과의 관계가 회복되어 대외적으로는 안정을 되찾았으나, 교회 내부에서 고질적인 권력 투쟁이 다시 벌어졌다. 야즈다기르드 3세가 왕위에 올랐을 때 국력이 쇠약해진 사산조 페르시아는 아랍의 맹공을 막아 낼 힘이 없었고, 637년 수도 셀레우키아-크테시폰을 무슬림들에게 내주었다. 야즈다기르드 3세는 메르브로 피신하였지만 651년 시해되었고 동방교회 주교 하나가 시신을 수습하였다.

야즈다기르드 3세의 아들 페로즈 2세Piroz II(679)는 중국으로 피신하여 661년 당나라의 신하가 되었다. 677년 그는 당나라 수도 장안에 두 번째로 동방교회 수도원을 지어도 좋다는 윤허를 받았다. 그의 아들 나르세스Narses는 페로즈 3세(한자명 비노사卑路斯)라는 이름을 얻고 중국 황제에게 호소하여 이란 땅을 되찾으려 했으나 허사였다. 그는 707년 망명지인 중국에서 죽었다.[28] 그리스도인들을 심하게 핍박하였던 사산조 페르시아의 마지막 왕은 동방교회 주교의 도움으로 마지막으로 쉴 자리를 얻게 되었고, 또 그 아들은 망명 기간 중에 동방교회 수도원을 지었다는 사실은 역사의 아이러니이다.

— 주

1 마니는 파르티아제국 시대에 셀레우키아-크테시폰에서 출생한 예언자로 마니교를 창시하였다. 그는 마니교 경전들 가운데 제6권은 시리아어로, 사산조 페르시아의 샤푸르 1세에게 헌정한 마지막 제7권은 중세 페르시아어로 썼다.

2 니시비스 평원이 내려다보이는 이 언덕에는 19세기까지 유명한 수도원들이 많이 모여 있었다. 이곳의 대수도원은 7세기에 동방교회 영성운동의 발원지였으며, 동방교회와 시리아정교회가 만나는 장소였다.

3 Baumer, 2006(2016), p.84.

4 총대주교 명단에 오른 토마르사Tomarsa(363~371)·카유마Qayyuma(377~399)의 경우에는 명목상으로라도 계보를 유지할 의도로 뒷날 끼워 넣었을 것이다.

5 에프탈족은 훈족의 한 갈래로, 5~8세기에 토카리스탄Tokharistan을 중심으로 투르키스탄과 서북 인도에서 세력을 떨쳤다.

6 이 교구는 바그다드 시대인 디모데 1세(780~823) 때에 이르러 대교구로 승격되었다.

7 Baumer, 2006(2016), p.74. 그 뒤로도 544년 가톨리코스 마르 아바 1세가 혈족혼을 장려한 조로아스터교에 반대하면서, 그리스도인들에게 혈족혼을 금한다는 명령을 내리자 새로운 박해가 동방교회에 들이닥쳤다(Moffett, 1992, p.222f).

8 Baumer, 2006(2016), pp.69~71.

9 마르키온파는 시노페의 마르키온Marcion of Sinope(85~160)을 따르는 자들이다. 마르키온은 구약성경의 하나님은 폭력과 복수의 잔인한 신이고, 신약성경의 하나님은 사랑과 정의와 용서의 신이라고 주장하였다. 영지주의와 이원론 사상에 빠져 있었는데, 7세기에 소멸하였다.

10 Baumer, 2006(2016), p.73.

11 이 주교회의는 비잔티움제국의 대사인 마이페르카트의 마루타Marutha of Maipherqat(?~420) 주교가 주선하였다. 그는 솜씨 좋은 의사였으므로 야즈다기르드 1세와는 가까운 사이였다.

12 Baumer, 2006(2016), p.74.

13 Rassam, 2005, pp.35~36.

14 Platt, 2016, p.164.

15 Baumer, 2006(2016), p.79~80.

16 이 책에서는 동방교회의 동방 선교, 특히 중앙아시아를 통한 유목민 선교를 중점적으로 기술하였으므로, 인도와 중국 선교는 필요한 부분만 언급하였다. 이들 지역에 대한 동방교회의 선교는 Baumer, 2006(2016), pp.179~194, pp.235~246 참조.

17 Mingana, 1925, p.302.

18 Mingana, 1925, p.306.

19 에바히스트 헤지 육 지음, 김지인·안경덕·김상근 옮김, 2020, pp.43~46. 육Huc

은 사도시대에 중국에 복음이 이미 전해졌을 가능성을 말하고 있다.

20 Baumer, 2016(2006), pp.179~194.

21 葛承雍(編), 2009, 景教遺珍. 洛陽新出唐代景教經幢研究.

22 Huc, 1857, vol. II Chap 3.

23 그리스도교(동방교회)의 인도 선교에 관해서는 Baumer, 2016(2006), 2장, 10장 참조.

24 Rassam, 2005, pp.41~45.

25 Baumer, 2006(2016), p.87.

26 Baumer, 2006(2016), p.90.

27 Baumer, 2006(2016), p.95.

28 Baumer, 2006(2016), p.97.

04

셀레우키아-크테시폰 시대 2

신학의 정립

그리스도교 교회의 1차 대분열이 시작되기 전인 2~3세기에 바르다이산이나 타시아노Tatian(120~180) 같은 교부들이 『디아테사론Diatessaron』[1] · 『도마행전The Act of Thomas』[2] · 『솔로몬의 노래The Odes of Soloman』[3] 등을 저술하고, 히브리성경을 시리아어로 번역함으로써 동방교회가 자체적인 신학을 정립하는 기틀을 놓았다. 특히 3~4세기에 활동한 시리아인 교부 아프라하트와 에프렘은 동방교회뿐만 아니라 그리스도교 세계 전체에 신학적으로 크나큰 영향을 주었다.

교부들과 신학

교부 아프라하트와 에프렘

메소포타미아 태생인 교부 아프라하트Aphrahat(270~345)는 동방교회 형성기에 활동하였던 신학자로, 금욕주의禁慾主義, asceticism와 신비주의神秘主義, mysticism를 대표하고 있다. 그는 시리아어 설교집 『실증Demonstrations』을 남겼고, 유월절이나 할례 같은 유대 전통에 관한 해석으로도 유명하다. 또 그는 샤푸르 2세 치하에서 겪었던 40년의 박해에 대해서도 증언하고 있다.

니시비스 태생인 교부 에프렘(306~373)은 니시비스가 363년 사산조 페르시아의 손으로 넘어가자, 다문화적·다종교적 전통 위에 세워진 활기찬 도시 에데사로 옮겨 그리스의 철학 용어를 활용하여 시리아어로 수많은 저술을 남겼다. 그는 성경을 해석하면서 아프라하트처럼 유대교의 분류 체계와 상징을 사용하였고, 영성을 강조함으로써 그리스도교 신비주의를 완성하였다. 그의 저작은 그리스어·아르메니아어를 비롯해 유럽의 여러 언어로 번역되어 당대는 물론이고 후세에도 큰 영향을 주었다. 500편이 넘는 찬송시가 남아 있는데 아름답고도 심오하며 호교護敎적이다. 이 교부 덕분에 당시 에데사 인근에서 풍미하던 마니교와 이단인 아리우스주의[4]·마르키온주의가 힘을 잃었고, 예수의 이름이 드높아졌으며, 사도적 전승이 보존되어 오늘날 그리스도인이라면 예외 없이 읊조리는 「니케아신경」이 빛을 발하게 되었다. 에프렘은 또 히브리성경과 『디아테사론』의 주석서를 썼으며, 그가 지은 찬송시는 그리스교회와 시리아교회의 찬송가에 큰 영향을 주었다. 그는 금욕과 고통을 그리스도인의 덕목이라고 가르쳤고, 가난한 자와 병든 자를 돌보는 일을 소홀히 하지 않았다. 그의 활약으로 에데사 신학교는 후세에 이름을 남겼다. 그가 활동했던 시기는 시리아교회가 동서로 갈라지기 전이었으므로 동방교회와 시리아정교회 양쪽의 추앙을 받았고, 1920년 로마 가톨릭교회에서도 뒤늦게나마 그를 교부로 인정하였다.

최초의 신학교와 종합대학 설립

시리아와 팔레스타인 지방에서 그리스도교가 널리 퍼지자 그곳의 그리스도인들은 자신들의 언어와 문화적 유산에 대하여 강한 자부심을 갖게 되었고, 따라서 그리스화Hellenization에 대한 거부감도 점증하였다.

게다가 개종자들 거의 모두가 시리아어를 사용하게 되면서 시리아화 Syrianization의 속도가 빨라지게 되었다. 라틴어가 로마교회의 종교언어가 된 것처럼 시리아어가 로마제국의 동쪽 국경 너머에 사는 그리스도인들의 종교언어이며 일상어가 된 것이었다. 동방교회가 전파된 지역에서 시리아어와 시리아 문화가 주류가 되자, 자연스럽게 시리아어가 예전·저술·교육의 언어가 되었다. 많은 초대교회의 교부들이 시리아어로 글을 썼다. 또한 그들은 최초로 신학교를 개설하여 사제를 양성하였는데, 이 신학교는 점차 종합대학의 모습을 갖추어 나갔다.

에데사 신학교

2세기 중반에 개교한 것으로 추정되는 에데사 신학교는 그리스도교 역사상 최초의 신학교로, 363년 에프렘이 에데사로 와서 시리아어로 성경주석학을 가르치면서 세상에 그 이름이 알려졌다. 에프렘은 그리스 고전을 시리아어로 번역하여 신학생들이 읽도록 하였고, 신학 외에도 철학·의학·자연과학·역사학·지리학·음악·어학으로 교과목을 확장하였다.

에프렘은 안디옥학파의 전통을 따라 양성론에 입각한 그리스도론을 강의하면서 신성을 강조하는 알렉산드리아학파와는 달리 그리스도의 인성을 강조하였다. 교재로는 5세기 초에 나온 테오도로스의 그리스어 저술과 아리스토텔레스 저작을 시리아어로 번역하여 사용하였다. 이 신학교는 동방교회의 사제 양성 기관이 되어, 많은 졸업생들을 페르시아뿐만 아니라 중앙아시아에도 선교사로 파송하였다. 에데사가 비잔티움제국의 영토로 편입되자 489년 황제 제논이 에데사 신학교의 문을 닫으면서 교수들과 학생들은 사산조 페르시아 땅인 니시비스로 옮겨 갔다.

니시비스 신학교

사산조 페르시아가 410년에 그리스도교를 용인한 뒤에, 니시비스 대주교 바르소마Barsoma(?~491)는 에데사에서 이주한 신학교수들과 학생들을 수용하여 신학교를 개교하였다. 교장 나르사이Narsai(399~502)는 테오도로스가 쓴 그리스어 저술을 시리아어로 번역하였으며, 아리스토텔레스학파의 저술을 성경 주석에 원용하였다. 그 결과 니시비스에서 그리스 사상과 시리아 문화가 만나게 되었고, 이 신학교 덕분에 메소포타미아 사람들이 그리스 문화에 젖어들었다. 니시비스 신학교는 전성기에 재학생이 1,000명이 넘었고, 이들은 수도원 계율에 따라 생활하였다. 교육 과정은 두 학기로 나누어졌는데, 첫 학기에 읽기와 쓰기를 배우고 시편을 암기하였으며, 다음 학기에 철학·수사학과 함께 무엇보다도 중요한 성경해석학을 배웠다. 그것은 안디옥학파의 성경에 대한 역사적 이해를 기반으로 성경의 문장을 해석하는 것이었다. 지리학·천문학·세속의 역사를 비롯해 별도의 과정으로 의학이 추가되었다. 7세기가 될 때까지 200년 동안 이 학교는 동방교회의 중추적 교육 기관이었다. 이 학교에서 시리아어로 번역된 그리스 고전을 교재로 사용하였고, 이 번역본들이 다시 아랍어로 번역됨에 따라 뒷날 이슬람 르네상스의 초석을 놓게 된다.

셀레우키아-크테시폰 신학교

동방교회는 메소포타미아에서 교세를 넓혀 나가면서 더 많은 교육 기관을 세웠다. 총대주교 마르 아바 1세는 셀레우키아-크테시폰에 신학교를 세웠는데, 그는 조로아스터교 고위 사제였다가 그리스도교로 개종하여 니시비스 신학교에서 교육을 받았으며, 여행 경험이 풍부하였다.

니시비스 신학교 교수로 있는 동안에 성경을 주석하였고, 셀레우키아-크테시폰에서도 그리스 고전을 시리아어로 옮기는 일을 계속하였다.[5]

곤데샤푸르 종합대학

곤데샤푸르는 260년 샤푸르 1세가 그리스도인 전쟁 포로들을 동원하여 건설한 도시이다. 이곳에 세워진 신학교는 백과사전식 교육을 시행하였다. 529년에는 이미 개설한 성경해석학·신학·그리스 의학에 그리스 철학을 추가하였는데, 유스티니아누스 1세가 아테네 아카데미[6]를 다신교의 본산으로 치부하고 폐쇄하자 오갈 데 없는 학자들을 호스로우 1세가 사산조 페르시아로 불러들인 것이 계기였다. 호스로우 1세의 현명한 조치로 그리스 철학·의학·천문학을 시리아어로 번역하는 것에 이어서 아랍어로 번역하는 대업의 초석이 놓였다.

호스로우 1세가 곤데샤푸르에 있는 동방교회 신학교를 세속화하여 국립대학으로 전환한 것을 보면 사산조 페르시아와 소수 집단인 그리스도인들과의 관계가 비교적 편안했던 것으로 짐작된다. 국립대학으로 전환된 뒤에 인도 의학과 철학·그리스와 인도의 천문학과 점성학·수학·논리학·농학이 새로운 과목으로 추가되었다. 이 대학에서는 조로아스터교 윤리학과 신학을 비롯해 법학·재정학·행정학도 가르쳤다. 또한 호스로우 1세는 그리스어 필사본을 수집하라는 명을 내렸고, 인도의 고전도 곤데샤푸르로 가져 오게 하였다. 이 대학의 부속 시설로 병원과 천문대가 있었다. 조로아스터교와 관련되는 과목을 제외하고는, 심지어 아랍이 통치하던 첫 두 세기 동안에도 교수 언어는 시리아어였다.

— 세계종교들과의 만남

동방교회는 신학 형성과 교회 조직의 시기인 사산조 페르시아 시대에 여러 종교들(세계관)과 조우하게 된다. 바빌론 유수 이래 페르시아 땅에 산재해 있는 유대인 디아스포라 공동체와 새로운 그리스도인 공동체 사이에도 긴장감이 흘렀다. 동방교회 초기 지도자들은 그리스도교가 유대교를 대체하는 종교라고 주장하였고, 유대교의 형식주의와 율법주의, 또 메시아인 그리스도를 무시하는 것에 비판적이었다. 모세의 종교(유대교)는 유대인들을 위한 것이지만 복음(그리스도교)은 만인을 위한 것이라고 주장하였다. 한편 이란 지역에서는, 불교의 경우 카스피해 연안의 산악지대인 다일람Dailam과 길란Gilan 등을 제외하고는 조로아스터교의 견제를 받아 간신히 명맥만 유지할 정도여서 동방교회와 별다른 경쟁도 없었고 갈등 관계도 아니었다. 그러나 이원론적 종교인 조로아스터교와 마니교는 신학적·선교적으로 동방교회의 경쟁 상대였다.[7]

— 동방교회의 신학적 입장

안디옥 학파의 교부 아프라하트와 에프렘, 네스토리우스의 성경 해석을 따르고 있는 동방교회는, 삼위일체 교리를 바탕으로 그리스도를 완전한 신성(참 하나님)과 완전한 인성(참 사람)이라는 두 본성을 가지신 분으로 이해하고 있으며, 성모 마리아는 그리스도의 육친이라는 입장을 분명히 하고 있어 16세기 종교개혁자들의 주장과 큰 차이를 보이고 있지 않다. 그러나 성 아우구스투스St. Augustine(354~430)에 와서 정립된 그리스도교의 정통 교리인 원죄original sin 교리를 수용하지 않고 인간의 자유의지free will를 강조하고 있으며, 제국교회와 이슬람에서 말하는 예정설predestination[하나님이 창세 전에 구원받을 자를 미리 선택하였다는 교리로 성 아우구스투스 이후에 발전되었다.]도 인정하지 않는다. 인간은 선과 악 모두를 행할 수 있는 존재이며, 따라서 악이란 본성이 아니라 계율의 한 기능이라고 보는 것이다. 그러므로 역사는 죄악에서의 구원, 즉 구속救贖이라기보다는 하나님의 점진적인 계시와 창조의 변모 과정이 된다.

또 동방교회에서는 원죄 이전의 아담으로 돌아가기 위한 전제로 두 번째 아담인 그리스도의 역할을 중요하게 본다.[8] 창세기에서 말하는 '아담과 지식의 나무'가 '그리스도와 생명의 나무와 십자가', 즉 '그리스도와 교회'라는 다른 조합으로 바뀌었다고 보는 것이다. 그러므로 십자가는 부활과 구원의 표징으로 공경할 대상인 동시에 '파루시아Parousia'라고 하는 그리스도의 재림을 선포하는 말세론적 의미를 가지고 있으므로 봉헌과 예배의 중심이다.[9]

동방교회에서는 상징적 행위인 '성례전'을 통해서 구원의 종교적 신비라는 측면을 구체적으로 전달해 주고, 그것을 통해서 그리스도의 구원사역을 다시 맛보며 동시에 앞으로 올 부활을 내다본다. '영원한 대제사장'인 그리스도가 성례전의 주인이 되어 구약성경에서 말하는, 모세의 형 아론Aron이 제사장이 되어 거행하였던 종교의식을 대체하게 된다.[10] 바르사우마가 교황청에 들렀을 때 추기경들이 모인 자리에서 미사를 집전하였는데 형식상 별 문제가 없었다고 한 것은, 동방교회와 라틴교회의 성례전이 외형상 크게 다르지 않았다는 의미이다.[11]

동방교회 교회당의 공간 분할과 예배 순서에는 지금도 고대의 상징성이 남아 있다.[12] 교회 건축은 지상에서 낙원으로 향하는 우주 축을 상징한다. 또 예배는 시간 축을 따라 구원사의 모든 과정, 즉 창조에서 성육신·세례·십자가형·부활까지를 순서에 따라 안배하고 있다. 따라서 예배 참석자들은 그리스도의 지체로서 희생 사건의 참여자가 되고

희생물의 일부가 된다.[13]

— 수도원 제도와 금욕주의

동방교회는 초기부터 금욕적 색채가 짙었다. 교부 에프렘과 아프라하트의 가르침에 따라 시리아 그리스도인 공동체 안에서 '언약의 자식들'이라는 금욕적 수도단체가 생겨났는데, 남녀 모두 가입할 수 있었으나 독신이어야만 하였다. 순결을 성결聖潔과 동일시하면서 세례를 받기 전에 마음의 할례를 강조하였고, 세속적인 욕망의 제거를 기본으로 삼았지만 공동체와 함께 살면서 약자들을 돌보는 일에도 앞장섰다.

이러한 평신도 운동과 함께 4세기 말부터 산악지대나 사막에 은둔하는 수도단체가 생겨났고, 이것이 동방교회 수도원의 시작이었다. 이런 수도원은 그리스도를 본받는다는 생각과 사도 바울이 말한 것처럼 육신을 정복할 필요성[14] 때문에 시작되었다. 시리아 수도원의 은둔적인 성격은 당대의 문명과 사회적 속성을 의식적으로 거부한다는 의미이다.

340년 초 비잔티움제국과 이집트 수도사들의 영향으로 메소포타미아에서도 은자들을 수도원으로 돌려보내려 하였다. 은자들은 내면의 엄청난 힘을 선교사역에 쓸 준비가 되어 있었고, 은둔 생활을 통하여 영성 훈련을 받은 수도사들이 선교의 주역이 되면서 동방교회가 메소포타미아 동쪽과 남쪽으로 빠르게 확산되었다.

동방교회 안에서 수도원 생활이 널리, 빠르게 퍼졌지만 5세기 말이 되면서 온갖 소요가 교회를 괴롭히는 틈을 타서 규율이 느슨해졌다. 마운트 이즐라 대수도원Great Monastery on Mount Izla의 창설자 카슈가르의 아브라함Abraham of Kashgar(491~586?)이 개혁을 통해서 품위 없는 짓거리에 종지부를 찍었다.[15] 수사들의 교육 수준이 올라감으로써 철학과 과학 분야의 고전 번역이라는 획기적인 사업의 토대가 놓였다. 라반 유수프 부스나야Rabban Yussuf Busnaya도 성경과 교부들의 행적을 공부하는 것으로 수도 생활을 시작해야 한다고 역설하였다. 11세기에 이슬람화가 계속되고 광신적인 셀주크 튀르크가 권력을 장악하게 되자 이를 뒤에 업은 쿠르드족이 메소포타미아의 수도원들을 조직적으로 파괴하기 시작하였다.

주

1 『디아테사론』은 150년쯤 타시아노가 신약의 네 복음서 내용을 하나의 책으로 엮은 복음서 종합본이다. 시리아 지역에서 복음서가 현재와 같이 네 복음서로 확정되는 400년까지 이 종합본을 표준 복음서로 사용하였다. 온전하게 남아 있는 필사본은 아직까지 발견되지 않았으며, 텍스트가 그리스어였는지, 시리아어였는지도 분명치 않다. 중세에 아랍어, 페르시아어와 몇몇 유럽의 언어들로 번역되었다.

2 『도마행전』은 3세기 초에 에데사에서 찬집된 신약의 외경apocrypha들 가운데 하나로 4세기부터 읽히기 시작하였다. 시리아어와 그리스어 텍스트가 남아 있으며, 성경학자들은 시리아어로 처음 쓴 것으로 보고 있다.

3 『솔로몬의 노래』는 1~3세기에 시리아 지역에서 아람어로 쓴 것으로 추정되는 예전용 노래집이다.

4 이집트 알렉산드리아 출신의 신학자 아리우스Arius(250?~336?)는 그리스도는 피조물이라는 주장을 펴면서 그리스도교의 근간인 삼위일체교리에 반론을 펼쳤는데, 그의 주장은 아리우스주의라는 신학 사상으로 발전하였다. 그는 니케아공의회에서 이단으로 정죄되었다.

5 셀레우키아-크테시폰 신학교는 니시비스 신학교의 영향력이 줄어들면서 수백 명의 신학생들이 여러 곳으로 흩어지면서 생겨난 신학교들 가운데 하나였다. 따라서 신학적 입장은 니시비스 신학교와 차이가 없었다. Baumer, 2006(2016), p.84.

6 아테네 아카데미는 신플라톤 아카데미Neoplatonic Academy라고도 부른다. 기원전 387년쯤 플라톤이 아테네에 세운 아카데미는 기원전 83년 폐쇄되었다. 410년 신플라톤주의자들이 아카데미를 재건하고 그리스 철학의 명맥을 이어 갔는데, 다마스쿠스 분소에서는 유명한 시리아인 학자들이 가르치고 있었다. 529년 유스티니아누스 1세가 학당에 대한 재정 지원을 중단하자, 이들은 호스로우 1세의 도움으로 많은 문헌과 자료를 가지고 크테시폰과 곤데샤푸르로 이주하였다. 832년 바그다드에 설립된 '지혜의 전당'도 이를 모태로 설립된 것이다.

7 Baumer, 2006(2016), chaps 5~6 참조.

8 고린도전서 15:45.

9 Baumer, 2006(2016), p.118.

10 Mar Bawai Soro, 2000, p.2.

11 Baumer, 2006(2016), pp.119~120.

12 Baumer, 2006(2016), p.124. 메소포타미아 동방교회 교회당의 전형적인 평면도가 남아 있는데, 그리스도의 사역과 신자들의 신앙생활에 관한 상징과 징표들을 볼 수 있다.

13 Baumer, 2006(2016), pp.122~126.

14 로마서 8:1~18.

15 Baumer, 2006(2016), p.129.

05

바그다드 시대

이슬람과의 공존

급격히 부상한 이슬람 세력은 651년 사산조 페르시아를 멸망시켰고, 무아위야 1세Muawiya I(661~680)는 그리스도교 도시 가운데 하나인 다마스쿠스를 우마이야왕조Umayyad Caliphate(661~750)의 수도로 정하였다. 이 왕조가 비잔티움제국의 영토였던 시리아에 자리 잡으면서 칼리프Caliph들은 그리스도인들, 특히 동방교회 교인들을 관리로 많이 등용하였다. 이런 일은 사산조 페르시아 치하에서는 생각조차 할 수 없던 일이었다.[1] 750년 우마이야왕조를 무너뜨리고 들어선 아바스왕조Abbasid Caliphate(750~1258)가 수도를 바그다드로 옮기고 난 뒤에도 동방교회는 인문학적 소양이 있는 칼리프들을 만나는 행운을 얻었고, 이들을 도와 그리스 고전을 번역하고 고등 교육을 주도하였다. 동방교회는 이슬람과 공존하면서 인문주의(르네상스)가 다시 싹트는 세상을 만드는 데 일조하였다.

— 새로운 지배자 무슬림

시리아·메소포타미아·페르시아에 사는 그리스도인들은 자기네들을 비잔티움제국과 사산조 페르시아의 굴레에서 벗어나게 해 준 아랍인들을 해방자로 여겨 환영하였다. 대부분의 도시들이 자진해서 투항하였고, 동방교회 지도자들이 앞장서서 아랍인들과 그리스도인들의 처우에 대한 협정을 맺었다. 아랍인들의 협정 상대는 동방교회의 '밀레트 millet'였다. 총대주교가 신자들을 관할하는 밀레트란 이슬람 관리들을 대신해서 세금을 걷는 형태의 자치조직을 일컫는다. 이런 교회자치제 아래서 총대주교는 상당한 권한을 행사하였다. 물론 무슬림들과 관련된 법적인 문제들은 이슬람 법정에서 다루었다. 동방교회 교인들은 수적으로는 많았으나 정치적으로는 약한 토후국에 살고 있는 셈이었다.

우마이야왕조의 뒤를 이은 아바스왕조는 762년 셀레우키아-크테시폰 북쪽에 새로운 수도 바그다드Baghdad를 건설하였다. 칼리프는 징세의 편의와 제국의 안정이라는 두 가지 측면에서 동방교회 총대주교의 존재 가치를 인정하였으므로, 총대주교는 동방교회 교인들은 물론이고 모든 그리스도인들에게 세속적인 권위가 있었다. 종교적으로도 동방교회의 그리스도론이 이슬람의 예수에 대한 이해와 가장 근접해 있었고, 또 무슬림들과 적대 관계에 있는 비잔티움제국과는 성직자 위계 문제로 얽혀 있지 않았던 것도 중요한 이유였다. 동방교회 총대주교는 카이로Cairo에서 사마르칸트에 이르는 칼리프 통치 지역에 사는 그리스도인 모두를 다스리는 최고 성직자이기는 하였으나, 칼리프의 인준을 받아야만 하는 자리였으므로 칼리프의 봉신으로서 성청을 바그다드에 두지 않을 수 없었다.

이슬람에서는 세상을 '평화지역Dar al-Islam'과 '전쟁지역Dar al-Harb'으로 나누는데,[2] 평화지역은 이슬람이 다스리는 곳이고, 전쟁지역은 이슬람을 받아들이지 않은 곳이어서 전쟁이 이어진다. 이슬람을 믿지 않는 나라와 사회는 근본적으로 전쟁의 표적이며, 그 주민들은 이슬람으로 개종하거나 복속하여 이슬람 공동체에 세금을 바칠 때까지는 반드시 싸워야 할 대상이었다. 이러한 이슬람 세상에서는 그리스도인들을 '짐미

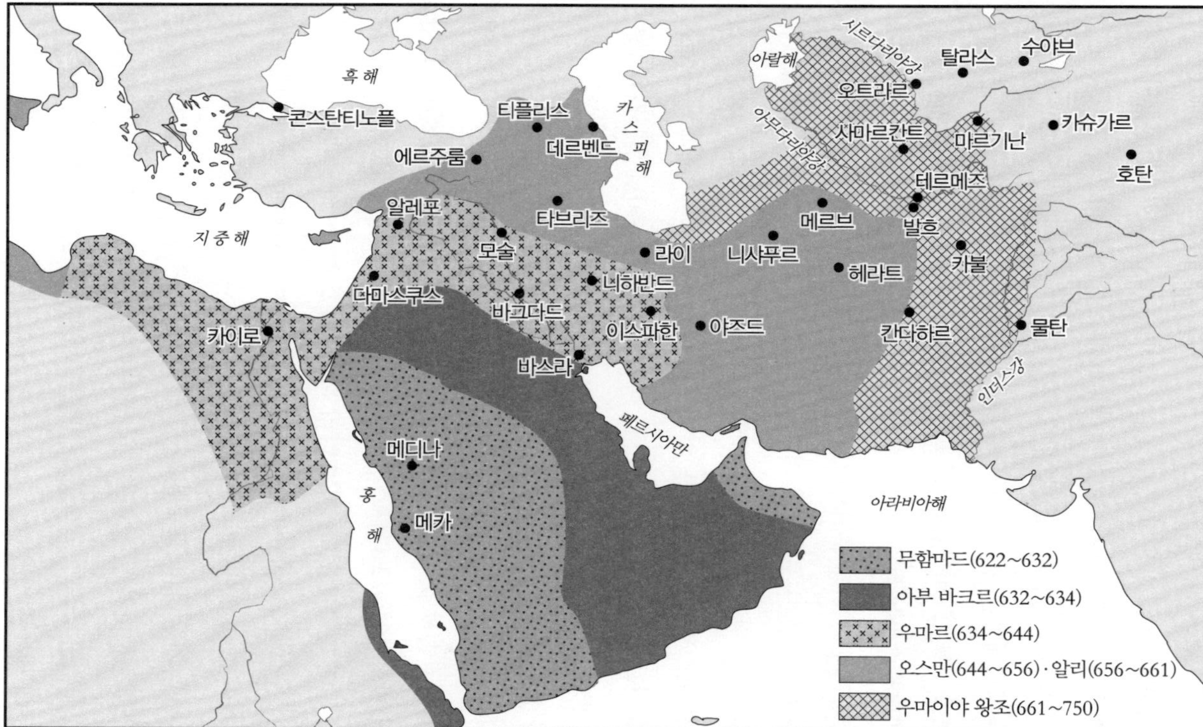

이슬람 세력의 확장(622~750)
(출처: 김호동, 2016, p.92)

zimmi'라고 불렀고, 이슬람의 보호 대상이었으며 군인이 될 수 없었다.

무거운 세금을 피하여 이슬람으로 개종하는 그리스도인들의 숫자가 빠르게 늘어나자 칼리프는 급격한 세수 감소를 막으려고 개종자들과 그 후손들에게 세금을 경감해 주지 않았다. 이에 따라 과세 기준에 따른 사회계급은 아랍 혈통 무슬림, '마왈리Mawali'라고 부르는 비아랍계 무슬림, 그리고 비아랍계의 그리스도인들로 삼분三分되었다. 이른바 평화지역에 속하는 비도시 지역에서는 과중한 세금 때문에 농촌 사회가 붕괴되면서 마을 전체가 사막화되는 일도 생겼다. 시리아·팔레스타인·이라크의 농촌이 초원으로 바뀌면서 '죽은 도시들'이 많이 생겨났으며, 수많은 교회당들도 모스크로 바뀌었다.

아바스왕조 3대 칼리프 알마흐디al-Mahdi(775~785) 치세에서 동방교회 교인들의 처지가 잠시 나아진 적이 있었으나, 850년 알무타와킬al-Mutawakkil(847~861) 때에는 그리스도인들에 대한 차별이 더욱 심해졌다. 복장과 출입처에 차별을 두었고, 매장도 평장平葬만을 허락할 정도였다. 전문직의 경우는 예외였으나, 동방교회 교인들은 정치적·군사적·사회적으로 인정받지 못하였다. 이때에는 동방교회 수도사들과 선교사들이 교회 발상지인 유프라테스강 서쪽의 비잔티움제국 고토로 돌아갈 수 있는 길이 열려 있었다. 이에 따라 다마스쿠스Damascus·알레포Aleppo·에데사·몹스에스티아Mopsuestia[3]·타르수스Tarsus[4]·멜리테아Melitaea[5]·예루살렘·카이로·알렉산드리아·키프로스Cyprus에 동방교회 교구가 설치되었고, 이들 가운데 몇 교구는 나중에 대교구로 격상되었다. 동방교회 수도사들은 하나가 된 칼리프제국 안에서는 아무런 방해도 받지 않고 이집트에 있는 콥트 수도사를 찾아갈 수 있었고, 팔레스타인에 수도원도 몇 군데 세울 수 있었다.

왕조 교체기에 동방교회 교인들은 사회적 차별을 받았을 뿐, 개종을 강요받지는 않았다. 또 국제적인 감각을 가졌던 아바스왕조 덕분에 교육 수준이 높은 그리스도인들은 큰 혜택을 누렸다. 의사들·학자들·문인들·번역가들·상인들이 존경을 받았고 부도 쌓았다. 하지만 교회는 전과 마찬가지로 무슬림을 대상으로 선교할 수 없었다. 아바스왕조 때에는 선교의 기회가 줄어들었는데 개종 대상인 불교 신자들이 거의 남아 있지 않았기 때문이다. 게다가 사산조 페르시아 때에는 서민들의 개종을 눈감아 주었으나, 이슬람 치하에서는 모든 배교 행위를 엄벌하였다. 이 때문에 동방교회는 실크로드를 따라 동아시아로 선교사들을 보낼 수밖에 없었다. 더군다나 금전적이고 사회적인 이유로 많은 그리스도인들이 이슬람으로 개종하면서 동방교회의 장래는 더욱 비관적이 되었다. 이슬람이 히브리 유산을 동방교회와 공유하고 있었고,[6] 예수를 예언자로 인정하였으므로 이슬람으로 개종한다는 것이 그리스도인들에게는 그다지 어려운 일이 아니었다. 또 이슬람은 단순하고 이해하기 쉬운 교리를 가진 현실적인 종교여서 개념이 난삽하지 않았고, 오히려 신자들에게 달성이 가능한 행위만을 요구하도록 제한을 두는 장점도 가지고 있었다.

— 적응과 안정

가톨리코스 디모데 1세

우마이야왕조 때인 693년부터 20년 넘게 총대주교 자리가 비어 있었던 탓에 동방교회가 구심점을 잃어버린 적이 있었고, 따라서 이 짧은 시기에 교인들의 일상어가 시리아어에서 아랍어로 바뀌었다[총대주교 엘리아 1세Elias I(1028~1049) 때가 되어서는 아랍어가 그리스도인들의 법정法定언어가 되었고 시리아어는 예전어로만 남게 되었다.]. 714년 살리바자카Saliba-Zakha(714~728)가 총대주교로 선출되면서 동방 선교는 활력을 되찾아 헤라트·사마르칸트·중국에 대주교를 임명하기도 하였으나,[7] 동방교회가 안정기를 맞은 때는 디모데 1세가 총대주교로 선출되면서부터였다. 그는 5대에 걸친 칼리프들 치하에서 43년 동안 동방교회를 이끌면서 내부적으로는 조직을 재정비하고, 외부적으로는 동아시아 끝까지 교세를 확장하였다. 그는 남다른 선교 열정을 가지고 있었으며, 세속 정권을 다루는 솜씨도 능숙했기에 가능한 일이었다. 그가 주도하던 시기에 메소포타미아 총인구의 40%가량이 그리스도인이었으며,[8] 동서로 유프라테스강에서 만주와 황해까지 7,000km나 펼쳐진 지역에 교구들이 산재해 있었다.

앞서 말한 대로, 동방교회에는 410년 주교회의 결정으로 자율권을 가지게 된 많은 '외지 대교구'들이 있었으나, 메소포타미아의 5개 '내지 대교구'[9]와 파르스·메르브의 대주교들만이 총대주교 선출권을 가지고 있었다.[10] 400년이 지나 디모데 1세가 총대주교로 있던 820년에 동방교회는 총대주교 직할교구를 제외하고도 19곳에 대주교, 85곳에 주교를 둘 정도로 커다란 교세를 자랑하였는데, 대교구들 가운데 13곳이 '외지 대교구'였다. 이것은 동방교회가 문화가 다른 지역으로 널리 확산되었다는 의미이다.[11] 디모데 1세는 범주가 다른 대교구의 역할과 기능을 조정하여 가톨리코스 선출권을 가진 대주교들에 대한 통제를 강화하였고, 외지 대교구의 숫자를 늘리면서 이들이 바그다드와 연결성을 가지는 한 자율권을 더욱 확대하여 선교에 활력을 불어넣었다.[12] 디모데 1세는 외지 대주교들에게 주교임명권을 부여하였으나 자신의 통제를 벗어난 외지 대주교의 파문도 서슴지 않았던 것으로 보아, 잠재적 경쟁 관계에 있는 내지 대주교들의 권한을 제한하여 가톨리코스인 자신의 권한을 강화하였다고 볼 수 있다.

개혁적 실천가인 디모데 1세는 자신이 직접 통제하고 있는 내지 대교구 지역인 칼리프 제국에서 교인들이 모범적인 사회인으로 살 것을 무엇보다 강조하였는데, 이것은 그의 중요한 선교 전략이기도 하였다. 그가 교육제도를 개혁하고, 명성이 자자하였던 동방교회의 신학 교육을 강화하여 그리스도인 지식층을 만들어 낸 것은, 동방교회가 이슬람 세계 안에 있는 교회이기는 하지만, 결코 이슬람의 일부가 아니라는 확신에서 비롯된 것이었다. 그가 칼리프들과 가졌던 종교 논쟁은 동방교회 역사에서 기념비적인 논쟁으로 지금도 입에 오르내리고 있다. 당시 아바스왕조가 비잔티움제국과 사산조 페르시아의 지적 전통과 제국적 야심을 이어받았다는 점을 감안한다면 칼리프들과 동방교회 수장이 이런 관계를 유지하였다고 해도 이상할 것이 없다.[13] 그리스도교 신학자들이 위대한 무슬림 사상가들을 길러 낸 것도, 의학 서적을 포함한 그리스와 인도의 수많은 고전들이 아랍어로 번역·소개된 것도 디모데 1세가 총대주교로 일하던 시절이었다.

칼리프 알마문al-Ma'mun(813~833)은 동방교회 교인 유한나 이븐 마사와Yuhanna Ibn Massawah를 국립도서관장으로 임명하기도 했지만, 알무타와킬 치하에서 당했던 뼈저린 고통에서 보듯이, 칼리프의 개인적 생각이나 취향에 따라 교인들의 처지는 천차만별이었다. 또한 총대주교의 교체가 잦아지고, 동방교회 교인인 시의侍醫들이 교회에 실질적인 영향력을 행사하고, 총대주교 선출에도 간여하면서 사산조 페르시아 시대의 병폐가 동방교회 안에서 되살아났다.

후퇴하는 교세

디모데 1세 이후 13세기 일칸국이 들어설 때까지의 몇 세기는 동방교회와 아바스왕조 모두 완만하게 쇠락한 시기였다.[14] 교회에서는 성직자를 임명할 때 정치적·금전적 거래가 성행하였고, 권력을 잡은 튀르크 용병들은 칼리프를 정치적인 꼭두각시로 만들었다. 동시에 제국의 정치적 단합이 깨어졌다. 국내적으로 869~883년 노예봉기[15]로 국가 기반이 흔들렸고, 이에 따라 이집트·예멘Yemen과 서쪽으로는 튀니지Tunisie, 동쪽으로는 호라산(이란 동부) 같은 제국의 변경 지역이 제국에서 떨어져 나갔으며, 메소포타미아에서는 아바스왕조의 권위가 실추되었다.

총대주교 에노스 1세Enos I(877~884) 때 이슬람으로 개종한 재상 사드 이븐 마흘라드Saad ibn-Makhlad(889)는 지난날의 신앙 동지인 동방교회 교인들에게 관용을 베풀었다. 그러나 이런 관용 정책은 바그다드의 하층민 무슬림들의 분노를 사서, 885~886년 성청이 약탈당하는 일도 벌어졌다.[16]

945년 알무스타크피al-Mustakfi(944~946) 때에 국가 권력이 북부 이란의 부와이 가문으로 넘어가면서 칼리프는 영적인 지도자로만 남았다. 부와이왕조Buyids(934~1062) 때에는 이슬람 시아파가 득세한 시기로, 시아파 왕조들이 이집트·예멘·호라산·메소포타미아 북부를 다스리고 있었다. 부와이왕조가 득세한 뒤 첫 60년은 동방교회에게 아주 평화로운 시기였는데, 에미르Emir 아두드 알다왈라Adud al-Dawla(949~983)가 동방교회 교인인 나스르 이븐 하룸Nasr ibn-Harum을 재상으로 임명한 덕분이었다.

11세기 중엽에 메소포타미아로 튀르크족의 대이동이 있었다. 이를 주도한 세력은 동방교회 신자로 짐작되는 중앙아시아의 셀주크 튀르크족Seljuk Türk이었다. 그들은 1055년에 바그다드를 점령하고 1071년 만지케르트Manzikert에서 비잔티움제국에게 결정적인 일격을 가하였다. 정복자들 가운데 일부가 점령지인 비잔티움 지역에 살게 되자 소아시아의 인구는 그리스도인들보다 무슬림들이 더 많은 구조로 바뀌었다. 얼마 후 십자군 전쟁(1095~1291)이 터졌고 지정학적으로 틈새에 끼인 동방교회는 전쟁에 휘말려들었다. 십자군은 점령지의 동방교회 교인들을 라틴교회와 경쟁 관계에 있는 시리아정교회·아르메니아교회·마론파교회 교인들과 같은 이단으로 취급하였다.[17]

하지만 메소포타미아에서 동방교회 공동체가 천천히 사라지게 된 큰 원인은 잔혹한 박해 때문이라기보다는, 가혹한 징세 때문이었다. 이 때문에 교인들의 생활 중심지가 바그다드에서 북쪽 지역인 모술과 쿠르디스탄Kurdistan으로 바뀌게 되었다. 이때 그리스도인 거주 지역의 새로운 지배자로 일 칸[대칸에 복속하는 작은 칸] 훌라구Hülägü(1256~1265)가 등장하였다. 그의 어머니 소르각타니 베키Sorqaqtani Beki와 왕비 도쿠즈 카툰Dokuz Khatun이 동방교회 교인이었으므로, 동방교회가 훌라구를 해방자로 환영한 것은 자연스러운 일이었다. 이로써 동방교회는 처음으로 국교에 버금가거나 국교가 될 수 있는 현실적인 기회와 마주치게 된다.

이슬람 르네상스

아바스왕조가 다스리던 8~9세기는 동방교회의 황금기였고, 새로운 아랍-이란 문화의 개화기였다. 당시의 바그다드는 혜안을 가진 이슬람 통치자들의 치하에서 이란·그리스·시리아·인도 등의 철학적·지적 유산들이 새로운 문화적 유기체로 만들어지는 용광로였다. 유럽이 야만주의 속으로 가라앉고 있을 때 새로운 이슬람 문화가 그리스 고전을 수집·보존하였는데, 패기에 찬 이슬람 정신이라는 지적 호기심이 없었다면 서방은 결코 잃어버린 문명의 뿌리를 찾지 못했을 것이고, 현대문명도 지금과 같지는 않았을 것이다. 아랍인 학자들과 과학자들은 옛 문자를 해독할 수 없었고, 그리스어도 몰랐기 때문에 동방교회와 시리아 정교회 학자들에게 의존할 수밖에 없었다. 그리스 학문을 무시하였던 라틴인들과는 달리 시리아인 신학자들은 6세기부터 그리스 고전을 시리아어로 번역하기 시작하였고, 8~9세기가 되자 직접 아랍어로 번역하기 시작하였다.[18]

고전의 보존과 번역

아바스왕조 시대로 들어서자 많은 그리스도인들이 그리스 고전을 아랍어로 번역하는 작업에 참여하였다. 그들의 선배들이 이미 그리스 고전을 시리아어로 옮겨 놓았는데, 시리아어도 셈 어족의 한 갈래였으므로 그들의 번역 경험은 그리스 고전을 아랍어로 옮기는 데 큰 도움이 되었다. 더군다나 메소포타미아에 사는 페르시아인들이나 지배 계급인 아랍인들은 그리스어를 몰랐으므로 그리스 고전 번역은 그리스도인 학자들이 독차지하였고, 따라서 이들은 최상급의 대우를 받았다.

번역의 황금기인 디모데 1세 시절에 바그다드에는 50~60명의 시리아인 번역전문가들이 활동하고 있었다. 칼리프들의 후원과 번역가들의 노력으로 아랍세계가 플라톤·아리스토텔레스·플로티노스Plotinus(205?~270)·갈레노스Galenos(129?~199?)·히포크라테스Hippocrates(B.C. 460?~B.C. 377?)·유클리드Euclid(B.C. 330~B.C. 275)·톨레미Ptolemy(100?~170?)의 저술을 만나게 되었다.

히브리성경의 그리스어 번역본인 70인역Septuagint을 아랍어로 옮긴

후나인 이븐 이사크Hunayn ibn Ishaq(809~873)는 알히라 태생으로 동방교회 교인이었다. 그는 칼리프 알무타와킬의 주치의였고, 의학뿐 아니라 천문학·기상학·동물학·수학·철학 분야에서 뛰어난 학자로 아랍어·그리스어·시리아어·페르시아어를 자유롭게 구사하였다. 이러한 배경 때문에 그는 고대 그리스 현인들의 지식을 아랍세계에 완벽하게 전달할 수 있었다. 또한 자연과학·의학·철학 분야의 용어를 아랍어로 정리하였고, 그가 남긴 의학서를 중세 유럽대학에서 교과서로 사용하였다.[19] 후나인 외에도 당대의 유명한 번역가로는, 동방교회 신학자 아부 비시르 마타Abu Bishr Matta(870~940) · 시리아정교회 신자 유한나 이븐 아디Yuhanna ibn Adi(893~974)를 들 수 있다. 그들은 철학·문학·종교학·자연과학에 큰 관심을 가지고 많은 그리스 고전을 번역하였으며, 신학과 철학 분야에서는 독창적인 저작들도 남겼다.[20]

'지혜의 전당'이라고 불리던 곤데샤푸르 대학의 자리를 832년부터 바그다드 대학이 대신하게 되었다. 동방교회 학자들은 시리아정교회 학자들과 함께 10세기가 될 때까지 고등학문 분야를 독점하였으며, 13세기 중반에 아랍인 학자들이 출현하기 전까지 학술 분야를 주도하였다.

번역의 중요성을 강조하는 이유는, 철학과 과학 전적들이 아랍어로 번역되고 학술 용어가 아랍어로 정리됨으로써 이슬람 르네상스가 태동하였고, 나아가 이 번역물이 칼리프가 통치하는 코르도바Cordoba로 흘러들어 유럽 르네상스의 자양분이 되었기 때문이다. 1085년 카스티야Castile 왕 알폰소 6세Alfonso VI(1065~1109)가 코르도바를 점령한 뒤에도 그리스도인·아랍인·유대인 학자들이 이곳으로 모여들었고 인류 고전의 라틴어 번역은 계속된다. 12세기 말에는 번역된 그리스와 인도의 고전이 시실리Sicily와 콘스탄티노플로 흘러들어 갔고, 13세기에는 중부 유럽에까지 퍼졌다. 그리스 고전들 가운데 원전은 없어지고 아랍어 번역물로만 남아 있는 것들도 적지 않다. 이븐 시나Ibn Sina(980~1037)와 이븐 루시드Ibn Rushd(1126~1198)의 저술은 당대의 지성과 학문을 대표한다. 이 시기는 이슬람 르네상스의 전성기였고, 당대 세계의 문화 중심은 바로 바그다드였다.[21]

동방교회 번역가들이 활동하던 시기에 기록 수단이 종이로 대체되었다. 8세기 초에 사마르칸트로 전해진 제지법이 793년에 바그다드로 전해졌고, 여기에서 지중해 전역으로 퍼져 나갔다. 9세기 초 바그다드에서는 100개가 넘는 지물포들이 번창하고 있었다.

현대의학의 기초를 놓은 동방교회

동방교회가 운영하는 곤데샤푸르 대학에는 당시 최고 수준을 자랑하는 의학과가 있어서 최고의 의사들을 배출하였다. 이에 따라 동방교회에서는 바그다드를 비롯한 교회 중심지 여러 곳에서 종합병원을 운영하였으며, 이 병원에는 일반의는 물론이고 외과·정형외과·안과·치과·약학·정신과 분야의 전문의들이 일하고 있었다.

동방교회 교인들 가운데 의사로서 일가를 이룬 가문이 여럿 있었다. 2대 칼리프 알만수르al-Mansur(754~775)의 주치의는 곤데샤프르 대학 의학과의 전성기에 학장을 맡고 있던 동방교회 신자 기와르기스 보치쇼Giwargis Bochtisho였다.[22] 그 뒤로 300년 동안 이 가문은 8대에 걸쳐 칼리프들과 왕자들의 건강을 돌보았다. 보치쇼나 앞서 말한 후나인 이븐 이사크 외에도 동방교회 신자 가문에서 칼리프의 주치의들이 많이 배출되었다. 칼리프의 주치의라는 자리는 막강한 지위를 가지고 있었으므로 교회와 그리스도인 공동체에게 큰 도움을 주었다. 마사와Massawahs라는

『약물지De Materia Medica』 아랍어판(13세기)

1세기 무렵 로마제국 군의관 페다니우스 디오스코리데스Pedanius Dioscorides(?~?)가 600여 종의 식물과 1,000여 종의 약용식물에 대해 정리한 책으로, 르네상스 때까지 1,500년 동안 약학 교과서였다. 영어판은 아랍어판보다 400년 후인 1655년에 나왔다.

의사 가문에서 바그다드 대학의 초대 총장으로 유한나Yuhanna가 배출되었다. 백만 권이 넘는 필사본을 소장한 이 대학의 도서관은 세계 지식의 보고였다.

이슬람 르네상스의 종언

종교적인 도그마와 전통에서 벗어나 이성과 자유의지를 가지고 독창과 혁신을 주도하던 시대는 11세기 후반 셀주크제국이 이슬람 세계의 주도권을 잡은 후 근본주의자인 수니파가 득세하게 되면서 변화한다. 이슬람이 종교의 이름으로 과학과 철학을 통제하면서 이슬람 세계에서 코란의 신학적·율법적 해석만이 잣대가 되어 르네상스라는 자유로운 분위기가 사그라졌다. 이에 따라 문화적 경계에 있던 에스파냐 톨레도Toledo가 과학과 철학의 교류 중심지가 되어 유럽의 학자들을 끌어모았으며, 유럽이 이슬람 세계가 쌓아 올린 철학과 과학의 유산을 가져가게 된다. 유럽인들의 과학적 호기심과 지식욕이 로마가톨릭교회의 종교재판을 통한 테러와 끊임없이 이어지던 전쟁을 이겨 내고 유럽 르네상스의 문을 열어 젖혔다. 드디어 피렌체Firenze가 주도하는 근대문명이 태동한 것이었다.

— 동방교회, 이슬람, 아바스왕조

동방교회 수도사 하나가 청년 무함마드Mohammed를 예언자라고 알아보았다는 전승이 있는 것으로 보아 이슬람은 초기부터 그리스도교와 밀접한 관계가 있었지만, 유대교와 그리스도교를 차별하였다. 무함마드는 시리아를 여행하면서, 또 알히라와 나즈란Najran, 고향에서 아랍인 그리스도교도들과 접촉하면서 그리스도교를 알게 되었을 것이다.

무함마드에게는 타시아노의 『디아테사론』과 도마복음서, 시리아정교회와 동방교회 교리가 생소한 것은 아니었을 것이다. 그는 예수를 예언자의 하나로, 또 신의 사자로 알고 있었다. 이 때문에 무함마드는 구약이나 예수의 참된 메시지와 자신에게 계시된 코란의 내용을 두고 어떤 갈등도 없었다. 왜냐하면 신의 계시는 불변이기 때문이다. 무함마드는 예수를 비난한 적이 없었고, 자신을 거부한 유대인들과 그 메시지를 왜곡한 그리스도인들을 비난하였다. 하지만 엄격한 일신관을 가졌던 그는 그리스도의 신성을 부인하였다.

코란에서는 단호하게 성육신을 부정하고 있다. 이슬람에서는 계시된 메시지가 중요하지, 메시지를 전한 사람이 중요하지 않다. 삼위일체에 대한 무함마드의 생각은 일종의 삼신론으로, 그것은 몬타누스파 Montanism[2세기 소아시아에 있었던 그리스도교의 일파]나 아라비아 부족의 민간신앙에서 유래한 것이다. 무함마드는 마리아를 경배하지 않았으나 존경심은 가지고 있었다. 무함마드는 예수의 십자가 처형을 부인하여 단성론자들과는 반대의 입장에 섰던 것만은 분명하다.

한편 동방교회 신학에서는, 예수가 죽었을 때 신성도 함께 죽었다는 주장과 마리아를 신의 어머니로 신격화하는 주장을 모두 인정하지 않기 때문에 상대적으로 이슬람 신학과 가까웠다. 또한 동방교회와 코란에서는 원죄를 인정하지 않는다. 코란은 한 걸음 더 나아가 그리스도의 구원사역도 부정한다. '구원'을 코란에서 말하는 것처럼 이해한다면 그것은 사람들이 받아들여 일상생활에서 실현시키는 지식이 된다. 그렇다면 이교 숭배는 무지가 되고, 죄는 신의 메시지에 불복하는 것이 된다.

7세기 초 이슬람은 무서운 기세로 서남아시아로 퍼져 나갔다. 636

년에는 시리아가, 637년에는 메소포타미아가 무슬림들에게 점령되었다. 750년 아바스왕조가 들어섰고, 새 왕조는 762년 수도를 바그다드로 옮겼다.

비잔티움제국이나 사산조 페르시아제국을 외국 점령자로 여기고 있던 시리아와 이라크의 시리아 그리스도인들은 처음에는 아랍인들을 환영하였다. 아랍 통치자들은 그리스도인들과 유대인들을 한데 묶어서 '경전의 백성ahl al-Dhimma'이라고 부르면서, '지즈야jizyah'라는 특별세를 내고 정해진 법규를 지키기만 하면 개종을 강요하지 않았으며 병역의 의무를 부과하지 않으면서도 국가의 보호를 받도록 하였다. 이러한 조치는 코란에 근거한 것으로(Sura 9:23), '오마르의 약속The Covenant of Omar'이라고 부른다. 이 약속으로 그리스도인들은 지즈야를 납부하고 또 특정 법규를 준수해야 했는데, 이 법규에는 강제 조항과 권장 조항이 있었다. 우마이야왕조의 우마르 2세Umar II(717~720) 시대에 처음 만들어진 이 법규를 10세기에 들어서 아바스왕조의 율법학자 알마와르디al-Mawardi가 보완하였는데, 그리스도인들에게 불리한 조항이 추가되었다.

아바스왕조 때 이슬람 신학이 발전하면서 동방교회 신학자들과의 대화 기회도 많아졌으나, 동방교회는 이러한 이슬람의 도전에 대하여 신학적으로 현명하게 대응하였다. 동방교회 문헌을 보면, 논쟁은 세 단계로 진행되었다. 첫째, 그리스도교의 우월성을 증명하고, 둘째, 이슬람의 약점을 집어 내고, 이슬람에 없는 개념, 예를 들어 삼위일체와 그리스도의 본성 같은 것을 설명하는 데 노력을 기울였다.

교회와 그리스도인들에 대한 박해는 아바스왕조 초기에도 간헐적으로 있었으나 그리스도인들이 고위층에 버티고 있어서 곧바로 수습되었다.[23] 이 시기에 그리스도교는 왕성한 교세를 몰아서 많은 선교사를 파송하였으며, 칼리프와의 대화도 이어 나갔다. 하지만 교세가 약해지고 교인들의 경제 사정이 악화되면서 칼리프에 대한 납세 규모도 적어짐에 따라 개종에 대한 압력도 더욱 거세졌다. 그리스도인들에 대한 규제는 늘어만 갔고, 차별은 심화되어 이슬람을 거스르는 발언조차도 사형에 해당하는 범죄로 다루어졌다. 또 법정에서 그리스도인이 무슬림에 대하여 불리한 증언을 할 수 없게 되었다. 칼리프 알마흐디al-Mahdi(775~785)가 비잔티움제국과 전쟁을 벌이면서 동방교회 교회당의 파괴를 명하자, 주치의 이사Isa는 동방교회와 비잔티움교회가 다르다는 점을 역설해야만 하였다. 당시에 많은 그리스도인들이 칼리프 주치의·재무대신·통역관 같은 요직에 두루 포진하고 있어서 무슬림들의 시기심을 부른 것이 화근이었다.

이러한 분위기에서 9세기 말부터 그리스도교에 대한 아랍인들의 종교적 관용은 사실상 사라지게 된다. 그 이유는 무슬림 지식인들의 숫자가 꾸준히 증가하여 칼리프들이 기능적인 면에서 그리스도인들에게 의지하지 않아도 되는 상황이 벌어졌기 때문이다. 요직을 차지한 그리스도인들이 자리를 유지하려고 이슬람으로 개종하는 경우도 적지 않았다. 이렇게 되자 그리스도인들에 대한 탄압을 막아 주던 방패막이가 사라졌다. 10세기 말이 되자 아랍어로 많은 전문 서적들이 번역·출판되어서 아랍어의 쓰임새와 영향력이 커졌고, 상대적으로 시리아어의 중요성이 사라졌다. 아랍인들의 사회적 영향력이 커지면서 동방교회 교인들의 숫자도 줄어들었고 따라서 교회가 가난해져서 운영하던 학교와 병원의 문을 닫아야만 하였다. 시리아어도 수도사들의 언어가 되어 수도원 안에 갇히는 신세가 되었다. 튀르크와 페르시아의 영향력이 커져 아바스왕조가 힘을 잃은 것도 동방교회에 불리하게 작용하였다.[24] 실권을 장악한 비아랍계 왕조들이 10세기에 들어서 그리스도인들을 극심하게 핍박했으므로, 많은 그리스도인들이 이슬람으로 개종하였다. 따라서 10~12세기에는 이슬람제국 전역에서 그리스도교 교세가 더욱 쇠락하였으며, 동방교회의 중심 도시였던 셀레우키아-크테시폰, 티크리트, 알히라는 지도에서 지워졌다. 동방교회 교인들은 이제 소수가 되어 척박한 북쪽 땅으로 삶의 터전을 옮겼는데, 때마침 1258년 몽골군이 바그다드를 함락시켜 세상이 뒤집어졌다.

— 주

1 Baumer, 2006(2016), p.147.
2 Baumer, 2006(2016), p.149.
3 안디옥과 가까운 해안도시로, 터키 남부 해안에 있다.
4 칼케돈 지방의 수도로, 사도 바울의 출생지로 알려진 곳이다. 6세기부터 시리아정교회의 대주교좌가 있었다.
5 고대 테살리아Thessaly 지방에 있던 도시이다.
6 이슬람, 유대교, 그리스도교는 공통적으로 아브라함을 선조라고 주장한다.
7 에바히스트 헤지 육 지음, 김지인·안경덕·김상근 옮김, 2020, p.89.
8 Baumer, 2006(2016), p.153.
9 베이트 라바트Beth Lapat(엘람Elam), 니시비스Nisibis, 프라트 데 마이산Prat de Maysan(바스라Basra), 아르벨라Arbela(아디아베네Adiabene), 카르카데 베드 셀로크Karka de Beth Selokh(키르쿠크Kirkuk).
10 554년 파르스와 메르브가 총대주교 선출권을 가진 내지 대교구로 편입되었으나, 디모데 1세는 이를 원상으로 되돌렸고, 테오도시우스 때에 하르완Halwan 대교구가 6번째의 내지 대교구로 편입되었다.
11 14세기 초 동방교회는 예루살렘Jerusalem·에데사Edessa·파르스Fars·메르브Merv·헤라트Herat·카타르Qatar·시안西安·인도India·아르메니아 바르다Armenia Barda·다마스쿠스Damascus·레이Ray(테헤란Teheran)·타바리스탄Tabaristan·다일람Dailam·사마르칸트Samarqand·투르키스탄Turkistan·할리Halih·시기스탄Sigistan·베이징北京·알말리크Almalik·탕구트Tangut·카슈가르Kashgar·나와카트Nawakat·아제르바이잔Azerbaijan 등에 외지 대교구를 두고 있었다.
12 Platt, 2016, pp.163~164.
13 Baumer, 2006(2016), pp.153~155; Platt, 2016, pp.168~171.
14 에바히스트 헤지 육 지음, 김지인·안경덕·김상근 옮김, 2020, pp.101~104 참조.
15 잔지바르Zanzibar(아프리카 남동부 해안 지대)에서 잡혀 온 노예들이 바스라Basra를 거점으로 일으킨 잔지반란Zanj Rebellion(869~883)을 말한다.
16 반그리스도교적 소요는 999년, 1021년, 1054년, 1055년에도 발생하였다.
17 마론파교회는 1215년쯤 로마교회로 흡수되었다.
18 Baumer, 2006(2016), pp.156~159. '이슬람 르네상스'에 관하여는 Baumer, 2016, pp.33~52 참조.
19 후나인 이븐 이사크가 쓴 의학서는 『Book of Medical Questions for Beginners』이다.
20 Baumer, 2016b, Chap 2.

21 Baumer, 2016b, pp.42~52.

22 Baumer, 2016, p.157.

23 Rassam, 2005, pp.86~87.

24 알무타와킬이 세상을 떠난 861년부터 아바스왕조의 마지막 칼리프 알무스타심이 1258년 훌라구에 의해 참살될 때까지 칼리프라는 자리는 허수아비였다. 메소포타미아를 실질적으로 통치한 왕조는 부와이왕조(934~1062)·셀주크왕조(1037~1194)·잔키드왕조(1127~1222) 같은 외래 왕조들이었다.

Ⅱ

복음의 수용자 대초원의 부족들

06

동방 선교

동방교회는 초창기부터 제국교회 때문에 막혀 버린 서쪽이 아니라, 동쪽인 아시아로 선교의 방향을 잡았다. 3세기 초에 카스피해 연안과 트란스옥시아나에 시리아 그리스도인 공동체들이 있었고, 4세기부터 선교사들이 호라산Khorassan(페르시아제국의 동쪽과 북동쪽. 현재 이란 동북부를 중심으로 아프가니스탄, 투르크메니스탄에 걸친 지역)에 모습을 보였으며, 498년에는 훈족 일부가 그리스도교로 개종하였다. 549년 초에는 에프탈족을 위한 교구도 만들어졌다. 오구즈 튀르크족Oghuz Turks이 지금의 우즈베키스탄 남부와 아프가니스탄 북부 지역에서 에프탈족을 몰아냈던 644년, 동방교회 메르브Merv 대주교 엘리아가 오구즈 튀르크족에게 복음을 전파하였다.[1] 그리스도교가 튀르크족 한가운데 뿌리내렸다는 사실은 781년 총대주교 디모데 1세가 쓴 편지에도 보인다.[2]

메르브 대교구는 유목민 교구로, 트란스옥시아나에 사는 부족들이 계절을 따라 이동하면 같이 움직였다. 한편 정착문화를 가진 소그드인들Sogdians은 사마르칸트에 대주교좌를 두었다. 짐작컨대, 총대주교 테오도시우스가 6세기 이후부터 있었던 교구를 대교구로 승격시켰을 것이다. 그 밖에도 지금의 아프가니스탄 헤라트Herat와 발흐Balkh에도 대주교좌가 있었다. 사마르칸트에 있었다는 교회당의 흔적을 찾을 수 없으나 이란의 역사가 알시라즈 주즈자니al-Siraj Juzjani(1193~1266?)는 1256~1259년쯤에 그리스도인들과 무슬림들의 싸움으로 교회당 하나가 파괴되었다고 하였다.[3] 마르코 폴로는 세례자 요한에게 헌정된 어마어마한 교회당을 묘사하였는데, 그것이 무슬림들의 화를 돋우어서 주즈자니가 말한 사건이 터졌던 것 같다.[4] 또 사마르칸트에서 남쪽으로 30km 떨어진 우르구트Urgut 남쪽 수피온Sufyon 근처에서도 비석들이 출토되었다. 895~896년에 세운 이 비석들에 시리아문자와 십자가가 함께 각인되어 있어 중세에 이곳에 그리스도인들이 살았음을 보여 준다. 그 밖에 이 부근에서 구리 향로와 점판암으로 만든 십자가도 발견된 것으로 보아 수피온은 8~9세기부터 12세기까지 많은 사람들이 왕래하였던 곳으로 추정된다.[5]

— 소그디아나와 7개 강들이 흐르는 땅

7~11세기에 트란스옥시아나에서 그리스도인 공동체가 크게 번창했다는 사실은 그 지역에서 출토된 주화·도자기·구리 십자가·그릇·장식품 같은 유물[6]과 러시아 고고학자들이 부하라에서 찾아낸 동방교회와 관련이 있는 것으로 보이는 200구가량의 유골이 안치된 거대한 묘실로도 알 수 있다. 이 유골들은 7~8세기 것으로 추정되며, 이슬람이 들어오기 전 조로아스터교가 번성하던 이곳에 살았던 작은 동방교회 공동체가 당시 유행한 조로아스터교의 관습에 따라 장례를 지낸 것으로 보인다.[7]

680년대 초 소그디아나에 살던 동방교회 교인들은 아랍인들의 공격에 시달리고 있었다. 709~714년에 무슬림들이 부하라·사마르칸트·타슈켄트를 정복하면서, 그리스도인들은 살려 주었으나 다른 종교의 신자들은 죽이거나 추방해 버렸다.[8] 그런데 750년 중국의 영향권으로 들어갔던 사마르칸트가 751년 탈라스Talas 전투에서 승리한 무슬림 치하로 다시 들어오면서, 766년쯤 7개 강들이 흐르는 지역(세미레치예Semirechie: 현재 키르기스스탄과 카자흐스탄 남부)을 차지한 칼루크 부족의 일부가 동방교회로 개종하였다. 사마르칸트는 타히리왕조Tahirids(821~873)의 급진적인 이슬람화 정책에도 불구하고 동방교회 중심지들 가운데 하나로 살아 남았다. 이 도시는 교구에서 대교구로 승격되었을 뿐만 아니라 걸출한 동방교회 인물들도 배출하였다. 사마르칸트 출신 동방교회의 유명한 인물로는 원대元代 전장鎭江 부총독 마르 사르기스Mar Sargis가 있는데, 『동방견문록』에도 보이는 이름이다. 사르기스는 1277년부터 1282년 무렵까지 전장 부총독으로 재임한 적이 있는데, 전장 지역에 여섯 곳, 또 항저우에 한 곳, 모두 7개의 수도원을 세웠다. 그의 선조들은 사마르칸트의 명의들이었으며, 외조부는 칭기즈 칸의 막내아들 툴루이Tolui(1232)의 주치의였다.[9]

7개 강들이 흐르는 지역에는 7~8세기에서 11세기까지 존속하였던 소그드인들의 동방교회 공동체와 13세기 초에서 1350년까지 존속하였던 튀르크족 공동체가 있었다. 당시 실크로드 요충지였던 수야브Suyab(쇄엽碎葉: 현재 키르기스스탄 아크베심Ak-Beshim)에서 8~11세기 동방교회 교회당 두 곳을 발굴하였는데, 작은 교회당은 메소포타미아식으로 진흙벽돌로 지었고, 큰 교회당은 교회 건물 세 채와 예배실 하나로 되어 있었다. 발굴된 갖가지 유물에는 소그드문자가 쓰여 있었고, 남쪽 교회당 방 하나에는 장미무늬가 그려진 벽화가 있었는데, 10~11세기 둔황 석실의 벽화와 같았다.[10] 교회당에서 지편紙片 10점과 인골도 발견되었고, 인접한 크라스나야 레트샤크Krasnaja Retschak에서는 8~10세기에

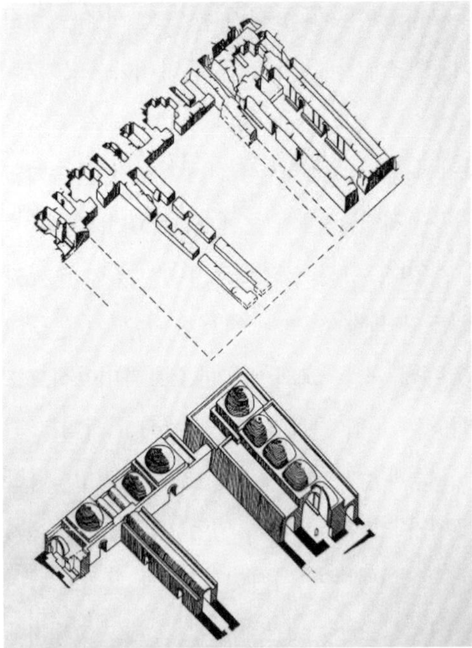

키르기스스탄 아크베심 교회 단지에서 발굴한 교회당 일부(위)와 배치 평면도 및 입면도(아래)

8~11세기에 융성한 동방교회 교회당들과 신학교가 이 단지와 인근에 모여 있어 이 지역이 동방교회의 동방 선교 전초 기지였음을 알려 주고 있다. (위: 최갈렙 제공, 아래 출처: Baumer, 2016, p.173)

사용한 패용佩用 십자가 다섯 점과 소그드문자가 새겨진 큰 자기 한 점도 발견되었다.

893년에 카자흐스탄Kazakhstan으로 이슬람 세력이 들어오면서 타라즈Taraz와 미르키Mirki의 교회당들이 모스크로 바뀌었다. 타라즈 부근 옛 지명이 자무하트Jamukhat인 코스토베Kostobe에서 발굴된 은제 패용 십자가 하나와, 루브룩이 '카일락Cailac'이라고 불렀던[11] 카자흐스탄 남동부 카얄릭Kayalik에서 발견된 십자가 3개는 이곳에도 그리스도인들이 살았다는 증거이다.

— 티베트

중국 간쑤성甘肅省 린타오현臨洮縣에 마르 사르기스[이 책 107쪽의 사르기스와는 다른 사람이다.] 가족이 살고 있었다는 기록을 통해 대교구가 세워지기 전부터 간쑤성에 동방교회 교인들이 살고 있었다고 추정된다.[12] 총대주교 디모데 1세는 781년에 엘람의 세르기우스Sergius of Elam에게 보낸 편지에서 티베트에 대교구를 하나 더 세우겠다고 하였다.[13] 티베트 대주교좌는 라싸Lhasa가 아니라 당시 실크로드의 요충지인 둔황이었을 가능성이 크다.[14] 몽골제국 시대에 티베트 대교구는 탕구트 대교구에 병합되었고, 중심지는 닝샤寧夏였다.

동방교회가 티베트에 진출하였다는 또 다른 증거로, 644~842년까지 티베트왕국에 속하였다가 서西티베트로 편입된 라다크Ladakh 동쪽 탄체Tanktse에서 발견된 유물을 들 수 있다. 몇 개의 바위에 여러 개의 동방교회 십자가·새 한 마리와 토하라Tokharian문자·소그드문자·한자·아랍문자·티베트문자가 함께 새겨져 있다. 이 문자를 해독하면, '한 소그드 상인이 수도사 한 명을 데리고 825년(또는 826년)에 티베트 왕에게 왔다'는

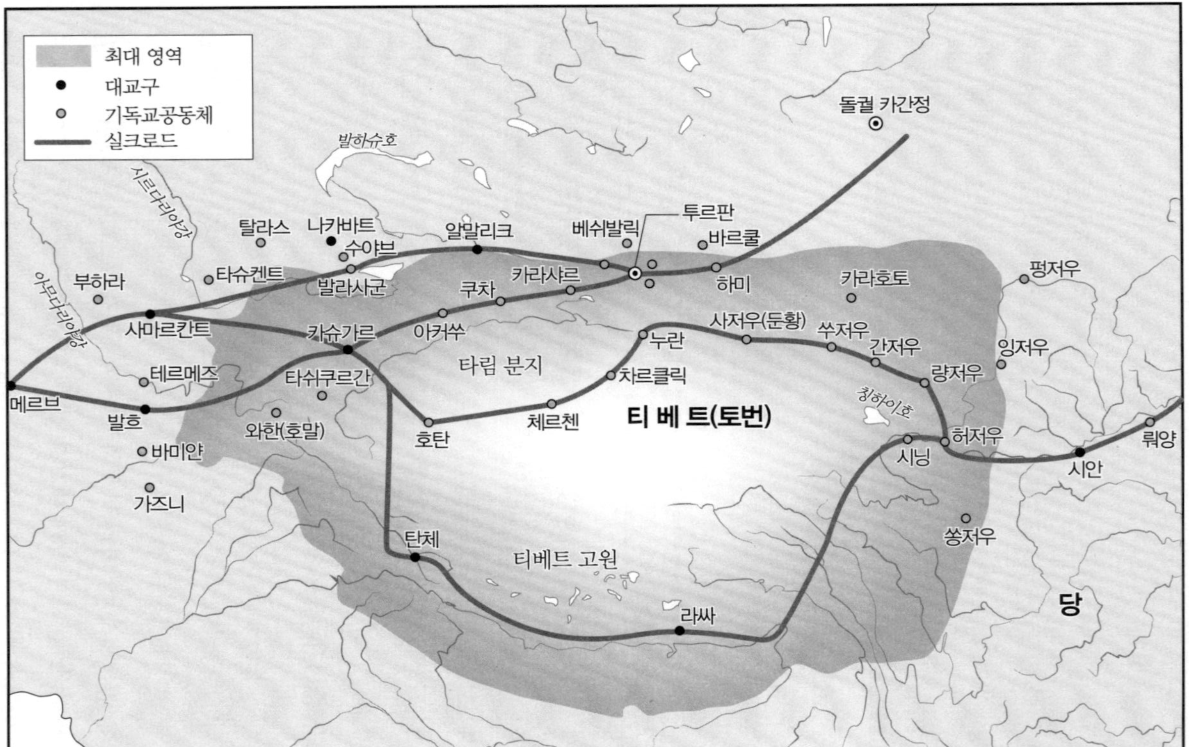

티베트왕국(7~9세기)
(출처: 김호동, 2016, p.91)

말이다. 이 바위는 그리스도교가 유입되기 이전 시기부터 신성한 장소였던 것으로 추정된다. 바위 상단에 사냥 장면·야크·사슴·나선螺線·卍만 자 같은 무늬들이 장식되어 있는데 청동기 시대의 것으로 보인다. 탄체가 소그디아나와 박트리아 지역과 티베트 중부를 연결하는 실크로드 교차로에 있으므로 이런 유물들이 발견된다는 것은 놀라운 일이 아니다. 소그드인들은 이란 동부에서 기원한 민족, 즉 아리안계로, 아무다리야강 북동쪽 지역에 살았다. 소그드인들은 중앙아시아를 경유하여 중국·티베트·네팔·카슈미르·인도·이란에 이르는 지역에 퍼져 살면서 교역과 여행에 관한 풍부한 정보를 가지고 있었고, 그 가운데는 동방교회 신자들도 적지 않았다.[15]

— 동투르키스탄(신장웨이우얼자치구)

그리스도교와 마니교는 사마르칸트에서 신장웨이우얼자치구新疆維吾爾自治區 카슈가르Kashgar로 이어지는 실크로드를 따라 전파되었다. 사마르칸트를 출발한 상인들은 톈산북로天山北路를 택하면 투르판Turfan과 하미Hami를 거쳐 둔황에 이르고, 톈산남로天山南路를 택하면 야르칸드Yarkand·호탄Khotan·미란Miran을 거쳐 둔황에 이른다. 여기서 간쑤성을 지나 동쪽으로 더 나아가면 장안長安(시안西安)에 이르렀다. 실제로 8세기에 카슈가르 교구가 대교구로 승격되었을 때 그 지역의 군주는 그리스도인이었다.[16]

이들 지역에서 발견된 소그드어 텍스트 덕분에 동방교회의 역사를 이해하는 데 큰 도움이 되었고, 소그드어를 해독할 수 있게 되었다. 투르판과 둔황에서는 시리아어·팔라비어·파르티아어·호탄어·소그드어·튀르크어·위구르어·한자·티베트어 등 여러 개의 문자로 기록된 동방교회 문서 조각들이 발견되었다. 이 대부분은 시리아어 원전의 번역이었고, 여러 번역본이 남아 있다는 것은 동방교회가 유연한 선교 전략을 구사하였다는 증거이기도 하다. 즉, 교회의 단일성을 유지하기 위해 시리아어를 예전어로 사용하면서, 지역 신자들의 편의를 위해 토착어로 번역하여 읽을 수 있도록 한 것이다.[17]

수도원의 도서관이 보관하고 있던 여러 형태의 필사본들 가운데는 5세기의 시편 외에도 9~10세기 때의『페시타』·시편·외경들·인용구 모음집·찬송가·세례 의식과 성찬 의식을 위한 예전서·소그드어로 쓴「니케아신경」등의 조각들이 있었다. 그리고 동방박사들의 아기 예수 경배·성 기와르기스St. George의 전설·콘스탄티누스 황제의 어머니 헬레나가 예수의 십자가를 찾아낸 전승·메르브의 주교 바르사바Bar Shaba의 전설 같은 것들과 니시비스의 역사를 적은 조각들도 있다. 또 수도원 도서관이라면 당연히 갖추고 있을 자료들도 남아 있는데, 샤푸르 2세 치하에 저술된『페르시아 순교자 행전』같은 전기傳記 여러 편, 유명한 금욕주의자들의 저술, 세상과의 단절·금식·독거·명상 같은 수도에 필수적인 주제에 관한 텍스트들이 그것이다. 이외에도 투르판 오아시스의 동방교회 교인들과 바그다드 성청 사이에 정기적 접촉이 있었다는 사실을 알려 주는 필사본들도 남아 있다.

육체의 부활을 강조하고 있는 성 기와르기스와 바르사바의 전설은 그리스도의 부활과 그것이 신자들에게 주는 영향을 강조하고 있어서, 부활을 선교 메시지의 중심에 놓고 있는 동방교회의 입장과 일치한다. 소그디아나에서 발견된 조각상을 보면 동방교회의 전통을 따르고 있기는 하지만, 동방박사의 전설에 관한 튀르크어·위구르어 대조본과 한자 텍스트에서 보듯이 자신들이 처한 상황에 따라 혼합주의적인 색채를 가미하고 있는 것도 감지된다.[18]

동투르키스탄에 사는 마니교도들이 동방교회 공동체보다 몇 배나 큰 공동체를 이루고 살았다는 사실은 투르판과 둔황에서 발굴된 12세기 초의 것으로 추정되는, 만 점이 넘는 아름답게 채색한 마니교 필사본 조각들이 많은 것을 보면 알 수 있다. 마니교가 신장에 퍼지게 된 것은 처음에는 이란을 빠져나온 피난민들과 소그드 상인들 덕분이었지만, 762년쯤 위구르 군주 무유 칸Muyu Khan 일가가 마니교로 개종하면서 마니교가 위구르제국에서 강력한 지위를 갖게 되었기 때문이다. 당시 위구르제국의 수도는 지금의 몽골 중앙부 카라발가순Karabalgasun 근처에 있었으나, 840년 첫 위구르제국이 키르기스인들에게 멸망당하자 위구르인들은 간쑤성과 신장으로 옮겨 가서 10년 뒤에 그곳에 마니교 왕국을 세웠다. 비록 왕가는 곧바로 불교로 전향하였지만 세 종교들이 이곳에서 이웃하면서 평화롭게 지냈는데, 그것도 14세기 말 이슬람 모굴리스탄Mogulistan제국이 티무르의 침략을 받기 전까지였다.[19]

— 주

1 Mingana, 1925, p.305f; Tezcan, 2016, pp.221~241.

2 Mingana, 1925, p.306.

3 Savchenko, Alexie, 1999. *The Monastery of Ungut investigated by the East Sogdian Archeological Expedition*. 2. [qtd. in Baumer, 2006(2016), p.169]

4 Polo, 1938, Chap 53.

5 Baumer, 2006(2016), pp.169~170.

6 Baumer, 2006(2016), pp.169~173.

7 Baumer, 2006(2016), p.173.

8 Pander, Klaus: Sowjetischer Orient: Kuns und Kultur, Gerchichte und Gegenwant der Völker Mittelasiens, 1988, p.29. Tucker, Jonathan: The Silk Road: Art and History, 2003, p.213. [qtd. in Baumer, 2006(2016), p.174]

9 Polo, 1938, Chap 149.

10 Semenov, G. L.: Suyab: Ak-Beschim. Gosudarstvennij Ermitaj, St Petersburg, 2002, pp.50ff. [qtd. in Baumer, 2006(2016), p.174]

11 Rubruck, 1990, p.148, p.150, p.165, p.170.

12 Saeki, 1951, p.86.

13 Mingana, 1925, p.306.

14 둔황은 당시 티베트왕국(토번, 618?~842)의 일부였다.

15 Baumer, 2006(2016), p.176.

16 Baumer, 2006(2016), p.177.

17 Baumer, 2006(2016), p.178.

18 Baumer, 2006(2016), p.179.

19 Baumer, 2006(2016), p.179.

07

몽골인들이 만난 복음

13~14세기에 중앙아시아와 중국에서 그리스도교가 자유롭게 널리 전파될 수 있었던 것은 종교적 관용의 폭이 넓은 몽골이 이 지역을 지배하고 있었기 때문이다. 몽골제국이 성립되기 전인 11세기에 이미 동방교회는 중앙아시아에 널리 퍼져 있었는데, 교인들 대부분은 튀르크-몽골계였다.[1] 동방교회는 유목민족인 에프탈족과 5세기 말에 처음 접촉하였고, 그 뒤 한 세기도 안 되어서 서西튀르크족과 접촉하였으며, 644년과 781년에는 튀르크족 일부와 함께 위구르인 일부가 그리스도교로 개종하였다.

845년 당나라 무종武宗(840~846)이 외래 종교인 불교를 탄압하는 회창폐불會昌廢佛[2]을 단행하였으나 국경 너머 위구르 지역에 살던 동방교회 교인들은 별다른 영향을 받지 않았다. 위구르인들 가운데는 마니교도나 불교 신자들도 많았으며, 이들은 일찍부터 칭기즈 칸에게 복속되었고, 몽골인들에게 문화적인 영향을 크게 끼쳤다. 13세기 초 칭기즈 칸이 위구르문자를 채용한 뒤로 위구르인들이 몽골제국 관리로 많이 등용되었고, 이 가운데는 그리스도인들도 적지 않았다. 특히 하미·아커쑤Aksu·쿠차Kucha와 가오창高昌(카라호자Karakhoja: 고창국의 수도)에서 발견되는 수많은 동방교회 유적들은 상당한 규모의 그리스도인 공동체가 오래 존속하였음을 알려 준다.[3] 그 가운데 동방교회 대주교좌가 있던 카슈가르는 8세기에 동방교회 선교의 최전선이었다.

— 초원길을 따라 퍼진 복음

7개 강이 흐르는 지역은 동방교회의 동아시아 선교의 전초기지였다. 이곳에서 훈련받은 선교사들이 초원길을 따라 티베트·신장·몽골 초원으로 복음을 전하러 나섰다. 1007년에는 동방교회 선교사들이 몽골초원의 케레이트족Keraits을 만나 칸과 백성들을 그리스도교로 개종시켰다.[4] 마리 이븐 술레이만Mari ibn Suleiman과 바르 헤브라에우스Bar Hebraeus에 따르면, 요遼(907~1125)의 국력이 쇠약해진 뒤 초원의 강자로 등장한 케레이트족의 칸은 몽골 중부에서 고비사막에 이르는 지역(현재 울란바타르를 중심으로 한 지역)을 다스리고 있었다. 어느 날 칸이 사냥을 하다가 눈보라 속에서 길을 잃고 정신이 혼미해졌을 때 성 사르기스Sargis가 환상 속에 나타나 세례를 받으면 살려 주겠다고 하여, 살아난 칸은 자기 캠프에 머물고 있던 동방교회 교인인 상인과 의논하여 메르브 대주교 오디쇼Odisho of Merv에게 세례를 청하였다. 대주교는 사제와 부제를 보내어 케레이트족의 칸과 20만 명의 부족민들에게 세례를 주었고, 몽골 관습에 따른 단식을 인정하였으며, 칸이 제단에 놓인 십자가로 마유주에 성호를 그어 축복한 뒤 참석자들 모두가 그것을 마시는 것을 허락하였다. 이렇게 동방교회는 부족의 의전과 전통을 용인하는 유연성을 보였다.[5]

당시 튀르크-몽골족은 텡그리Tengri라고 부르는 하늘 또는 하늘의 신[그런 이유로 그들의 무속신앙을 텡그리즘Tengrism이라 부른다.]과 산이나 방위 같은 다양한 자연현상을 공경의 대상으로 삼고 있었다. 무당은 인간계와 영계 사이의 매개자였고, 자연현상의 화신이었다. 텡그리즘에는 내세에 대한 사상이 내재되어 있고 무당이 영혼을 내세로 인도하는 역할을 하지만, 보다 중요한 무당의 역할은 일상에서 선한 영들과 악한 영들에게 영향을 주는 것이다.[6] 따라서 무속적인 텡그리즘은 절대적인 헌신을 요구하지 않는 한, 내세를 강렬히 지향하는 다른 종교들에게 적대적이지 않다. 1206년 칭기즈 칸이 반포한 '법령[자사크jasaq]'에는 종교적 관용이 적시되어 있으며, 몽케 칸Mongke Khan(1251~1259)도 1254년 오순절 전 주일에 프란체스코회 수사인 루브룩의 윌리엄William of Rubruck(1215~1295)에게 자신의 생각을 말한 적이 있다. "우리 몽골인들은 오직 하나의 신(텡그리)만이 계시다고 믿으며, 그분 안에서 살고 그분 안에서 죽는다. 우리의 전심全心이 그분을 향하고 있다. 하지만 신이 손에게 손가락 여럿을 주신 것처럼 우리 사람들에게도 복을 얻을 수 있는 길 여럿을 열어 놓으셨다."[7] 몽케 칸은 토속신앙을 가진 특정 부족에게 신의 절대성을 믿으라고 요구하는 것이 종교적 관용은 아니라는 뜻으로 말한 것이다. 다시 말하자면, 몽골 텡그리즘이 함유하는 종교적 관용은 절대성을 요구하면서 다른 종교를 비방하는 일신교의 관용과는 달랐다. 1254년 몽케 칸 앞에서 무당들·승려들·무슬림들·동방교회 지도자들과 루브룩이 모여서 종교 토론을 벌일 때, 몽케 칸은 "어느 누구도 상대방에게 시비를 걸거나 흠집을 내는 말을 한다면 결단코 용서하지 않겠다."[8]는 것과 정령精靈신앙을 미신으로 규탄하는 것은 받아들이지 않겠다는 점을 분명히 하였다.

오랜 세월에 걸쳐 다신론적 입장을 보였고 또 불당에 다른 종교의 신들을 받아들이는 데 아무런 문제가 없었던 불교가 신의 절대성을 강조하는 그리스도교나 이슬람 같은 일신교들보다는 유목민인 몽골인들에게는 더 친근하였다. 한편 세월이 흐르면서 정착생활을 하게 된 튀르크족 다수가 이슬람으로 개종하였다.

튀르크족과 몽골족이 종교에 대해 관용을 보이고, 동방교회 선교사들이 이 두 민족의 토속신앙과 관습에 적응하였기 때문에 튀르크족과 몽골족은 고유한 관습을 지키면서 그리스도교를 수용할 수 있었다. 또한 몽골인들은 전능한 하늘의 신 텡그리를 신앙의 대상으로 삼고 살아왔기에, 유일신인 그리스도교의 하나님을 별다른 저항 없이 받아들일 수 있었다. 따라서 십자가 같은 그리스도교 상징을 신자가 아닌 사람들이 부적 삼아 지니고 다니기도 하였다. 이를 보여 주는 예로는 중국의 닝샤와 내몽골 옹구트족 거주지에서 나온, 동방교회 교인들이 패용했던 부적 1,000여 점으로, 이 작은 금속제 부적들의 3분의 2가량은 십자가 모양이고, 나머지는 卍 자형 또는 기하학적 도형이나 새 같은 상징물로 장식되어 있다.[9]

그리스도인 몽골인들이 가진 혼합주의phuralism를 말할 때, 많은 예전상의 타협 때문에 그리스도교 정신의 근간이 얼마나 훼손 또는 희석되었는지는 더 따져 보아야 한다. 부적의 경우 그 효험에 대한 믿음 때문에 해를 입는 일은 없었으므로 그리스도인들 사이에도 관례적으로 유행하였으나, 낭비적인 장례 의식의 경우에는 논쟁의 소지가 있었다. 676년 총대주교 기와르기스 1세Giwargis I(661~680)는 주교회의에서 이교도의 장례 의식을 동방교회가 용납한 것을 두고 책망하였다. "그리스도인의 시신은 이교도 의식이 아닌 그리스도교 의식으로 장사 지내야 한다. 시신에 비싼 수의를 골라서 입히는 것은 이교도의 관습이다."[10] 그럼에도 불구하고 루브룩 수사는 몽골인들이 장사 지낼 때 그리스도교 의식을 따르지 않았다고 하였다. 비록 동방교회가 토착민들을 사제와 부제로 임명했으나 이들을 교육하는 메소포타미아와 이란 출신의 주교들은

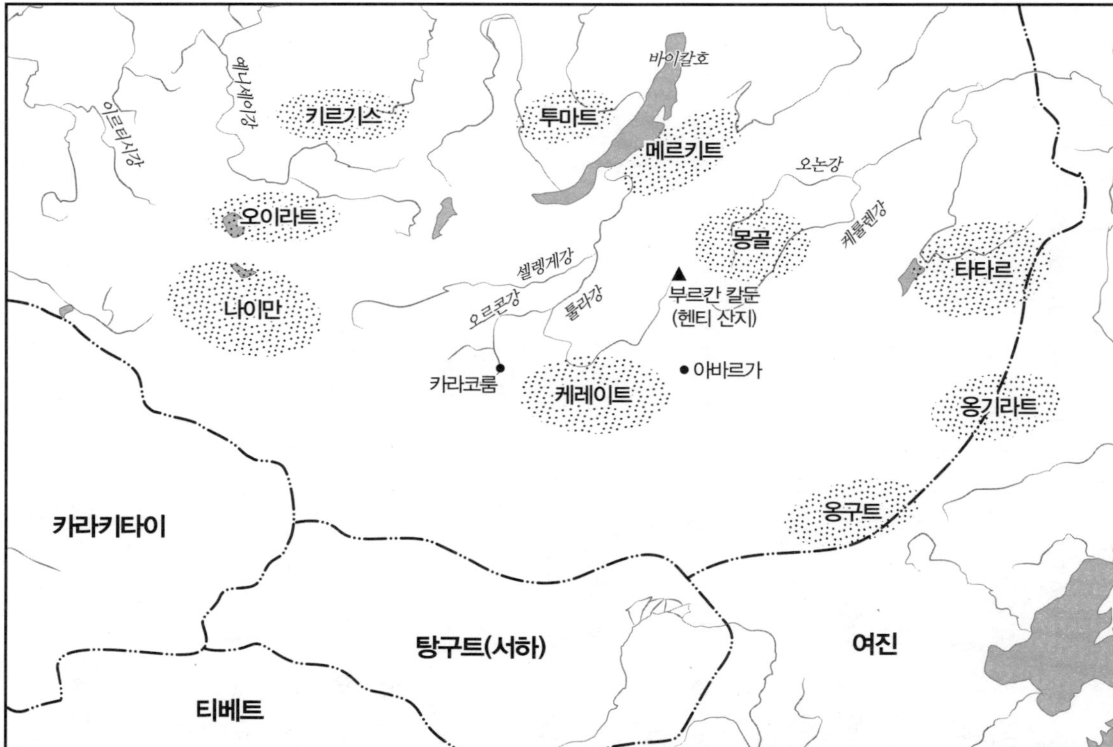

북방 초원의 부족들(12세기)
(출처: 고마츠 하사오 외, 2005, p.194)

너무 멀리 떨어져 있어서 그리스도교의 정통 의식을 지키도록 하는 것은 어려웠다. 오랫동안 자신들의 관습을 유지해 온 유목민들에게 몇 년 또는 십 년에 한 번 만나는 주교의 교육은 그리 와닿지 않았을 것이다. 또한 그리스도교 교리가 그저 내세라는 막연한 개념으로 전락한 것도 그리 놀랄 일이 아니다.

케레이트족

앞서 말한 대로, 케레이트족은 11세기 초에 그리스도교를 받아들였으며, 토그릴 칸Toghril Khan(1175~1204?)이 다스리던 12세기 말에 몽골초원의 강자로 위세를 떨쳤다. 이 부족의 칸은 그루칸Gru Khan, 즉 '우주의 왕'이라 불리었으며, 세례명도 있었다. 토그릴의 조부 이름은 마르구즈Marghuz, 즉 '마가'였다. 당시 마르구즈는 지금의 몽골 동부 지역을 놓고 타타르족, 금金(1115~1234)과 전쟁을 벌이고 있었다. 마르구즈가 타타르족에게 잡혀 금나라 황제의 손에 넘겨졌는데, 금나라 황제는 이 그리스도인 왕을 잔인한 방법으로 죽였다. 토그릴은 추종자이며 동맹자인 칭기즈 칸[그의 아버지 예수게이 역시 1176년 타타르족에게 독살되었다.]과 힘을 합쳐 1202년 타타르족을 무찌르고 선조들의 원한을 갚았다.[11] 토그릴은 튀르크족과 몽골족을 규합하여 그리스도교 제국을 만들 꿈을 갖게 되는데, 당시 카자흐스탄 동쪽의 발하슈Balkhash호와 만주 사이에 살고 있는 튀르크족과 몽골족의 30~40%가 동방교회 신자들이었으므로 이런 생각을 품을 만하였다.[12]

바그다드에서 멀리 떨어진 곳에 살고 있는 튀르크-몽골족에게 그리스도교가 널리 퍼져 있었다는 사실은 동방교회의 꿋꿋하고 체계적인 선교 정신이 살아 있었다는 증거이기도 하다. 외국어에 능숙한 선교사들이 새로운 신자들을 만들어 냈을 뿐만 아니라 기존 교인들의 신앙심을 더욱 돈독하게 만들었다. 이런 점에서 예전어인 시리아어가 신앙공동체의 단결을 유지하는 접착제 구실을 했지만 통치 체제가 분명치 않은 초원지대에 산재한 동방교회의 입지는 이런 느슨한 연결 때문에 약해지게 된다.

강력한 세력을 가진 토그릴은 중세 서양인들에게 사제왕 요한Prester John이라는 신화적 인물로 등장한다. 마르코 폴로는 『동방견문록Il Milione』에서 이 케레이트족의 지배자를 사제왕 요한이라고 못박기도 하였다.[13] 하지만 몽골의 인구는 두 명의 칸이 통치하기에는 너무 적었다. 칭기즈 칸Genghis Khan은 1204(?)년에 한때 후원자였던 토그릴을 몰아냈으며, 토그릴은 도주하다가 나이만족Naimans에게 살해당하였다.

2년 뒤인 1206년 몽골 동쪽 오논Onon강가에서 열린 쿠릴타이Khuriltai에서 칭기즈 칸이 스스로를 카칸Kha Khan, 즉 '왕 중의 왕'이라고 선언하였다. 칭기즈 칸은 전통적인 부족 구조를 해체하고, 부족들을 뒤섞어 십진법에 따라 천 명 단위로 재편성하고, 거기에 걸맞은 책임자들을 임명하였다. 이렇게 하여 칭기즈 칸은 어림잡아 24개의 튀르크-몽골족들을 통일하였다. 당시 몽골제국의 인구는 150~200만 명으로, 철저한 군사 체제로 부족을 조직하였다. 천 명 또는 만 명 단위로 주거지를 지정하고, 유목민들의 이동을 제한하면서 천하무적의 군사 조직을 만들어 냈다. 그렇게 되자 이전에 부족 구성원을 묶었던 종교에 대한 충성은 개인적인 문제가 되어 버렸고,[14] 결과적으로 칭기즈 칸의 군제 개편으로 그리스도교는 활력을 잃게 된다.

오이라트족·메르키트족·만주족

동방교회 선교사들은 케레이트족의 거주지 북쪽에 사는 두 부족들을 상대로 하여 활발하게 선교에 나섰다. 두 부족 가운데 하나가 오이라트족Oirats으로 그들의 고향은 바이칼호 남서쪽이었고, 1208년에 칭기즈 칸에게 복속되었다. 두 세기가 지난 1434년 오이라트족은 명나라의 도움으로 몽골 땅을 다시 차지하고 칭기즈 칸 후손들의 손아귀에서 벗어났다.[15] 다른 한 부족은 튀르크화가 상당히 진행된 메르키트족Merkits으로 본거지는 바이칼호 남동쪽이었다. 칭기즈 칸의 운명이 이 두 부족과 얽혀 있는데, 예수게이가 납치한 메르키트족 여인이 바로 그의 어머니였다. 이에 대한 보복으로 메르키트족이 나중에 칭기즈 칸의 아내인 보르테Borte를 납치하였으나 토그릴의 도움으로 돌아올 수 있었다. 그 뒤로 칭기즈 칸은 메르키트족을 타타르족과 같은 큰 원수로 여겼다. 칭기즈 칸은 1204, 1205년 두 차례에 걸쳐 그리스도교 부족인 나이만족과 동맹을 맺은 메르키트족을 무찌르고, 그들의 요새인 타이칼Taikal을 점령하였다. 타이칼은 지금의 울란우데Ulan Ude 남쪽 지역이다. 칭기즈 칸은 메르키트족 칸의 며느리 토레케네Torekene를 셋째 아들 오고타이와 결혼시켰는데, 그녀가 제3대 대칸 구유크Güyük(1246~1248)를 낳았다. 1246년 카라코룸에서 구유크를 만났던 프란체스코회 플라노 카르피니의 요한John of Plano Carpini(1182~1252) 수사는 대칸이 동방교회 교인들에게 둘러싸여 있었으며, 대칸 천막 앞에 동방교회의 이동식 교회당이 있었다는 기록을 남겼다.[16] 1205년 메르키트족 대부분이 칭기즈 칸에게 투항하였는데, 그 자손들이 지금의 부랴트족Buryats이다. 항복을 거부한 소수는 지금의 카자흐스탄 발하슈호 북쪽으로 이주하였지만, 1216년 칭기즈 칸의 장수 수보타이Subotai에게 몰살당하고 만다.[17]

바이칼호 동쪽으로 멀리 떨어진 곳에 퉁구스족Tungusic peoples이 살고 있었는데, 동방교회 교인들이었다. 마르코 폴로는 이들의 지배자 나얀Nayan 왕자가 쿠빌라이 칸Khubilai Khan의 인척이라고 하였다. 1287년 그는 아저씨뻘 되는 원나라 황제에 대항하여 봉기하였다. 동방교회 교인들의 반란이 거세었으므로 72세의 쿠빌라이 칸이 직접 만주로 원정길에 나서 20일의 행군 끝에 십자가 군기를 들고 있는 나얀의 군대와 대치하였다. 나얀은 세례를 받았고 십자가를 그린 군기를 들고 있었지만, 그것은 그에게 별 도움이 안 되었고 쿠빌라이에게 잡혀서 처형되었다.[18] 만주에 동방교회의 흔적을 알리는 많은 묘비들이 남아 있는데, 그곳은 총대주교가 있는 곳에서 7,000km나 떨어진 지역이다.[19]

불교에 우호적이던 쿠빌라이 칸이 그리스도인이자 신하인 조카의 배반에도 그리스도인들에 대한 유감을 표시하지 않은 것을 보면 몽골 군주들의 종교에 대한 관용이 어느 수준인지 가늠할 수 있다.[20] 쿠빌라이 칸의 도량이 얼마나 컸는지 말해 주는 사건은 또 있다. 일찍이 친동생 아리크부케Arikbuge가 동방교회 교인들과 제휴하여 왕위를 놓고 자신과 쟁탈전을 벌인 일이 있었다.[21] 아리크부케는 동방교회 교인들의 도움으로 4년간의 내전을 치렀는데, 그를 도운 교인들로는 선왕 몽케의 재상이며 재무대신인 불가이Bulgai와 몽케의 정실 쿠툭테이Kutuktei도 있었다. 루브룩은 그들이 세례를 받는 것을 보았다고 확언하였다.[22] 1264년 아리크부케가 항복하자 쿠빌라이는 불가이를 처형하였고, 아리크부케를 1266년 죽을 때까지 가택에 연금하였다. 동방교회는 정치 투쟁에서 또다시 패자敗者 편에 섬으로써 불운을 감수할 수밖에 없었다.

옹구트족

튀르크족의 한 갈래인 옹구트족의 경우는 동방교회가 승자 편에 선 예이다. 지금의 네이멍구자치구內蒙古自治區와 닝샤후이족자치구寧夏回族自治區 동쪽, 황허강이 활 모양으로 북쪽으로 굽은 곳에 강을 사이에 둔 지역(오르도스 안쪽과 북쪽)이 옹구트족의 근거지였고, 이들 대부분이 동방교회 교인들이었다. 애초부터 이 부족은 칭기즈 칸 편이었다. 그들이 사는 곳은 만리장성과 고비사막 동쪽의 중간 지대로, 중국 북부를 지배하고 있던 금나라와 새로운 강자인 몽골 모두에게 전략적으로 아주 중요한 곳이었다. 바로 이 때문에 금나라는 옹구트족에게 만리장성에 대한 보호·감시 역할을 맡겼다. 1204년에 칭기즈 칸의 몽골과 맞수인 나이만족 사이에 전쟁이 터지자, 나이만족의 칸은 옹구트족에게 배후에서 칭기즈 칸을 치라고 요구하였다. 그러나 동방교회 교인인 알라쿠츠 테긴Alaquch-tegin은 칭기즈 칸 편에 서기로 결정하고 칭기즈 칸에게 유후난Yuhunan이라는 사자를 보내어 나이만족의 공격을 미리 알렸다. 나이만족과의 동맹을 지지했던 옹구트족의 씨족장들은 이 일로 알라쿠츠 테긴을 살해하였다.[23]

7년이 지난 1211년 여름, 옹구트족은 칭기즈 칸에게 장성을 넘어 중국으로 진격할 길을 무조건 열어 주었다. 칭기즈 칸은 알라쿠츠 테긴의 도움을 잊지 않았으므로 알라쿠츠의 아들 포야오 호Poyao Ho를 자기 딸 알라카이 베키Alakhai Beki와 결혼시켰고, 계속하여 그 후손들은 칭기즈 칸 가문의 부마가 되었다. 동방교회 수사 라반 사우마Rabban Sauma(1225~1294)와 제자 마르코스Marcos(뒷날 동방교회 총대주교 마르 야발라하 3세)가 1279(?)년 칸발리크Khanbalik(대도大都, 현재 베이징) 근처의 팡산房山에 있는 십자사十字寺 수도원을 떠나 예루살렘으로 향하던 순례길에 처음 들른 곳이 마르코스의 고향인 옹구트왕국이었다. 1245년에 태어난 마르코스는 동방교회 부주교의 아들로, 후허하오터Hohhot에서 북쪽으로 130km 가량 떨어진 옹구트왕국의 북쪽 수도 콰샹Kwashang(올론숨Olon Sume)이 고향이었다. 콰샹의 주민들과 마르코스의 부모는 두 수사가 온다는 소식을 듣고, 크게 반기며 깍듯하게 교회당으로 안내하였다. 군주인 쿤부카Künbuka와 아이부카Aibuka가 두 수사가 도착하였다는 것을 알고 왕궁으로 초대하여 환대하고 많은 선물을 주었다.[24]

아이부카의 뒤를 이어 왕좌에 오른 고르쿠츠Görgüz는 원 황제 쿠빌라이 칸(세조世祖)과 테무르(성종成宗)의 충실한 신하로서 많은 전공을 세웠고, 테무르는 1294년 그에게 칸의 칭호를 내렸다. 동방교회 신자인 고르쿠츠는 인구는 적지만 칭기즈 칸에게 정복당하지 않은 부족의 칸으로서, 전략적 완충지의 군사령관으로서, 또 두 황제(유종裕宗과 성종成宗)의 사위로서 막강한 정치적 영향력을 행사하였다. 마르코 폴로도 그에게서 깊은 인상을 받았는데 그를 사제왕 요한의 6대손이라고 하였다. 마르코 폴로는 고르쿠츠 왕이 쿠빌라이 칸의 아들 하나와 힘을 합쳐, 반란을 일으킨 카이두Kaidu[25]를 어떻게 패퇴시켰는지 기록하였다.[26]

— 나이만족·위구르족·탕구트족

케레이트족이 사는 곳의 서쪽, 즉 몽골 서부에서 카자흐스탄 동부까지는 몽골의 8개 부족 연합체인 나이만족이 거주하던 땅이다. 나이만족Naiman은 거의가 동방교회 교인들이었지만 무당들도 큰 위세를 떨치고 있었다.[27] 케레이트족이 칭기즈 칸에게 패배하자, 몽골 땅에는 나이만족만이 독립 세력으로 남아 있었다. 몽골 초원의 패자 자리를 놓고 1204년 나이만족과 칭기즈 칸 세력이 뒷날의 카라코룸 근처 지역에서 결전을 벌였는데, 칭기즈 칸이 승리하였으며 전사한 나이만 칸의 외아들 쿠출루크Küchlüg는 피신하였다[몽골족은 14년 뒤 그와 다시 전쟁을 벌이게 된다.].

칭기즈 칸의 맏아들 조치Jochi는 1218년 시베리아 남쪽(예니세이enisei강 상류)에 살던 키르기스족Kyrgyz을 정복하였는데, 그 가운데 그리스도인들이 있었다.[28] 한편 오늘날 신장웨이우얼자치구의 나이만족 거주지에서 남서쪽으로는 문화적으로 크게 앞선 튀르크계 위구르족이 살고 있었다. 그들 대부분이 불교도였고 동방교회 교인들과 마니교 교인들은 소수였다. 또 서쪽으로는 무슬림들도 있었다. 출토된 시리아문자와 위구르문자로 각인된 석비들을 보면 당시에 그리스도교가 이 지역까지 퍼졌다는 것을 알 수 있다.[29]

카라키타이Kara Khitai(1124~1218)(서요西遼)의 봉신이었던 위구르 왕 발트추크Bartchuq가 1209년 자진해서 칭기즈 칸 휘하로 들어왔으므로 위구르의 백성들과 도시들은 몽골과의 전쟁을 피할 수 있었다.[30] 칭기즈 칸에게 위구르보다 더 골칫거리는 탕구트Tangut(1032~1227)(서하西夏)였다. 탕구트는 실크로드의 하서회랑, 즉 지금의 간쑤성, 칭하이성 동부, 산시성 북부, 네이멍구 남서부와 몽골 남부 끝자락을 차지하고 있던 나라였다. 탕구트는 동東티베트족이 세운 나라로, 국민들 대부분이 불교도였지만 동방교회 교인들이 많았고 무슬림들도 있었다.

탕구트 왕은 1205~1209년에 몽골군과 몇 차례 싸우고 나서, 몽골의 통치권을 인정하고 군사적 협력을 약속하였다. 1219년 칭기즈 칸이 호라즘의 왕 모하메드 2세Shah Mohammed II(1220)를 공격하면서 탕구트에 병력 제공을 요구하였으나 응하지 않자 칭기즈 칸은 무자비한 공격을 가하였다. 1908~1909년 러시아 학자 코즐로프P. K. Kozlov(1863~1935)는 인촨銀

川 북서쪽 630km 지점에 있는 탕구트의 고도 카라호토Kara Khoto를 발굴하던 중 튀르크어와 에스트란겔라Estrangela문자로 동방교회 신자들이 쓴 필사본 조각을 찾아 냈다. 몽골과 경계를 맞댄 탕구트에도 동방교회 교인공동체가 있었다는 사실이 확인된 것이다.[31]

쿠츨루크와 키르기스스탄의 튀르크 부족들

칭기즈 칸이 나이만족을 격파하였을 때 나이만의 왕자 쿠츨루크는 서쪽으로 피신하여 거란족이 세운 서요의 수도 발라사군Balasagun에서 방랑을 끝냈다. 그곳은 7개 강이 흐르는 땅 추 계곡Chu Valley에 있는 도시로, 지금의 키르기스스탄 수도인 비슈케크Bishkek 동쪽 지역을 말한다. 거란족은 916년에 요遼를 세워 1125년까지 중국 북부를 다스렸다. 금나라에게 멸망당한 후 거란족은 서쪽으로 이동하여 튀르크족이 세운 카슈가르의 이슬람 왕국 카라한왕조Karakhanids로부터 키르기스스탄 북부 지역을 빼앗고, 또 트란스옥시아나와 카슈가르도 획득해 서요를 세웠다. 무슬림이 아닌 칸 옐루다시Yelü Dashi(1124~1143)(야율대석耶律大石)가 1137년에 사마르칸트의 루큰 아딘 마무드Rukn ad-Din Mahmud를, 1141년에 셀주크제국의 산자르Sanjar 술탄을 압도적으로 무찌른 것이 아마도 사제왕 요한의 신화를 만들어 낸 것 같다. 1145년쯤 신성로마제국의 역사가 프라이징의 오토Otto of Freising(1111~1158)는 동방교회 교인인 사제왕 요한이 아시아에서 무슬림 왕들을 무찌르고 팔레스타인을 해방시킬 생각을 가지고 있다는 소문을 퍼뜨렸다. 그러나 옐루다시는 그리스도인이 아니라 불교도였으며, 실제로 종교적 의도도 없었지만 당시 유럽인들은 불교에 대해서는 아는 것이 전혀 없었고 무슬림의 적이라고 하면 당연히 그리스도인이라고 짐작하였다.[32] 그렇게 되자 유럽 왕들은 이슬람과의 싸움

(십자군 전쟁)에서 이 신비에 싸인 아시아 왕과 연합 전선을 펴면 승산이 있으리라고 생각하였다. 실제로 서요의 왕들 덕분에 역사상 최초로 한 사회와 국가가 이슬람화되는 것을 막아 냈다. 비록 서요의 튀르크족 대부분은 무슬림이었지만, 불교와 동방교회가 세력을 확장할 기회를 얻은 것이었다.

서요의 칸 옐루 옐리쿠Yelü Zhilugu(1177~1211)(야율직로고耶律直魯古)는 동방교회 신자로 피난민 신세였던 쿠츨루크를 신임하여 사위로 삼았다. 그러나 1211년 쿠츨루크는 장인을 몰아내고 쇠약해진 서요를 1218년 죽을 때까지 다스렸다. 쿠츨루크는 전왕의 반이슬람 정책을 더욱 거세게 몰아붙여 카슈가르와 호탄에 사는 무슬림들을 강제로 동방교회나 불교로 개종시켰다. 그는 이에 반대하는 호탄의 이맘을 십자가형에 처하기까지 하였다. 1218년 칭기즈 칸이 숙적 쿠츨루크를 추격하자 서요의 무슬림들이 반란을 일으켜 발라사군과 카슈가르를 몽골군에게 넘겨주었다. 쿠츨루크가 도주하다 살해됨에 따라 동방교회 신자인 몽골인 왕은 사라지게 되었다.[33]

이어서 차가타이Chagatai(1227~1242)가 이 지역을 차지하였는데, 1339년이 되어서 이곳의 동방교회 공동체는 사라지고 만다.[34] 키르기스스탄에 있는 650기의 그리스도인 묘석들 가운데 맨 마지막 것은 시기가 1345년이고, 알말리크의 묘석들 가운데 마지막 것은 1372년이다.[35]

차가타이의 후예들이 다스렸던 사마르칸트·카슈가르·야르칸트에는 동방교회 교인들이 남긴 많은 기록이 전한다.[36] 실제로 1180년쯤 총대주교 엘리아 3세Elias III(1176~1190)는 사마르칸트와 투르키스탄 대교구, 또 서쪽 끝 카슈가르를 하나의 대교구로 병합하였다.[37] 1281년 일리Ili강에 면한 카슈가르에서 500km 북쪽에 있는 알말리크와 탕구트가 하나의 대교구로 통합되기도 하였다.[38] 라반 사우마와 마르코스가 마르코 폴로가 지나간 지 6~7년 뒤에 찾은 카슈가르에 대해 "이 도시는 적에게 약탈되고 난 뒤여서 사람들이 살고 있지 않았다."[39]고 전한다. 하지만 카슈가르는 1340년에 다시 대교구가 되었다.[40]

쿠출루크가 죽고 난 뒤 몽골군은 호라즘 같은 무슬림 국가들을 약탈하였다. 동방교회 교인들도 이런 약탈은 피할 수 없었다. 당시 교인들이 주로 도시에 살았고, 몽골군에 저항하던 도시는 예외 없이 폐허가 되었고 주민 전체가 학살되었기 때문이다. 주민들이 저항하는 경우에는 종교에 대한 몽골군의 관용은 없었다. 몽골군이 지나간 자리에는 건물 잔해와 시체 더미만 남았다. 15만 명의 몽골군이 600만 명의 주민들을 죽였고, 그 가운데 30만 명은 그리스도인들이었다.[41] 또 대대적인 추방이 뒤따랐고 이 때문에 이슬람이 서쪽과 중국 중부 지방으로 크게 확산되었다. 아주 극적인 장기적 영향은 호라산과 아프가니스탄의 옥토가 사막으로 변한 것이었다.

▲젱크시 카툰Jenkshi Khatun 묘석

1963년 키르기스스탄 이식쿨호 남쪽 사루Saruu에서 발굴되었다. 튀르크문자와 시리아문자로 각인되어 있다. 묘지의 주인은 차가타이칸국의 20대 칸 타르마시린Tarmashirin의 손자 젱크시 칸(1335~1339)의 왕비로, 동방교회 교인이었다. 14세기까지 동방교회 교인인 여인들이 차가타이칸국의 지배자 가문으로 출가하였다는 방증이다. 묘기에는 젱크시 칸이 그리스력 1647년(서력 1335) 12월 14일 새벽에 즉위한 것으로 되어 있다. 젱크시 칸은 동방교회와 가톨릭 선교사들을 지원했으며, 아들들 가운데 세례교인도 있었다. 그가 요절한 뒤에 이 지역의 그리스도인들을 무슬림들이 학살하였다(키르기스스탄 비슈케크 토크토굴 사툴가노프 박물관 소장).

▶키르기스스탄 아크베심 인근에서 출토된 동방교회 교인들의 묘석(10~13세기)

동방교회 십자가를 중심에 두고 시리아문자와 튀르크문자로 비명을 각인하였다(2~4는 카자흐스탄 알마티박물관 소장 ⓒ 이봉준).

— 주

1 튀르크어와 몽골어는 고대 알타이어 속하는데, 두 언어 사이의 유사성이 언어의 기원이 같기 때문인지, 혹은 지리적으로 가깝기 때문인지, 혹은 인적인 혼합의 결과인지는 여러 가지 의견이 있다. 두 민족 사이에 이주, 정복, 결혼이나 그 밖의 동화 과정이 있었으므로 그 유사성의 근거를 밝히기는 어려운 상태이다. 예를 들어, 케레이트족이 튀르크화가 된 몽골족이냐, 몽골화된 튀르크족이냐 하는 것이 분명치 않다는 의미이다. 따라서 튀르크-몽골계 또는 튀르크-몽골족이라는 용어는 유전학적 의미이기보다는 언어학적 의미로 쓰는 것이며, 역사적·문화적으로 복잡한 동화 과정의 산물로 본다. *Encyclopaedia Britannica*, 1998, Vol. 12, p.59; Vol. 22, p.693; Vol. 26, p. 524; Baumer 2006(2016), p.310 참조. 이 책에서 이러한 의미로 '튀르크-몽골계'라는 용어를 사용하는 경우가 있는데, 이는 넓은 의미에서 '몽골계'로 이해하면 된다.

2 회창폐불은 도교 신자인 무종이 사원과 불상을 파괴하고, 사원 재산의 몰수와 승려의 환속을 단행한 사건이다. 경교(동방교회)도 불교와 함께 탄압을 받았다.

3 Saeki, 1937, 도판 참조.

4 Gilman, 1999, pp.227~228.

5 Mingana, 1925, pp.308~311.

6 12~13세기 이전의 튀르크족과 몽골족의 신앙도 이와 비슷했을 것이라고 추정된다. 에바히스트 헤지 육 지음, 김지인·안경덕·김상근 옮김, 2020, pp.152~155 참조.

7 Rubruck, 1990, p.236.

8 Rubruck, 1990, p.237.

9 Baumer, 2006(2016), p.196.

10 Braun, Oskar: *Das Buch der Synhados oder Synodocon Orientale*, 1975, p.346f. [qtd. in Baumer 2006(2016), p.197]

11 몽골비사 제5권, §148.

12 Baumer, 2006(2016), p.198.

13 Polo, 1938, Chaps 65~68.

14 Baumer, 2006(2016), p.199.

15 Atwood, 2004, p.408, p.633.

16 Dawson, 1980(1955), p.68.

17 몽골비사 제10권, §239.

18 Polo, 1938, Chaps 79~80.

19 Saeki, 1951, pp.440~443.

20 Polo, 1938, Chaps 77~81.

21 Rubruck, 1990, p.223.

22 Rubruck, 1990, p.208, p.221.

23 Grousset, 1996, p.285f.

24 Rossabi, 1992, pp.50~51.

25 카이두Kaidu(1230~1301)는 오고타이(1185~1241)의 장손으로 13세기에 신장과 중앙아시아를 차지하고 있던 차가타이칸국의 칸이다.

26 Polo, 1938, Chaps 198~200. 물론 이것은 마르코 폴로가 잘못 알았던 것으로, 그는 사제왕 요한과 동일시한 케레이트족의 지배자 토그릴에게서 고르쿠츠 가계의 기원을 찾았는데, 고르쿠츠의 가계와 토그릴의 가계와는 아무런 관련성이 없다.

27 Grousset, 1996, p.190.

28 키르기스족은 840년 당나라와 연합하여 위구르제국을 무너뜨리고 톈산·신장으로 경계를 넓혔다. 1218년 몽골제국에 편입된 뒤 바이칼호 서쪽에 살던 나머지 키르기스족들도 남쪽으로 이주·합류하여 오늘날의 키르기스스탄을 세우게 된다. Klein, 2000, p.42.

29 Mingana, 1925, pp.333~336.

30 Atwood, 2004, p.563.

31 Baumer, 2006(2016), p.208.

32 Baumer, 2006(2016), pp.211~212.

33 Grousset, 1996, pp.233~236.

34 Mingana, 1925, pp.333~336.

35 Klein, 2000, p.288; Klein, 2004, p.137. 7개 강들이 흐르는 지역에서 동방교회가 융성하였다는 고고학적 증거는 많이 발견된다. 19세기 후반 키르기스스탄 비슈케크 근처의 중세 묘지 두 곳에서 610개에 달하는 묘석이 발견되었다. 아쉽게도 500개 정도가 1939년 박물관 화재로 소실되었다. 그 뒤 크라스나쟈 레즈카Krasnaja Rejka와 코크 드자르Kok-Djar 부근과 이식쿨Issyk-Kul호 남동쪽 둔치에 있는 사루Saruu, 한때 차가타이와 후손들이 도읍으로 삼았던 알말리크Almalik 주교관 자리에서 묘석이 흩어져 있는 것이 발견되었다. 따라서 지금은 모두 합해서 200개 가량의 묘석이 남아 있다. 가장 먼저 세워진 묘석들은 선교 활동이 시작되었을 때나 그리스도인들이 정착하기 시작한 때로 거슬러 올라간다. 묘석마다 십자가가 각인되어 있고, 글자가 각인된 것들도 많다. 튀르크족 그리스도인들 묘석에는 에스트란겔라문자가 새겨져 있으나 대부분은 시리아문자가 새겨져 있다. 가끔 튀르크문자를 새긴 묘비도 있다. 이것으로 보아 시리아어가 예전어로 사용되었음을 알 수 있다. Klein, 2000, 157, p.264f, p.288, p.292.

36 Polo, 1938, Chaps 60~62. 카르피니와 루브룩도 키르기스족과 마주쳤던 일을 말하고 있다. Dawson, 1980, p.58, p.80, p.116, p.124; Rubruck, 1990, p.150, p.201.

37 Klein, 2000, p.55f, p.206, 250f.

38 옛날의 알말리크 교구는 쿨자Kulja(固勒扎)라고 불리기도 하였다. 신장위구르자치구 일리강가에 있었다. 현재 우즈베키스탄 동부에 있는 알말리크Almalik라는 산

업도시와는 다른 곳이다. Klein, 2000, p.56, p.254 참조.

39 Rossabi, 1992, pp.55~56.

40 포르투갈의 예수회 선교사 베네토 드 고에스Bento de Goes(1562~1607)의 보고에 따르면, 1604년 카슈가르의 무슬림 지배자는 선조가 그리스도인이었다는 사실을 알고 있었다고 한다. Wessels, C.: *Early Jesuit Travellers in Central Asia*, 1992(1924), 35.[qtd. in Baumer, 2006(2016), p.210]

41 Baumer, 2006(2016), p.211.

08

그리스도인 왕비들·공주들과 고관들

몽골인들은 아버지에게서 뼈를, 어머니에게서 살과 피를 받는다고 믿고 있다. 그들은 부계父系를 'yas(아버지의 뼈)', 모계母系를 'urug(자궁)'라고 불러 더 넓은 의미의 가족관계를 뜻하는 의미로 사용하고 있는데, 칭기즈 칸은 왕가를 '황금 자궁Altan Urug'이라고 불렀다.[1] 1206년 쿠릴타이를 열어 카칸이 된 칭기즈 칸은, 건장한 장년들은 군에 편입하여 정복 전쟁에 나서게 하고, 여성들은 후방에서 재능을 살려 전쟁을 돕도록 하였다. 그리하여 모친(태후), 왕비들과 공주들에게 오르도Ordo를 주어 이를 다스리게 하였고, 이 왕녀들 대부분이 그리스도인이었다.

— 알라카이 베키와 칭기즈 칸의 공주들

칭기즈 칸은 정비 보르테Borte(1161~1230)와의 사이에 4남 6녀를 두었다. 아들들에게 영토를 나누어 준 것은 물론이고[2], 차녀 알라카이 베키Alakhai Beki(1191~?)에게 옹구트, 3녀 알알툰al-Altun에게 위구르, 4녀 체체이겐Checheyigen에게 오이라트, 6녀 톨라이Tolai에게 칼루크Karluk의 오르도를 다스리게 하였다.[3] 특히 알라카이는 동방교회 신자인 옹구트 왕 알라쿠츠 테긴Alaquch-tegin에게 출가하였다가, 남편이 시해되자 몽골 관습에 따라 승계자인 포야오호, 이어서 부얀시반Buyan Shiban과 결혼 관계를 유지

툴루이 칸과 왕비 소르각타니 베키(14세기 초)
(출처: Rashid al-Din, "Djami al-Tawarikh", 14세기. Jean-Paul Roux, *Genghis Khan et l'Empire Mongol*, 역사총서 "Découvertes Gallimard"(no.422)에 재수록)

하면서 20년 동안 왕국을 통치하였다.

— 소르각타니 베키와 자매들

칭기즈 칸은 케레이트족을 제압한 뒤 동방교회 교인인 토그릴의 질녀 이바카 베키Ibaka Beki를 자신의 아내로 삼았고, 그녀의 바로 아래 동생인 베추미시 베키Bektumish Beki를 맏아들 조치(1182~1227)와 결혼시켰다. 또 이바카 베키의 막냇동생인 소르각타니 베키Sorqaqtani Beki(1190~1252)를 막내아들 툴루이Tolui(1191~1232)와 결혼시켰다. 이런 혼인 관계를 통하여 그리스도교는 세계의 정복자 집안으로 들어간다. 동방교회 교인인 소르각타니는 몽골제국의 대칸 몽케(1251~1259) · 원나라의 황제가 된 쿠빌라이(1260~1294) · 이란 지역 일칸국의 칸 훌라구(1256~1265)의 어머니로서 역사상 가장 영향력 있는 몽골 여인이 되었다. 그녀는 구유크 칸Güyük Khan이 죽자 오고타이 가문을 밀어내는 데 성공하여 자신의 주도 아래 맏아들 몽케를 칸으로 뽑아 툴루이 가문을 열었다.[4]

1310년 소르각타니가 죽은 지 거의 60년이 지나 고손자 무종武宗(Külüg Khan, 1307~1311)이 이 걸출한 여인을 현의장성황후顯懿莊聖皇后로 추존하였다. 이때 수도인 칸발리크와 그녀가 묻힌 지금의 간쑤성 장예張掖의 교회당에서 동방교회 예전에 따라 종교의식이 거행되었다.[5] 소르각타니는 아들들이 장래를 준비할 수 있도록 세심하게 키웠고 외교적 수완도 대단하였다.[6]

몽골에서 여성들의 사회적 지위는 중국이나 무슬림 사회와는 비교할 수 없을 정도로 높았다. 유목민족 여성은 생활의 모든 부문에서 남성과 동등하고, 가사뿐만 아니라 가축 사육에서도 상당한 책임을 지고 있다는 사실은 지금도 그들의 생활에서 관찰된다.

— 도쿠즈 카툰과 일칸국의 왕비들

소르각타니의 사촌 도쿠즈 카툰Dokuz Khatun(?~1265)도 독실한 동방교회 신자로, 그리스도교를 보호하는 일에는 소르각타니보다 더 단호하였다. 도쿠즈 카툰은 처음에 소르각타니처럼 칭기즈 칸의 막내아들 툴루이와 결혼했지만 툴루이가 죽자, 툴루이의 아들이자 자기 사촌의 아들이기도 한, 메소포타미아의 정복자 훌라구와 재혼하였다. 도쿠즈 카툰의 질녀이며 동방교회 신자인 투키티 카툰Tuqiti Khatun도 훌라구와 결혼하였다. 도쿠즈 카툰은 남편에게 상당한 영향력을 행사하여 그리스도인에 대한 차별 조치를 철폐하도록 하고 교회당을 여러 곳에 지었는데 그 교회당에서 드린 예배에 불교 편향적인 훌라구가 참석한 적도 있었다. 그녀의 의붓아들 아바카Abaqa(1265~1282)도 동방교회 신자인 누크단 카툰Nukdan Khatun을 아내로 맞았고, 손자 아르군Arghun(1284~1291)의 왕비 우르크 카툰Uruk Khatun도 그리스도인이었다. 아르군은 아들의 세례명을 니콜라스Nicolas라고 지었으나, 니콜라스는 정치적 이유로 이슬람으로 개종하여 올제이투Oljeitu(1304~1316)라는 이름으로 통치하였다.[7]

— 그리스도인 왕자들과 고관들

바투 칸의 장자인 사르타크Sartaq, 옹구트왕국의 고르쿠즈Görgüz를 비롯해 많은 대신들과 장군들이 동방교회 교인이었고, 이들 가운데 친카이Chinkai(1171~1251?)와 카다크Qadaq(1251?)의 영향력이 막강하였다. 이 두 사람은 오랫동안 칭기즈 칸 휘하에서 장군으로 있다가 오고타이 칸Ögödei Khan과 구유크 칸 시절에는 행정관리가 되었다. 친카이는 나중에 알타이 총독이 되었고, 오고타이 때에는 국무상, 구유크 때에는 재상을 지냈으며, 중국 북부에 대한 실질적인 통치권을 행사하였다. 카다크는 오고타이 가문의 후견인으로서, 제국의 고관으로서 두각을 나타냈다. 구유크가 죽고 난 뒤 오고타이 집안과 툴루이 집안 사이에 불거진 권력투쟁에서 두 사람 모두 구유크의 미망인 오굴 키미시Oghul Qimish 편에 섰다. 하지만 몽케가 어머니 소르각타니 덕분에 권력을 잡자 이들은 1251(?)년에 처형되었다. 그러나 이 때문에 원나라에서 친카이의 후손들이 불이익을 받은 적은 없었다.[8] 동방교회 신자인 불가이Bulgai의 생애도 이와 비슷하였다. 그는 몽케 밑에서 재무대신과 내무대신으로 일하였는데, 내무대신은 대칸의 경호를 책임지는 자리였다. 무슬림 역사가 아타 말레크 주바이니Ata-Malik Juvayni(1226~1283)는 불가이가 몽케의 대관식에 '모든 대신들을 이끌고' 나타났다고 말하였는데, 바로 그가 재상이었다는 것을 의미한다.[9] 그러나 그도 친카이와 카다크처럼 몽케가 죽은 뒤에 줄을 잘못 섰다. 형 쿠빌라이 칸에 대항하다 패자가 된 동생 아리크부케 편에 섰던 것이다. 쿠빌라이 칸은 1264년 불가이를 처형하였다.

나이만족 출신의 동방교회 신자 키트부카Kitbuqa 장군도 처참하게 죽었다. 그는 훌라구 칸 휘하의 최고 지휘관으로 1258년 바그다드를 정복하고 강력한 아사신 무리를 섬멸하는 데 큰 공을 세운 뒤에 알레포와 다마스쿠스의 총독이 되었다. 그리스도인들은 키트부카와 훌라구를 600년 동안의 무슬림 압제에서 벗어나게 한 해방자로 환영하였다. 키트부카 장군의 등장은 메소포타미아와 시리아의 그리스도인들에게는 처음으로 무슬림과 대등한 권리를 가질지도 모르는 기대를 품게 하는 신호나 다름없었다. 그들은 훌라구가 그리스도인 왕비 도쿠즈 카툰의 영향을 받아 그리스도교로 개종하기를 바랐다. 억압 받던 그리스도인들로서는 키트부카가 그들을 해방시키고 앙갚음을 해 주기 위해서 아시아에서 들이닥친 위대한 인물 성 조지St. George[10]처럼 보였다. 그리스도인들은 몽골군이 바그다드와 알레포를 정복한 후 대학살을 벌일 때마다 자신들이 제외되었음을 감사한 마음으로 지켜보았다. 하지만 1260년 9월 3일 키트부카는 아인 잘루트 전투Battle of Ain Jalut에서 패배하였고, 맘루크는 여세를 몰아 다마스쿠스를 정복하고 그리스도인들을 대량으로 학살하였다.[11]

키트부카 외에도 기와르기스Giwargis, 1272년에 죽은 사우마Sauma, 요하난 테긴Yohannan Tegin 같은 장군들도 동방교회 교인이었다. 이들은 키르기스스탄 추 계곡 출신이었다. 또 다른 고관직에 있던 동방교회 교인으로 시메온 라반나타Simeon Rabbanata(?~1259)를 들 수 있다. 처음에는 토그릴 칸의 고문으로 있다가 나중에 토그릴의 질녀 소르각타니의 영적 지도자 역할을 하였다. 1233년 대칸 몽케는 그에게 그리스도인들을 관장하는 임무를 주어 아제르바이잔과 아르메니아로 보냈는데, 거기에서 비무장 그리스도인들이 학살당하는 것을 막아 냈다. 또한 그리스도인들에게 적대적인 타브리즈Tabriz에 교회를 세우고 많은 몽골인들에게 세례를 주었다. 라반나타는 로마 교황청과도 대화하려고 노력하였으나, 교황청의 교만과 아집 때문에 열매를 맺지 못하였다.[12]

원나라 때도 동방교회 신자들은, 비록 대칸의 신하로 있던 선임자들만큼 권력이 막강하지는 못하였으나 고위직을 차지하고 있었다. 몽골어로 그리스도인을 옐리커원Yelikewen이라고 불렀다. 원나라에 등용된 동방교회 신자 중 가장 중요한 인물은 시리아 태생의 의사이며 천문학자인 아이시에Ai Xieh(1227~1308)였다. 라반나타가 그를 구유크 칸에게 천거하였고, 나중에 쿠빌라이 칸이 서양 천문학과 의학을 관장하는 관서의 장으로 발탁하였다. 1284년 쿠빌라이 칸은 언어적 재능이 있던 아이시에를 일 칸 아르군이 로마의 교황에게 보내는 고위사절단의 통역관으로 보냈다. 아이시에는 일 칸 아르군이 교황 호노리오 4세Honorius IV(1285~1287)에게 보내는 국서를 휴대하고 로마로 갔는데, 거기에는 이집트를 공격하기 위한 군사동맹을 결성하자는 제안이 담겨 있었다. 귀환한 그를 1291년 쿠빌라이 칸은 그리스도교 담당 관서인 숭복사崇福司의 장으로 삼았고, 1297년에는 대신으로 삼았다. 그의 다섯 아들들도 동방교회 신자였는데 모두 고위 관리가 되었다.[13]

1276~1279년 몽골군이 남송南宋(1127~1279)을 정복하자, 동방교회는 양쯔강 하류 지역으로 교세를 크게 확장하였다. 이때 마르 사르기

스가 중요한 역할을 하였다. 그는 사마르칸트 출신으로 부친과 조부 모두 유명한 의사로 대칸 궁정과 황실에서 일하였다. 마르 사르기스는 1277~1282년 대운하의 요충인 전장 부총독으로 재임하였다. 그러나 그는 계시를 받은 뒤에 관직을 버리고 수도원을 짓는 일에 헌신하였다. 마르 사르기스는 전장 지역에 6개의 수도원을 세웠고 항구도시인 항저우杭州에도 하나를 세웠다. 또 대운하의 중요한 강변 도시인 전장 북쪽의 양저우揚州에도 동방교회 교회당 3개를 더 세웠고, 푸젠의 항구도시 자이툰Zaitun(현재 취안저우泉州)에는 6개의 교회당을 세웠다.[14]

그러나 동방교회는 시대의 도움을 받지 못하였다. 왜냐하면 쿠빌라이 칸의 뒤를 이은 황제들이 중국의 환경에 빠르게 적응했기 때문이었다. 1304년 전장의 도교 신자들이 양쯔강 남쪽에 사는 도교 신자들을 그리스도교로 개종시킨 일을 두고 동방교회 교인들을 고소하였는데 판결이 도교 신자들에게 유리하게 내려졌다. 전장의 불교 승려들도 동방교회 수도원들이 너무 흥성한 것에 동요되어 황제에게 호소한 결과 수도원을 폐쇄하라는 명이 내려졌고, 마르 사르기스가 세웠던 수도원들도 세월이 흐르자 불교 사원이 되었다.[15]

수준 높은 중국의 환경에 익숙해진 원의 황제들은 점차 쾌락주의와 불교에 빠지면서 쇠락의 길로 들어섰다. 마지막 황제 토간 티무르Toghan Timur(1333~1370)(혜종惠宗)는 1352년 남쪽에서 시작된 봉기를 무시해 버렸고, 뒤이어 오고타이 가문의 몽골 왕자 하나가 반란을 일으켜 중국이 온통 내전 상태에 빠져들었다. 이에 몽골인들을 중국 땅에서 몰아내자는 강력한 애국운동이 전국적으로 번져서, 1368년 9월 주원장朱元璋(1368~1398)(태조太祖)이 이끄는 반란군이 수도 칸발리크를 점령하였다. 자유분방하고 국제적이고 종교에 대해 관용적이었던 원나라가 망하고 고립주의적이고 국수주의적인 명나라가 들어섰다. 색목인 관리들과 군인들뿐 아니라 상인들과 승려들도 함께 추방되었다. 몽골제국의 몰락과 함께 그리스도교도 중국에서 두 번째로 사라졌다.

— 주

1 Weatherford, 2010, p.37.

2 맏아들 조치에게 러시아, 2남 차가타이에게 중앙아시아, 3남 오고타이에게 서부 몽골, 4남 툴루이에게 동부 몽골을 분봉하였다. Weatherford, 2010, p.2.

3 다른 왕비들인 예수겐Yesugen에게는 항가이 산악지대, 예수이Yesui에게는 투르강 유역, 쿨란Khulan에게는 헨티 산악지대를 오르도로 나누어 주었다. 왕가의 여인들에게 오르도를 다스리는 권한을 주는 전통은 뒷세대로도 이어져 여인들이 막강한 권한을 가지게 되었다. Weatherford, 2010, p.2.

4 Weatherford, 2010, pp.103~110.

5 Moule, 1977, p.224f.

6 Bar Hebraeus, *The Chronography of Gregory Abu'l Faraj*, 1932. Vol. I, p.398; Juvaini, Ata-Malik, *The History of the World-Conqueror*, 1958, Vol. II, p.552. [qtd. in Baumer, 2006(2016), p.216]

7 Baumer, 2006(2016), p.217.

8 Baumer, 2006(2016), p.217.

9 Baumer, 2006(2016), p.217.

10 성 조지(?~303)는 초대 그리스도교 순교자로 성인으로 추대되었다. 종교화에서 칼이나 창으로 악의 세력인 용을 무찌르는 백마를 탄 기사의 모습으로 표현되었다.

11 Baumer, 2006(2016), p.218.

12 Baumer, 2006(2016), p.218.

13 Baumer, 2006(2016), p.219.

14 Baumer, 2006(2016), p.219.

15 Baumer, 2006(2016), pp.219~220.

09

원나라 때의 그리스도교

몽골제국에는 초기부터 불교·그리스도교·무속신앙 등이 평화적으로 공존하고 있었다. 구유크 칸과 쿠빌라이 칸은 칭기즈 칸이 세운 종교정책에 따라 종교가 몽골의 지배권을 위협하지 않는 경우에 공존을 용인하였다. 루브룩은 사르타크Sartaq(1256~1257)의 궁궐 관리들이 "저희 군주께서 그리스도인이라는 말을 입 밖에 내시면 안 됩니다. 그분은 그리스도인이 아니라 모알인(몽골인)입니다."라는 경고의 말을 들었는데, 몽골인 관리들은 그리스도교 왕국Christendom을 어떤 민족의 이름으로 이해하고 있었다.[1] 다시 말하면, 몽골 군주들은 종교적 성향과는 관계없이 몽골제국의 현상 유지와 세력 확장을 최우선으로 생각하였다. 몽골제국 안에서도 다른 부족과 결혼동맹을 맺을 때 종교는 우선적인 고려 사항이 아니었으나, 교황들이 몽골제국에 국서를 보내면서 계속해서 칸들의 개종을 요구함에 따라 역설적으로 칸들에게는 그리스도교가 중요한 외교적 수단이 되었다. 몽골 칸들은 그리스도인 어머니 밑에서 자랐고 그리스도인 고문들과 고관들에 둘러싸여 있었으나, 그리스도교로부터 별다른 영향을 받지 않았고 샤머니즘과 종교적 혼합주의를 벗어나지 않았다.[2] 불교나 이슬람과 마찬가지로 그리스도교에 대해 어떠한 편애도 없었는데, 이것은 몽골제국이 '영원한 하늘(텡그리)의 제국'이었기 때문이다.

경교의 부흥

당나라 때 경교景教라고 불리던 동방교회가 원나라 때에는 크게 세 지역에 자리 잡고 있었다.[3]

첫 번째는 오늘날의 몽골과 시베리아 일부인 북방 접경 지역으로, 튀르크계와 몽골계 부족들이 살고 있었는데 이들은 이동식(게르) 교회당을 중심으로 종교 생활을 하였다. 몽골제국의 첫 수도인 카라코룸에는 동방교회 신자인 왕비들과 관리들이 살았으며, 루브룩은 그곳에서 모스크 두 곳, 불교 사원 12곳, 교회당 한 곳을 보았다고 한다.[4] 원나라 때의 영북행성嶺北行省[5]에 해당하는 지역에 12세기부터 살던 동방교회 교인들도 이 지역에 포함되는데,[6] 그들의 통치자는 1287년 쿠빌라이에 대항하여 반란을 일으킨 나얀Nayan이었다. 두 번째는 오늘날의 신장新疆·간쑤甘肅·칭하이青海·산시山西·산시陝西·내몽골 지역으로 실크로드를 따라 동방교회 교인들이 살고 있었다. 세 번째는 대운하를 따라 위치한 상업 도시들과 중국 동부 해안의 항구도시들로, 육로와 해로로 상인들이 드나들던 곳들인데 동방교회 교인들은 불교도들·무슬림 상인들과 어우러져 살고 있었다. 지배 계층인 몽골인들과 색목인들 가운데 그리스도교 신자들이 많았고, 당시 자이툰Zaitun으로 불린 취안저우泉州를 종착점으로 하는 해상 실크로드를 이용하게 되면서 바닷길을 통한 선교가 이루어졌기 때문이다.

칸발리크 부근 팡산 십자사처럼 당나라 때의 경교 교회당이 불교 사원으로 바뀌었다가 원나라 때 다시 교회당과 수도원으로 환원된 경우도 있었다. 마르코 폴로는 쿠빌라이 궁정으로 오는 여정에서 서아시아 지역의 모술·타브리즈·바그다드·(페르시아의) 사바Savah 등을 지나면서, 그리고 중앙아시아의 카슈가르·사마르칸트·탈라스를 지나 하서회

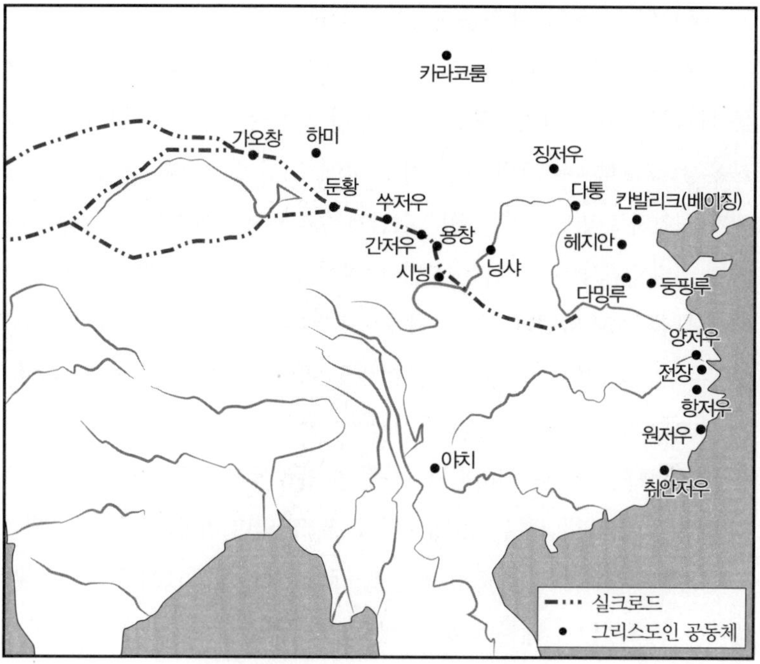

원대(1271~1368)의 동방교회 분포
(출처: Standaert, 2001)

랑河西回廊의 가오창高昌·쑤저우肅州·장예張液를 거치면서, 또 카라코룸과 몽골 초원 북방의 메르키트족 거주지를 지나 양저우凉州·닝샤寧夏·후허하오터呼和浩特로 오는 길에서 동방교회 교인들 만났다고 말한다.[7] 그는 중국 각지를 여행하면서 윈난성雲南省 다리大理·장쑤성江蘇省 가오유高郵·전장鎭江·항저우杭州·푸젠福建에 그리스도인들이 살고 있는 것도 보았다.[8] 이처럼 원나라 때의 그리스도교 공동체들은 중앙아시아와 중국 북부를 잇는 주요 교역로와 대운하와 해안지대의 주요 항구들을 따라 자리 잡고 있었다.[9]

국가의 보호와 관리를 받은 동방교회

1289년 쿠빌라이 칸이 그리스도교를 전담하는 기관인 숭복사崇福司를 설치할 정도로 그리스도교는 크게 번창하였는데,[10] 1311년에는 야리가온장교사也里可溫掌教司라는 관청이 전국에 72곳 있었으며, 동방교회 사제가 책임자로 있었다.[11] 실제로 취안저우와 원저우溫州라는 두 항구도시에는 시박제거사市舶提舉司라는 항만 관리 기구와 야리가온장교사가 하나의 건물을 쓰고 있었다. [아직까지 동방교회의 흔적을 찾아내지는 못하였으나] 항저우杭州·간푸澉蒲·닝보寧波·광둥廣東에도 이런 기구들이 있었을 것이다.

동방교회 신자인 아랍인 아이시에Ai Xue(애설愛薛)가 숭복사 책임자[장영마아합석掌領馬兒哈昔]로 일하다가, 아들인 엘리야Yeliya(야리아也里牙)가 뒤를 이었다. 마지막 책임자는 1358년까지 재임하였던 마르 모세Mar Moses(마모화자馬某火者)였다.[12] 교회 조직과는 별도로 국가가 동방교회 교인들을 관리하고 보호하였기 때문에 도교 신자들과 불교 신자들의 불만이 커서 종교인들 사이에 갈등도 적지 않았는데, 이러한 반발은 원나라의 국력이 약해지면서 더욱 심해졌다.[13]

1313년에 세워진 동방교회 주교 마르 실레문Mar Silemun의 비석에는 그가 양쯔강 이남의 마니교도와 그리스도인 관할 책임자라고 새겨져 있다. 이것은 당시에 동방교회 사제 또는 다른 종교의 사제가 개인의 신앙과는 관계없이 국가의 종교 행정을 맡고 있었다는 증거이다. 같은 해에 선종한 동방교회 주교 마르 솔로몬Mar Solomon의 비석도 남아 있는데, 거기에는 '강남의 마니교와 동방교회의 지도자'라고 새겨져 있다. 천 년이 넘도록 경쟁 관계였던 동방교회와 마니교의 공동체를 동방교회 주교가 같이 돌보았다는 사실이 무척 놀랍다. 마르코 폴로는 1292년쯤 삼촌 마페오Maffeo와 함께 취안저우에서 북쪽으로 100km 떨어진 푸저우福州 근처에서 낯선 종교를 믿는 사람들을 만났는데 이들이 [구약성경] 시편을 읽고 있었다고 하였다[아마도 유대교 신자들이었을 것이다.]. 이들을 그리스도인이라고 본 마르코 폴로는 그들에게 수도(칸발리크)에 그리스도인 등록을 하면 특전을 받을 수 있다고 귀띔해 주었다.[14]

— 교세

원나라 영토 안에는 두 곳의 동방교회 대교구가 있었다. 하나는 탕구트西夏(1038~1227) 대교구로, 대주교좌를 닝샤에 두었으나 곧바로 알말리크에 통합되었다. 다른 하나는 원나라 건국 이전부터 중국 전체를 관장하던 칸발리크 대교구였다. 순례에 나섰던 라반 사우마는 1248년 칸발리크에서 마르 기와르기스Mar Giwargis 대주교에게서 사제 서품을 받았으며, 사우마와 함께 순례에 나섰다가 동방교회 총대주교가 된 마르코스Marcos도 1263년 칸발리크 대주교인 마르 네스토리우스Mar Nestorius에게서 사제 서품을 받았다. 원나라가 남송을 차지한 뒤에는 칸발리크 대주교가 중국 남부를 함께 관할하였고, 14세기 중엽에는 알말리크까지도 칸발리크 대교구의 관할 지역에 편입되었다.[15]

1292년 마르코 폴로는 취안저우에서 고향 베네치아로 향하는 배를 탔다. 이 국제도시에서 중국인들은 버마·자바Java·수마트라Sumatra·이란·서아시아·유럽에서 온 상인들과 만났으며, 이들 가운데는 동방교회 교인·아르메니아교회 교인·가톨릭교회 교인 등 여러 교파의 신자들이 뒤섞여 있었다. 그리스도인 묘비들이 취안저우에서는 물론이고, 양저우揚州 같은 남부 도시들에서도 발견되고 있다. 제단 모양을 한 묘석들도 있었고, 박공지붕의 석관 뚜껑에다 연꽃 위에 십자가를 조각한 것들도 있다. 새겨진 문자를 보면 한자·시리아문자·튀르크문자·파스파

Phagspa문자 · 몽골문자 · 위구르문자 · 라틴문자 등 무척 다양하다. 어떤 동방교회 신자의 비석에는 시리아문자로 삼위일체 신조도 새겨져 있다. 튀르크-몽골계 동방교회 신자들이 사용한 언어는 보통 튀르크어였으나, 바닷길을 통해 들어온 동시리아 출신 상인들은 시리아어나 아랍어를 사용하였기 때문에 취안저우에 있는 그리스도교 신자라고 하면 대부분이 튀르크인과 몽골인 상인들이었을 것이다.[16]

취안저우에 있던 여섯 군데나 되는 동방교회 교회당들은 명나라가 들어선 1368년이 지나자 완전히 허물어졌고, 교인들의 무덤들도 파헤쳐졌으며, 묘석들은 성곽의 자재로 사용되었다. 20세기 초에 개발을 위해 취안저우 성벽을 허물다가 무슬림들과 그리스도인들의 묘석들이 돌무더기 밑에서 무더기로 발견되기 시작하였다. 지금까지 발견된 무슬림들의 묘석이 100개가 넘고, 그리스도인들의 것은 45개쯤 된다.[17] 중국 역사상 가장 폐쇄적인 왕조였던 명나라는 몽골인들을 추방하고 난 뒤에 외래 종교를 말살하는 정책을 폈다. 외국인 성직자들은 쫓겨났고 외래 종교의 시설은 모두 파괴되어, 동방교회는 중국 땅에서 완전히 사라지고 지금은 희미한 흔적만 남아 있다.

— 가톨릭교회의 선교

라반 사우마의 유럽 여행이 중국의 동방교회에 부정적인 영향을 미쳤다는 것은 참으로 불가사의한 일이다. 사우마가 1288년 로마에서 교황 니콜라오 4세Nicolas IV(1288~1292)를 만나 중국에 그리스도인이 많다고 하자, 교황은 1289년 프란체스코회의 몬테코르비노의 요한John of Montecorvino(1247~1328)을 중국에 선교사로 파송한다.[18] 가톨릭교회가 동방교회 지역으로 진출해서 이교도가 아니라 동방교회 교인들을 상대로

경쟁적으로 선교 활동을 벌이는 비극이 시작되었다.[19]

프란체스코회는 중국 땅에서 옹구트왕국·동방교회 대주교가 주재하는 칸발리크·동방교회 부주교가 주재하는 자이툰 등 세 곳을 선교의 거점으로 삼았다. 요한 주교는 옹구트왕국의 고르쿠츠 왕을 개종시킨 뒤인 1293~1294년에 왕국의 수도(현재 네이멍구자치구 올론숨)를 첫 번째 거점으로 삼아 활동하였는데, 교황에게 보낸 보고서에서 가톨릭으로 개종한 왕자가 자신의 이름을 따라 요한이라고 작명하였다고 하였다.[20] 고르쿠츠의 도움으로 요한 주교는 아시아 최초의 가톨릭 성당을 옹구트왕국에 짓기도 하였으나,[21] 1298년 왕이 죽자 개종자들은 모두 동방교회로 복귀하였다.[22] 요한 주교는 주교좌가 있는 칸발리크와 옹구트왕국의 수도 사이의 거리가 너무 멀어 적은 수의 사제들로는 관리를 제대로 할 수 없어 이런 상황이 발생한 것이라고 변명하였다. 이에 교황 클레멘스 5세Clement V(1305~1314)는 일단의 사제들을 증파하여 중국 선교를 돕도록 조치하는 한편, 요한 주교를 대주교로 승진·서품하였다. 1299년과 1307(?)년에 칸발리크에 성당 두 곳이 문을 열었고,[23] 1318년에는 세 번째 성당이 건립되었다. 1342년에는 칸발리크에 주교좌성당·주교관과 다른 지역에도 성당 여러 곳이 완공되었다.

푸젠성에도 성당 세 개가 있었다. 첫 번째는 아르메니아 귀부인의 헌금으로 지은 것이고,[24] 두 번째는 1322년 안드레아 다 페루기아Andrea da Perugia 신부의 주도로 수도원과 함께 지은 것이며,[25] 세 번째는 성당과 더불어 외국 상인 숙소로 지은 것이었다. 1324년 포르데노네의 오도릭Odoric de Pordenone[26]이 항저우와 양저우에 있는 선교관에서 묵은 적이 있다. 그러나 1347년에 마리그놀리의 조반니Giovanni de Marignolli[27] 신부가 양저우를 지날 때 이 성당은 비어 있었다. 가톨릭은 1368년 명나라의 등장 이후부터 1583년 마테오 리치Matteo Ricci(1552~1610)가 중국 땅을 밟을 때까지 200년 넘게 중국에서 자취를 감추었다.

— 동서양을 오간 여행자들

13세기 중반부터 교황들과 서유럽의 왕들은 교착 상태에 빠진 십자군전쟁을 승리로 이끌려고 전설 속의 사제왕과 접촉을 시도하였다. 이 때문에 공식 또는 비공식 외교 사절들과 상인들이 유라시아에 걸친 제국을 건설한 몽골(몽골제국과 원나라)의 핵심부를 찾기 시작하였다. 기록을 남긴 여행자들 가운데 마르코 폴로를 제외하면 모두가 가톨릭교회 사제인 이들이 동서양 사이의 문화 교류와 상호 이해에 물꼬를 텄다. 또 이들을 통해 13~14세기에 중앙아시아와 동아시아에서 그리스도교가 얼마나 전파되었는지도 알게 되었다.

교황과 프랑스 왕의 사절들

교황 인노첸시오 4세Innocent IV(1243~1254)와 프랑스 국왕 루이 9세Louis IX(1226~1270)는 십자군전쟁에서의 승리를 위해 네 차례에 걸쳐 몽골제국의 대칸과의 직접 접촉을 시도하였다. 1245년 프란체스코회 수사 포르투갈의 로렌트Laurent of Portugal[28]를 사절로 보냈으나 그는 카스피해 근처 몽골군 진영까지 간 것이 전부였다. 하지만 같은 해에 출발한 플라노 카르피니의 요한이 킵차크칸국Kipchak Khanate(1243~1502)을 건국한 바투 칸Batu Khan(1227~1255)을 처음으로 만났으며, 1246년 늦여름에는 카라코람에 도착하여 대칸 구유크의 즉위식에 참석하였다. 요한은 대칸 진영에 그리스도인들이 많다는 사실뿐 아니라 그들이 최고위직에 포진하고 있다는 사실을 알고 크게 놀랐다. 1248년 구유크가 승하하자 유럽은 전화戰

禍를 피할 수 있었는데, 후계자인 몽케 칸과 쿠빌라이 칸이 영토 확장의 무게를 서쪽이 아니라 동쪽에 두었기 때문이었다.

1247년 도미니크회의 크레모나의 아셀린Ascelin of Cremona과 성 쿠엔틴의 시몬Simon of St Quentin은 아르메니아까지 가서 몽골군 서아시아 사령관 엘지기데이Eljigidei[29]를 만났는데, 엘지기데이는 교황에게 보내는 편지를 주어 그들을 돌려보냈다.[30] 1249년 여름 엘지기데이는 바그다드 공격을 계획하여, 프랑스 왕 루이 9세에게 사절을 보내 군사동맹을 제안하면서 십자군 관할 지역의 모든 그리스도인들을 보살펴 달라는 청도 함께 하였다. 사절이 루이 9세에게 구유크 칸의 어머니인 토레케네가 그리스도인이라고 말하자, 왕은 도미니크회 수사 롱쥐모의 안드레Andrew de Longjumeau를 사절로 보낸다. 그는 1246~1247년에 타브리즈를 거쳐 엘지기데이를 만난 다음 대칸에게로 갔다. 1250년 카라코룸에 도착한 안드레는 승하한 대칸 구유크의 황비 오굴 키미시를 만났는데, 당시 그녀가 섭정하고 있었다. 그녀는 냉정하게 군사동맹을 거부하였고, 오히려 공물을 바치라고 요구하였다.[31]

루이 9세는 오굴 키미시에게 모욕을 당했음에도 불구하고 프란체스코회 수사 루브룩의 윌리엄을 대칸에게 다시 보냈다. 1253년 여름 볼가강변 킵차크칸국 영토에서 루브룩은 바투 칸의 장자이자 그리스도인인 사르타크를 만났는데, 사르타크는 몇 년 뒤 무슬림인 삼촌 베르케Berke(1257~1266)에게 독살당하고 만다.

루브룩은 1254년 상반기를 몽골인들과 함께 지냈다. 처음에는 몽케의 이동식 군막에서, 그 다음에는 수도 카라코룸에서였다. 이곳에서 동방교회 교인인 관리들이 그를 따뜻하게 맞아 주었다. 그들은 그리스도인 모두에게 열린 성찬에 가톨릭 사제인 루브룩을 초대하였다. 뿐만 아니라 루브룩에게 교회당 사용을 허락했으므로 그는 세 어린이들에게 세례를 줄 수 있었다. 동방교회 교인들은 부활절에 모든 교파의 그리스도인들(아르메니아인들·그루지야인들·알란인들·러시아인들·헝가리인들·서유럽인들)을 초대하여 함께 예배를 드렸다.[32]

대칸 몽케(1251~1259)가 1254년 성령강림절에 그리스도인들·무슬림들·불교 신자들·위구르의 마니교인들에게 신학 논쟁을 벌이라는 명을 내리자, 동방교회 교인들이 루브룩을 자기네 대변인으로 뽑은 것을 보면 그들은 루브룩과 연대감을 가졌던 것 같다. 동방교회 사제들은 하나님의 유일성을 옹호할 때는 무슬림들과 한패가 되어 불교를 공격하였다. 그런 뒤에 동방교회 사제들은 마니교인과 무슬림을 상대로 논전을 벌였다. 이어서 찾아온 성령강림주일에 몽케는 루브룩과 불교 지도자들을 불러 자신의 종교관을 다섯 손가락에 비유하여 피력하였다.[33] 루브룩은 정치적 문제에 대해서는 임무를 제대로 수행하지 못하였다. 몽케 칸이 루이 9세에게 보낸 편지에서 구유크 칸의 요구를 반복하고 있었기 때문이다.[34]

몽케 칸은 루이 9세가 제안한 반무슬림 연합전선에 대해서는 전혀 언급하지 않았다. 몽골군은 여전히 천하무적이었고, 몽케의 동생 훌라구가 쉴 새 없이 무슬림 군대를 몰아붙이고 있었다. 실제로 몽골군은 1256~1257년 '아사신Assassin[이스마일파의 한 파인 니자르파에 대해서 주로 유럽인이 사용한 호칭]'의 요새를 휩쓸어 버렸고, 1258년에는 바그다드를 정복하였으며, 이어서 다마스쿠스를 무너뜨렸고, 가자Gaza를 압박하고 있었다. 그런데 생각하지도 못한 일이 벌어졌다. 몽케 칸이 죽었고 킵차크칸국이 이란 북쪽 국경을 위협하고 있었던 것이다. 1260년 훌라구는 병력 대부분을 끌고 이란으로 회군하면서, 동방교회 신자인 키트부카 장군과 약간의 병력을 남겨 두었다. 십자군이 도와주기만 하면 남겨 둔 병력으로 이집트의 맘루크 군대를 견제할 수 있으리라고 보았던 것이다. 하지만 십자군 지도자들은 공동의 적인 이슬람 군대와 맞서고 있던 그리스도인 몽골 장군과 연합전선을 펴는 대신, 자신들의 통치 지역을 통과할 수 있도록 바이바르스Baibars에게 진격로를 열어 주었다. 바이바르스는 아인 잘루트에서 키트부카 군대를 손쉽게 섬멸하였고 일칸국은 수세에 몰렸다. 무슬림의 아인 잘루트 승리는 동방교회에게는 두고두고 재앙이 되었다.[35]

아르메니아 왕 헤툼

소아르메니아왕국Armenian Kingdom of Cilicia(1080~1375)은 아르메니아인들을 중심으로 1080년에 루베니드Rubenid왕조가 세운 나라로, 아르메니아 사도교회Armenian Apostolic Church를 국교로 삼았으며 십자군의 강력한 동맹이었다. 1226년 몽골은 서아시아를 차지하면서 이집트의 맘루크 왕조와 대치한다. 두 강대 세력 사이에 끼어 있는 그리스도교 국가인 소아르메니아왕국으로서는 서유럽에서 십자군에 대한 열기가 식어 가자 살아남기 위해 몽골과의 제휴를 모색하지 않을 수 없었다. 소아르메니아왕국 헤툼 1세Hethum I(1226~1270)는 1254년 몽골과의 동맹을 강화할 목적으로 중앙아시아를 관통하는 여행길로 카라코룸에 도착하여 몽케 칸을 알현하였다. 그곳에 머물면서 아르메니아왕국의 왕이라는 임명장과 함께 조공을 감면해 준다는 대칸의 칙령을 받고, 또 성직자들에게는 어떠한 부담도 지우지 않는다는 보장을 받은 후 귀로에 올랐다. 소아르메니아왕국의 군대는 1258년 몽골군을 도와 바그다드를 점령하였고, 1260년에는 알레포와 다마스쿠스도 점령하였다. 헤툼의 여행기를 보면 왕을 수행하였던 주교가 몽케 칸과 궁궐에 있던 사람들 모두가 세례를 받았고 많은 몽골 귀족들도 이에 동참하였다고 하였다.[36] 그러나 이것은 그들 모두가 그리스도인이라는 의미가 아니라 일종의 정화의식에 참석했던 것으로 보아야 할 것이다.

라반 사우마

사제왕 요한에 관한 전설이 절정으로 치달을 무렵, 루브룩이 귀환한 뒤인 1287년, 나폴리 항구에 상륙한 여행자들 가운데에는 성지 예루살렘을 십자군과 몽골군이 힘을 합쳐 맘루크에게서 탈환하자는 제안을 하러 온 일칸국의 사절 라반 사우마Rabban Sauma가 있었다. 많은 사람들이 그를 아시아의 마르코 폴로라고 부르는데, 우연하게도 같은 시기에 마르코 폴로 일행도 중국 땅에 머물고 있었다.[37] 동방교회 사제인 라반 사우마는 칸발리크를 떠나 바그다드·콘스탄티노플·로마·프랑스를 여행하면서 교황과 프랑스·영국의 왕들을 만났다. 그는 칸발리크에 사는 위구르인 부제副祭의 아들로,[38] 칸발리크 근처 팡산房山의 교회당과 가까운 동굴에 은둔하였다. 몇 년이 지나 마르코스라고 하는 동방교회 올론숨 부주교의 아들이 사제가 되겠다는 뜻을 품고 은둔처로 찾아왔다. 1263년 마르코스도 사제로 서품되어 수도원에서 스승과 함께 살았다. 15년쯤 지나 두 사람은 메소포타미아에 있는 성자들과 총대주교들 무덤에 참배하고 예루살렘에 갈 목적으로 순례를 떠나게 된다. 두 수도사는 마르코 폴로의 발자취를 따라 탕구트·호탄·카슈가르, 또 7개 강들이 흐르는 지역에 있는 탈라스와 호라산의 투스를 거쳐 마라가에 도착해서 총대주교 마르 딩하 1세Mar Dinkha I(1265~1281)를 만났다. 그들은 여행을 계속하여 메소포타미아에 있는 유명 수도원들과 성지들을 둘러보았으나, 일칸국의 서쪽 국경이 위험한 상태여서 최종 목적지인 예루살렘까지 갈 수 없었다.

1280년 총대주교 마르 딩하 1세는, 마르코스를 카타이와 옹 대교구(북부 중국과 옹구트 지역)의 책임자로, 라반 사우마를 총대주교 대리로 삼아 각자의 고향으로 돌아가 성무에 종사하라고 명하였다. 그리고 마르코스에게 '야발라하Yahballaha'라는 새 이름을 주었는데, 그것은 '하늘이 내린'이라는 뜻이다. 두 사람은 중앙아시아의 전황이 악화되어 귀향길이 막히자 모술 근처 한 수도원에서 길이 뚫리기를 기다렸다. 그 사이에 총대주교 마르 딩하가 선종하였고 튀르크-몽골계인 야발라하가 총대주교로 선출되었다. 일 칸 아바카Abaqa(1265~1282)는 대칸 몽케가 총대주교의 권위를 인정하는 증표로 내린 인장을 그에게 주는 것으로 선출을 인정하였다. 새 총대주교 마르 야발라하 3세가 자리에 오른 때는 1281년 11월 2일이었다.

1287년 아르군 칸이 마르 야발라하 3세Mar Yahballaha III에게 서유럽으로 보낼 사절로 누가 적합한지를 묻자, 그는 스승이며 한때 길동무였던 라반 사우마를 천거하였다. 라반 사우마가 로마에 도착하였을 때 교황 호노리오 4세Honorius IV(1285~1287)가 선종하였으므로 추기경들이 대신해서 그를 맞았다. 그는 추기경들에게 동방교회 사절단이 온 목적을 말하면서 튀르크-몽골계와 중국인들 가운데 그리스도인이 많으며, 왕비들과 젊은 왕자들 여럿도 그리스도인이라고 말하였다. 그 뒤에 신임 교황 니콜라오 4세를 만났는데, 이를 계기로 교황은 가톨릭의 중국 선교에 관심을 갖게 되었다.[39] 라반 사우마는 이어서 파리로 가서 프랑스 국왕 필리프 4세Philippe IV(1285~1314)를 만났고, 보르도에서는 영국 왕 에드워드 1세Edward I(1272~1307)도 만났다. 두 왕들은 몽골 사절을 정중하게 맞았지만, 십자군을 서아시아로 다시 보내는 일은 꿈도 꾸지 않았다. 예루살렘을 정복한다면 아르군 칸이 그곳에서 세례를 받겠다고 약속했지만 아무런 소용이 없었다.[40]

라반 사우마는 처음 로마에 갔을 때 추기경들이 모인 자리에서 양성론兩性論 신조를 나무랄 데 없이 펼쳤다.[41] 이러한 그리스도론은 가톨릭교회 입장에서는 이단의 냄새가 났지만, 추기경들은 라반 사우마에게 '필리오케filioque(성령은 누구에게서 발출되는가에 관한 문제)'에 대한 질문을 던졌다. 그는 종교 문제를 토론하거나 가르치려고 온 것이 아니라 주군과 동방교회 총대주교의 말씀을 전하기 위해 왔다는 말로 즉답을 피하였다.[42] 반년이 지나 라반 사우마는 참담한 심정으로 로마로 되돌아왔는데, 프랑스 왕이나 영국 왕이 몽골군과 합세해서 예루살렘을 정복하자는 제안에 구체적인 관심을 보이지 않았기 때문이다. 교황 니콜라오 4세는 이 몽골 총대주교 대리에게 수난주간에 열리는 모든 예배에 참석하도록 허락하였고, 또 동방교회 예전에 따라 로마의 성당에서 미사를 올리도록 했지만 군사동맹에 관해서는 아무런 언질도 하지 않았다. 라반 사우마는 1294년 바그다드에서 선종하였다.

— 주

1 Rubruck, 1990, p.120.
2 Gillman and Klimkeit, 1999, p.290.
3 Standaert, 2001, pp.80~82.
4 Dawson, 1980(1955), p.184.
5 원나라 때 설치되었던 10개 행중서성行中書省(1급 행정구) 가운데 하나이다. 내몽골 북부, 몽골 전역과 시베리아 남부를 관할하였다.
6 Standaert, 2001, p.66, p.80.
7 Polo, 1938, Chaps 24, 26, 28, 31, 51~52, 58~62, 71~73; 에바히스트 헤지 육 지음, 김지인·안경덕·김상근 옮김, 2020, pp.332~333.
8 Polo, 1938, Chaps 118, 141, 149, 152, 156.
9 Standaert, 2001, pp.109~111.
10 Yin, 2016, pp.313~314.
11 원대에 종교 문제를 다루는 중앙 행정 기구로 선정원宣政院·집현원集賢院·숭복사崇福司가 있었다. 선정원은 종교 문제를 포함한 티베트 문제를 전담하는 기관이었고, 집현원은 도교를 관장하는 기관이었는데, 이전 왕조에도 있던 기구였다. Yin, 2016, pp.311~329.
12 Yin, 2016, pp.314~317.
13 Standaert, 2001, p.87.
14 Polo, 1938, Chap 156.
15 Standaert, 2001, p.85.
16 Baumer, 2006(2016), pp.220~221.
17 Baumer, 2006(2016), p.220.
18 에바히스트 헤지 육 지음, 김지인·안경덕·김상근 옮김, 2020, pp.333~341.
19 Baumer, 2006(2016), p.203.
20 Dawson, 1980(1955), p.225ff.
21 Halbertsma, 2008, p.25.
22 Dawson, 1980(1955), p.226.
23 Dawson, 1980(1955), p.229.
24 에바히스트 헤지 육 지음, 김지인·안경덕·김상근 옮김, 2020, pp.341~345.
25 Dawson, 1980(1955), p.236.
26 포르데논의 오도릭(1265?~1331)은 1318~1329년에 중국에서 활동하였다. 에바히스트 헤지 육 지음, 김지인·안경덕·김상근 옮김, 2020, pp. 345~355. Yule, 2001, Part 3, Chap 35 참조.
27 마리그놀리의 조반니(1290?~1360?)는 베네딕투스 12세Benedict XII(1334~1342)

가 중국에 파송한 프란체스코회 수사이다. 1338~1353년에 활동하였다.

28 Dawson, 1980(1955), xviiin.

29 Rubruck, 1990, pp.33~38.

30 Rubruck, 1990, pp.13~14.

31 Baumer, 2006(2016), pp.213~214.

32 Rubruck, 1990, p.213.

33 Rubruck, 1990, pp.226~235.

34 Rubruck, 1990, p.250.

35 Grousset, 1970, p.363ff.

36 1305년, 교황 클레멘스 5세의 명으로 왕의 사촌인 프레몽스트랑Premonstrant 수도회의 헤툼이 기록한 왕의 여행기는 영어로도 번역되었다. Emil Bretschneider trans., 1888. *The Journey of Haithon, King of Little Armenia, To Mongolia and Back*, facsimile reprint 2005, Elibron Classics.

37 Halbertsma, 2008, p.24. 마르코 폴로가 구술하였다고 하는 『동방견문록』은 그 진실성에 관해 여러 가지 논란이 있지만 원나라 시대의 아시아 내륙과 동아시아의 그리스도교(동방교회) 실태에 관해서 비교적 정확히 기술하였다고 평가받는다.

38 라반 사우마와 총대주교 마르 야발라하 3세의 일대기는, 1320~1330년쯤 아마도 총대주교 후계자였으며 당시 아르빌 대주교인 마르 유십Mar Yusip이 쓴 것으로 추정된다. 영문 번역으로는 Montgomery, James A., *The History of Yaballaha III, Nestorian Patriarch, and of His Vicar Bar Sauma, Mongol Ambassador to the Frankish Court at the End of the Thirteenth Century. Trans from the Syriac and Annotated*, 1927; Rossabi, M., *Voyage from Xanadu*, 1992 등이 있다.

39 이 일이 있은 뒤에 칸발리크로 파송된 몬테코르비노의 요한 주교는 동방교회와 커다란 불화를 일으켰고 선교의 경쟁자가 된다.

40 Klein, 1995, pp.220~233.

41 Rossabi, 1992, p.124.

42 Rossabi, 1992, p.125.

IO

일칸국에서의 동방교회

톨루이와 소르각타니의 셋째 아들 훌라구는 형 쿠빌라이 칸의 명에 따라 지금의 이라크·이란 지역을 점령하여 일칸국을 세우고, 스스로를 일칸이라고 자처하면서, 이슬람 세계·그리스도교 세계와 활발히 접촉하였다. 이 시기에 동방교회는 성청을 일칸국의 수도를 따라 옮기면서[1] 몽골인 총대주교 야발라하 3세를 정점으로 명운을 건 생존 투쟁을 벌였다. 동방교회가 탄생한 메소포타미아 지역을 사이에 두고 중앙아시아 세력과 이슬람 세력이 동서로 대치함에 따라, 마침내 이곳에서 동방교회의 명운이 결정된다.

— 이슬람과의 갈등과 몽골인 총대주교

1265년 훌라구 칸과 도쿠즈 카툰이 죽자[2] 억눌려 있던 무슬림들이 움직이기 시작하였다. 1268년에는 동방교회 총대주교가 한 무슬림에게 세례를 주려다 공격을 당하는 일이 벌어졌다. 총대주교는 결국 이 폭동을 피해 바그다드를 떠나 아르벨라 요새로 옮겨 갔으나, 계속된 무슬림들의 공격에 총대주교는 이란 쪽의 아제르바이잔으로 근거지를 다시 옮겼다. 하지만 일 칸 아바카(1265~1282)[3]와 아르군(1284~1291) 때에는 국내외의 정치적 상황과 그리스도인 왕비를 둔 덕분에 동방교회에 호의적이었

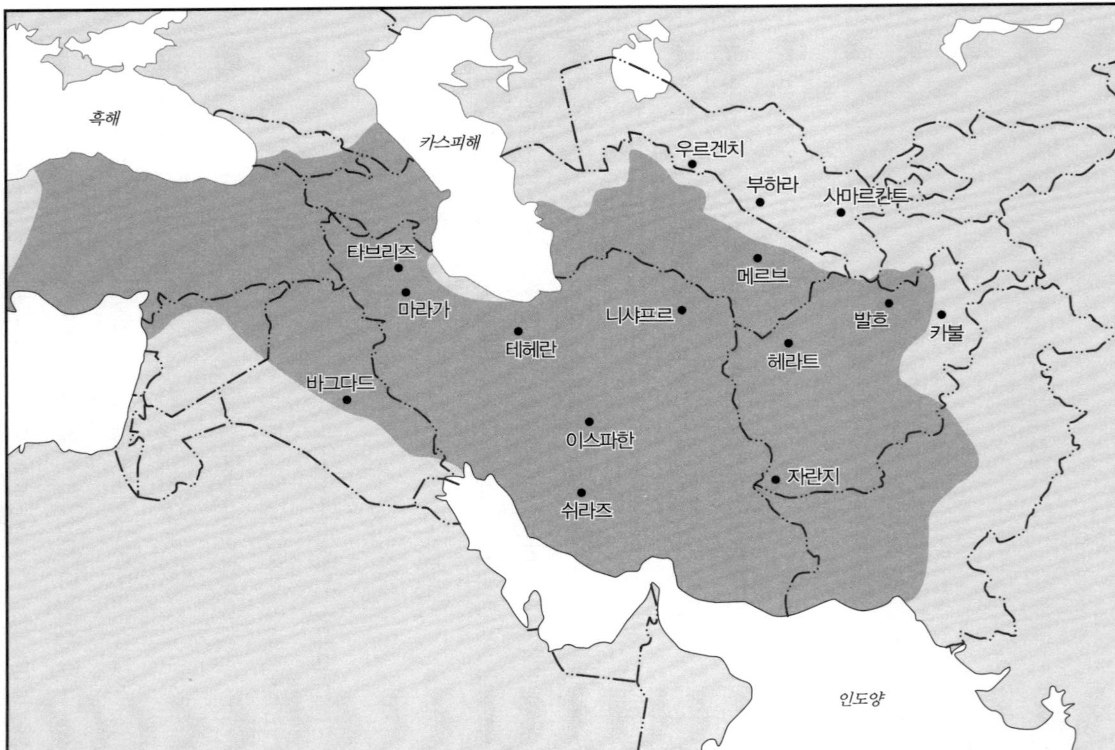

일칸국(1256~1353)

다. 두 칸 모두 조지아의 봉신들에게 아랍어로 '유일하신 하나님, 성부·성자·성신의 이름으로'라는 삼위일체 교리를 담은 문구와 함께 십자가가 새겨진 동전을 주조하도록 허락했던 것이 그 증거이다.[4]

1281년 몽골인인 마르 야발라하 3세가 총대주교로 선출되어 이후 40년 가까이 시련과 혼란의 시기를 이끌었다. 몽골인 총대주교가 등장한 직후에 니콜라스Nicolas라는 세례명을 가졌던 아바카의 동생 테구데르Taqudar(1282~1284)가 이슬람으로의 개종을 선언하고 이름도 아메드Ahmed로 바꿨다. 그는 불교와 그리스도교를 탄압하면서 총대주교까지 잡아들였으나 총대주교는 동방교회 신자인 태후 쿠투이 카툰Qutui Khatun 덕분에 목숨을 부지할 수 있었다. 동방교회 교인들과 몽골 귀족들은, 아메드가 이슬람으로의 개종을 강제하자 1284년 반정을 일으켜 아바카의 아들 아르군을 칸으로 옹립하고 아메드를 사형에 처하였다. 아르군 칸은 무슬림 반란을 진압하였고, 동방교회와 그리스도인들에게 마지막이지만 짧은 평화의 시기를 선물하였다. 야발라하 3세는 반역자들과 연루되었다는 혐의를 받았으나 간신히 죽음을 면한 다음, 아르군 칸의 존경을 받으며 가까운 사이가 되었다. 그는 성청을 마라가로 옮기고 아메드가 파괴한 교회당들을 재건하였다.[5]

아르군 칸이 그리스도인들을 총애하는 가운데 1285년과 1286년에 모술에서 반그리스도교 폭동이 터졌다. 이것은 국가의 보호가 없다면 그리스도인들에게 무서운 운명이 닥친다는 의미였다. 게다가 아르군 칸이 죽고 나자 유대인들에 대한 박해가 시작되었고, 왕위 계승을 둘러싼 분쟁 끝에 아르군의 아들 가잔Ghazan(1295~1304)이 왕위에 올랐다.

쿠빌라이 칸이 붕어한 지 1년 뒤에 왕좌에 오른 가잔은 이슬람으로 개종하였다. 가잔의 개종으로 중앙아시아의 여러 곳에서 이슬람을 받아들이게 된 셈이었다. 그리스도인들에 대한 몽골 칸들의 보호막이 걷히자 일칸국에서도 그리스도인들은 무슬림들의 앙갚음의 대상이 되었다. 가잔은 그리스도인들에게 '지즈야'를 다시 부과하였고, 교회당들을 불태웠다. 1310년과 1317년에는 아르빌과 아미다Amida에서 엄청난 그리스도인 학살이 자행되었다. 심지어 아녀자들까지도 죽임을 당하거나 노예가 되었으며, 살아남은 그리스도인들은 도시를 떠나 시골과 산중으로 피신하였다. 이로써 이란과 메소포타미아에 사는 그리스도인들에게 지옥 문이 열렸고, 그 문틈으로 학살자 티무르가 밀고 들어왔다.

— 서유럽과의 군사동맹 추진

훌라구를 계승한 일 칸 아바카가 팔레스타인에 대한 유럽의 무관심에 다시 불을 붙이려고 1267년과 1269년에 두 차례나 교황에게 사절을 보냈다. 프랑스 왕 루이 9세가 이끄는 8차 십자군이 팔레스타인이나 시리아가 아닌 튀니지Tunisia에 상륙한 것은 몽골군에게는 전혀 뜻밖의 일이었다. 그럼에도 불구하고 아바카 칸은 1274년 제2차 리옹공의회에 사절을 다시 파견하였다. 몽골의 군사동맹 제안은 포위된 십자군들을 구할 수 있는 마지막 기회였다. 하지만 교황 그레고리오 10세Gregory X(1271~1276)는 아바카 칸에게 긍정적인 답을 주지 않았다. 1276년과 1277년에 아바카 칸은 교황, 영국 왕 에드워드 1세, 아라곤 왕 하이메 2세Jaime II(1291~1327)에게도 각각 편지를 보냈으나 누구에게서도 회신을 받지 못하였다.[6]

아바카의 후계자인 아르군도 1281년 시리아 탈환에 실패한 뒤, 외교적 노력을 시작하였다. 아르군 칸은 1285년 교황 호노리오 4세에게 첫 사절을 보내어, 이집트 협공을 위한 군사동맹을 모색하였다. 아르군 칸은 2년 뒤에 총대주교 마르 야발라하 3세의 건의를 받아들여 총대주교 대리 라반 사우마를 서유럽에 특사로 보냈으나 아무런 성과도 얻지 못했다.[7]

아르군 칸은 1290년 제노바 출신의 부스카렐 드 기솔프Buscarel of Gisolf[13세기 페르시아 몽골(일칸국)에 정착한 유럽인]를 유럽에 보내어 프랑스의 필리프 4세와 영국의 에드워드 1세에게 구체적인 정복계획을 설명하라고 명하였다. 몽골문자와 위구르문자로 쓴 국서에서 아르군 칸은 라반 사우마 사절단을 언급하면서, "하늘에 맹세코, 임진년 겨울의 마지막 달(1291년 1월)에 몽골군은 진격을 개시하여 이듬해 봄의 첫 달 보름(1291년 2월 20일) 무렵까지 다마스쿠스 앞에 진영을 설치할 것이다. 만약 이날까지 왕들이 군대를 보낸다면, 하늘의 도우심으로 무슬림들을 무찌르고 예루살렘을 차지할 것이다. 그리되면 몽골군은 예루살렘을 유럽 왕들에게 넘겨주겠다. 만약 군대가 늦게 도착한다면 이런 계획이 무슨 소용이 있겠는가?"[8]라고 말하였다. 그러나 역시 결정적인 대답을 듣지 못한 아르군 칸은 네 번째이자 마지막으로 그리스도인 관리인 자간Zagan을 파견한다. 자간이 유럽에서 교섭을 벌이고 있던 1291년 5월 28일 아크레Acre의 십자군 요새가 맘루크의 수중에 떨어짐에 따라 팔레스타인의 그리스도인들은 마지막 교두보를 상실하였다. 십자군 시대는 이렇게 막을 내렸다.

가잔 칸 때에 이르러서야 유럽 측이 반이슬람 동맹에 흥미가 없다는 것이 분명해지자 가잔은 무슬림으로 남았다. 이어서 외교적 주도권을 쥔 올제이투Oljeitu(1304~1316)는 1305년 필리프 4세에게 더 이상 동맹을 요청하지는 않겠으나, 우호적 관계는 유지하자고 전하였다.[9] 이로써 이란과 이라크 지방이 다시 그리스도교 지역으로 변할 가능성은 영원히 닫히고, 그때부터 그곳에 사는 그리스도인들은 길고도 참혹한 운명에 처하게 된다.

시련과 쇠락

총대주교 야발라하 3세가 선종하자 디모데 2세Timothy II(1318~1332)가 뒤를 이었다. 이때 일칸국의 실세는 에미르 초반Emir Choban(1262~1327)으로, 그는 그리스도인들을 보호하였다. 1327년 초반이 사망하자 그리스도인들의 사정이 악화되었다. 안전한 곳을 찾아 성청을 옮겨야 했고, 그럴 만한 장소로는 남쪽의 모술·동쪽의 우르미아Urmiah호·서쪽의 반Van호를 잇는 삼각지대 안쪽뿐이었다. 잦은 이사 탓에 1350~1550년의 동방교회 역사에 관한 기록이 거의 남아 있지 않다. 메소포타미아에 살던 동방교회 교인들도 옥토를 버리고 척박한 쿠르디스탄과 이란 쪽 아제르바이잔으로 옮겨 살게 되었고, 많은 그리스도인들이 이슬람으로 개종하였다.

기진맥진한 동방교회에 튀르크족 후손으로 무슬림 티무르Timur(1369~1405)가 결정타를 날렸다. 티무르는 칭기즈 칸에 버금가는 군사 귀재였을 뿐 아니라 잔혹함에서는 오히려 한 수 위였다. 티무르에게는 몽골의 칸들이 가졌던 종교에 대한 관용은 없었고, 그리스도인들과 유대인들을 몹시 증오하였다. 티무르는 튀르크족과 몽골족의 정복욕과 이슬람적인 광신이 결합된 사람이었다. 1370년쯤부터 그는 영토를 중앙아시아 너머로 확장하였고, 1380년에는 일칸국을 침공하였다. 이때부터 동방교회는 바그다드 인근에서 자취를 감추기 시작하였고, 중국·몽골·중앙아시아·이란(우르미아호 인근 지역을 제외하고)에서도 소멸되었다. 1,100년 동안 교세를 넓혀 왔던 동방교회가 부족적인 법칙을 따르는 지역교회로 전락한 것이다. 동방교회가 쿠르디스탄·이란 쪽 아제르바이잔·아르메니아·케랄라Kerala(인도)에서만 명맥을 유지할 수 있었던 것은, 이 지역들이 기후와 지리적인 이유로 티무르의 파괴를 피할 수 있었기 때문이다.[10]

우선 동방교회가 이런 분해를 밟게 된 외부적 요인을 살펴보자. 첫째, 동방교회는 너무 광대한 지역에 분산되어 있었다. 따라서 전쟁 같은 돌발 상황이 일어날 경우 성청과 교구 사이의 연결이 단절되는 경우가 많았다. 둘째, 동방교회는 메소포타미아를 제외하고는 어느 곳에서도 소수 종교로서 수용과 존립에 필요한 최소한의 교인 수를 넘긴 적이 없었다. 셋째, 동방교회는 단 한 차례도 국교로서 혜택을 누린 적이 없었다. 언제나 그리스도인이 아닌 지배자의 선의에 의존할 수밖에 없었고 따라서 버틸 힘이 부족하였다. 넷째, 아시아에서 동방교회는 불교·도교·유교 같은 강력하고 뿌리 깊은 세계종교들과 마주쳤다. 이 세계종교들은 토착민들의 문화와 사고방식을 지배하고 있었고, 또 역으로 이런 것들을 만들어 내는 데 도움을 주었다.[11] 다섯째, 동방교회가 오랫동안 핍박을 당하는 가운데 많은 신자들이 거주지의 지배 종교로 개종하였다. 여섯째, 동방교회는 이슬람이라는 비타협적인 종교와 마주하였는데, 특히 군대라는 수단을 갖춘 대단히 공격적인 종교였기 때문에 이들과 대적하여 살아남을 수 있는 방어력이 동방교회에는 없었다.

이러한 외부적 요인들 말고도 내부적 요인 두 가지를 더 들 수 있다. 첫째, 동방교회는 지배 계급에 의존하여 연명할 수밖에 없었으므로 당초에 가지고 있던 선교적인 교회의 모습을 잃게 되었다. 따라서 기층基層인 백성들 속에 뿌리내리지 못한 교회는 고립되어 쇠락의 길을 갈

수박에 없었다. 둘째, 주변 상황이 어려운 데도 내부적 갈등이 계속되면서, 조직 자체가 유약해져 재생 기능이나 면역 기능이 사라져 버렸으니 재앙으로 이어질 수밖에 없었다.

— 주

1 동방교회는 성청을 일칸국의 수도 이동에 따라 마라가Maragha(1256~1265), 타브리즈Tabriz(1265~1306), 술타니야Sultaniyeh(1306~1335)로 옮겨 다녔다.

2 에바히스트 헤지 육 지음, 김지인·안경덕·김상근 옮김, 2020, pp.268~269.

3 아바카는 비잔티움제국의 공주 마리아 팔라이오리지나Maria Palaioligina[미카엘 8세 팔라에오로구스Michael Ⅷ Palaeologus(1259~1282)의 딸])와 결혼하였고, 이때 타브리즈에 그리스정교회 교회당이 최초로 건립되었다. 에바히스트 헤지 육 지음, 김지인·안경덕·김상근 옮김, 2020, pp.270~273.

4 Baumer, 2006(2016), pp.224~225.

5 Baumer, 2006(2016), pp.225~226.

6 Baumer, 2006(2016), p.227.

7 Baumer, 2006(2016), p.227.

8 Mostaert, Antoine and Cleaver, Francis Woodman, *Les lettres de 1289 et 1305 des ilkhan Arghun et Öljeitü à Phie le Bel*, 1962, p.18. [qtd. in Baumer, 2006(2016), p.227]

9 Mostaert, Antoine and Cleaver, Francis Woodman, *Les lettres de 1289 et 1305 des ilkhan Arghun et Öljeitü à Phie le Bel*, 1962, p.56f. [qtd. in Baumer, 2006(2016), p.228]

10 동방교회의 티무르 시대부터 현재까지의 사정은 Baumer, 2006(2016), Chaps 11~12 참조.

11 3~4세기에 가톨릭교회는 다른 세계종교들보다 좀 더 유리한 상황을 맞았는데, 그것은 로마제국의 종교가 오랫동안 국가의 주장을 담았기 때문에 경화되어 있었고, 골족·켈트족·게르만족들의 종교가 존재론에 관한 많은 질문에 아무런 해답도 제시하지 못하였기 때문이다.

II

몽골의 그리스도교 흔적들

— 몽골의 그리스도교 관련 유물과 유적

몽골공화국에서 발견된 그리스도교 관련 유적과 유물은 전국적으로 고루 분포되어 있어, 몽골 부족들이 오래전부터 그리스도교와 관련이 있었음을 보여 준다. 하지만 이러한 유적·유물에 대한 체계적인 연구는 거의 없는 형편이고, 더군다나 연대 추정이나 상호 관련성 연구는 엄두도 내지 못하고 있는 실정이다. 그러나 9~10세기, 또는 그 이전부터 몽골 부족들은 그리스도교와 만났고, 중앙아시아의 그리스도인들과 교류가 있었다는 점만은 확인할 수 있다.

— 그리스도교 왕국 옹구트

네이멍구에서 선교사로 활동하던 벨기에인 세사르 드 브라반데르 Cesar de Brabander(1857~1919)는 올론숨의 그리스도교 유적을 1891년에 처음으로 세상에 알렸으며,[1] 1926년에는 레지널드 존스턴Reginald Johnston(1874~1938)[2]이 이에 대해 추가 연구를 발표했다. 1937년에는 사에키 요시로佐伯好郎(1871~1965)가 앙투안 모스타르트Antoine Mostaert(1881~1971)[3]의 도움을 받아 보다 상세한 내용을 학계에 전하였다.[4]

1923년부터 1930년대에는 덴마크의 탐험가이자 인류학자인 헤닝 하스룬드 크리스텐센Henning Haslund-Christensen(1896~1948)이 내몽골을 집중 탐사하면서 시리아문자로 각인된 석비를 찾아냈고,[5] 1929년에는 중국인 고고학자 후앙엔비黃文弼(1893~1966)가 바이링먀오百靈廟 북쪽에서 그리스도교 유적을 발굴하였다.[6] 1932년부터 오웬 래티모어Owen Lattimore(1900~1989)는 탐사 결과를 학계에 알렸으며, 관련 자료를 폴 펠리오Paul Pelliot(1878~1945)[7]에게 넘겨주어 연구를 도왔는데,[8] 이는 많은 학자들이 옹구트왕국에 대하여 관심을 갖는 계기가 되었다.

1936년 캐나다인 헨리 데즈먼드 마틴Henry Desmond Martin(1908~1973)[9]에 이어서 베티나 럼Bettina Lum(1911~1983)·에가미 나미오江上波夫(1906~2002)가 탐사를 벌였다. 일본인 에가미는 1930년에 중단되었던 탐사를 1990년에 재개하고, 연구 성과를 정리하여 2000년『몽골제국과 그리스도교왕국』을 발간하였다.[10] 이 밖에도 덴마크인 칼 바크만Carl Barkman(1919~2006)·스웨덴인 게오르그 쇠더봄Georg Söderbom을 비롯한 선교사들과 고고학자들의 조사와 연구를 통해 이 그리스도교 왕국의 역사적 실체가 드러났지만, 유적들 대부분은 1949년 이후에 방기되거나 파괴되었으며, 뒤이은 전화戰禍와 중국의 쇄국화로 그리스도교 왕국의 실체를 밝히는 작업은 사실상 중단되었다.

중국인 학자들 가운데는 가이샨린蓋山林(1936~2020)이 이곳의 유적 발굴을 주도하였고 이를 정리하여 1991년『음산왕고陰山汪古』를 출간하였다.[11] 가이샨린뿐 아니라 네이멍구자치구의 학자들 리이오우李逸友·젠룽鄭隆 등이 탐사에 참여하였고, 이탈리아의 파올라 M. V. 카파렐리Paola M. V. Caffarelli는 네이멍구자치구 학자들과 공동 연구를 시작하였다.[12]

네이멍구자치구에서는 2005년까지 모두 21곳에서 동방교회와 관련된 도시 폐허와 묘지·유물이 발견되었다. 마르코 폴로·몬테코르비

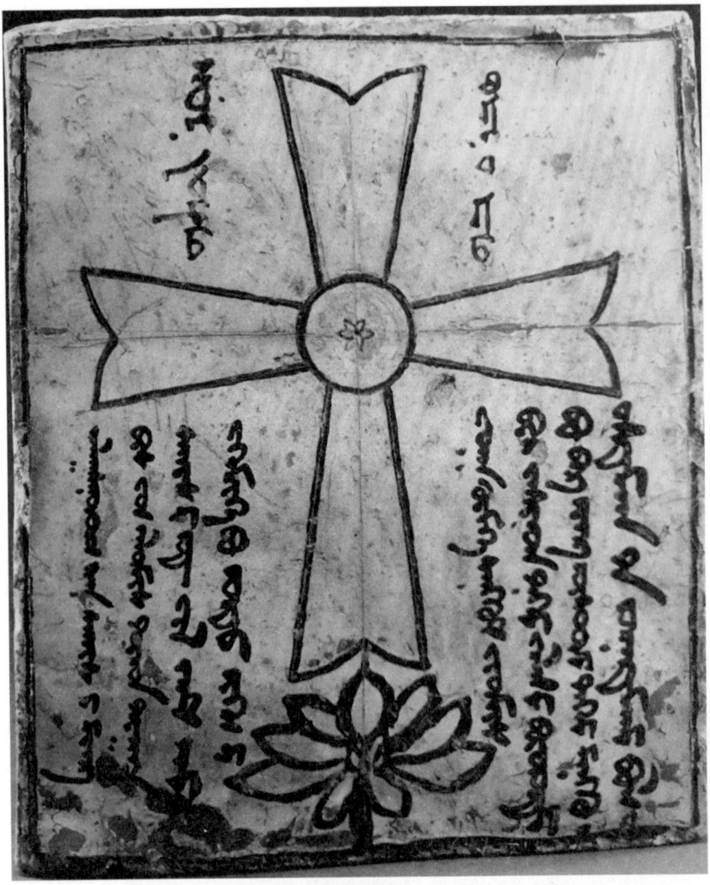

치펑 벽돌

1983년 중국 랴오닝성 랴오양遼陽과 가까운 네이멍구자치구 치펑赤峰 부근에서 발견된 묘비. 크기는 가로 40cm×세로 47cm로 내화점토로 구운 벽돌에 그림과 글씨를 그려 넣었다. 몽케 칸(1251~1259) 시절인 1253년 71세에 노환으로 사망한 옹구트인 지방관 요나Jonas의 것이다. 상단에는 시리아어로 시편 34편의 구절을 적었으며, 하단에는 위구르어로 묘기를 적었다. (출처: Halbertsma, 2008, pp.118~119, pp.213~216)

노·라반 사우마는 옹구트왕국의 전성기였던 13세기에 이 지역에 많은 마을들이 있었다는 기록을 남겼다. 그러나 19세기 후반에 내몽골을 여행한 선교사들과 유럽 여행가들은 이런 마을들이 사라졌다고 하였다.[13] 이 마을의 흔적들은 타부강塔布河과 아이부가이강艾不蓋河을 따라 남쪽으로 연결되어 있었는데 장자커우張家口를 거쳐 베이징에 이르는 중요한 교역로를 잇고 있다. 동방교회 유적이 몰려 있는 이곳은 오늘날 다얼한무밍안 연합기達爾罕茂明安聯合旗와 쓰쯔왕기四子王旗라는 행정구역에 속한다.

가장 중요한 유적지는 옹구트왕국의 수도였던 올론숨이다. 이 도시는 다얼한무밍안 연합기의 행정 중심인 바이링먀오에서 북쪽으로 50km 떨어진 아이부가이강의 북쪽 강둑에 자리 잡고 있는데, 초원과 언덕, 바위산에 둘러싸여 있다. 남쪽의 인산산맥陰山山脈이 오르도스와 황허강을 초원지대와 갈라놓고 있고, 북쪽으로는 고비사막과 광활한 몽골대초원이 펼쳐진다. 금나라 시대의 장성이 이 폐허의 남쪽을 가로지르는데, 바로 장성을 수비하던 옹구트의 왕 알라쿠츠 테긴이 칭기즈 칸의 군대에게 출입문을 열어 주었던 곳이다. 올론숨은 중국 동부와 유럽·몽골을 연결하는 요충지로 국경도시의 모습을 갖추고 있었다. 지금은 무너져 내리는 성벽만이 눈에 들어오는데, 동서 951~970m, 남북 565~582m, 둘레 3km, 높이 5m 정도의 직사각형 토성土城이다. 옹구트왕국에는 북쪽 수도 올론숨 말고도 남쪽의 후허하오터 근처에 수도 한 곳이 더 있었다. 원나라가 망하자 남쪽 수도는 명나라의 영토로 편입되었고, 올론숨은 파괴되고 방치되었다.

선교사들과 고고학자들은 이곳에서 동방교회 교회당 터·가톨릭 성당 터·도서관 터를 찾아냈다. 성당은 몬테코르비노가 1295년에 건축하였고, 십자가 모양의 설계에 돋을새김을 한 꽃문양이 있는 고딕 양식의 타일로 장식하였다. 이 성당의 보존 상태가 나쁜 것은 30km쯤 떨어진 곳에 불교 사원을 지을 때 이곳의 석물들을 뜯어 갔기 때문이다. 동방교회 십자가가 새겨진 거대한 돌기둥이 흩어져 있어서 교회당 자리가 분명하다. 라반 사우마와 마르코스가 성지순례를 시작하면서 들렀던 바로 그곳으로, 당시에 마르코스의 아버지가 부제副祭로 있었다.[14] 유목지대에서는 올론숨의 교회당 유적 같은 것은 거의 찾아내기 힘든데, 그 이유는 유목민들은 이동식 천막집인 게르를 예배당으로 사용하였기 때문이다. 이동식 예배 시설은 그리스도교뿐만 아니라 불교나 이슬람에서도 사용되었을 것이다.[15] 그리스도인들의 거주 흔적은 타부강 상류에 위치한 울란바이싱Ulan Baishing, 城卜子,[16] 그 인근의 보로바이싱Boro Baishing, 波羅板升,[17] 금나라 시대의 장성을 따라 위치한 무호르소보르간Mukhor Soborghan, 木胡兒索卜干,[18] 자오허召河 북쪽의 데리셍후툭Derriseng Khutug[19]에서도 발견되었다.

올론숨에서 출토된 유물이나 유적을 보면 그곳에 살던 그리스도인들은 하나의 종교 전통에만 얽매이지 않고 다양한 문화를 실용적인 면에서 광범위하게 수용하였던 것 같다. 주민들 대부분이 옹구트족과 위구르족이었으므로 시리아어·몽골어·중국어를 알고는 있었으나 생활언어는 튀르크어였고, 유목문화와 농경문화의 경계 지역에 살고 있었으므로 혼합적인 특징을 보여 주고 있다. 이는 상징물이나 연호의 표기로도 알 수 있다.[20] 그리스도인들의 묘석에는 십자가와 여러 문자들이 각인되어 있다. 특히 묘석의 장식물로 조류·식물류 같은 상징을 사용하고 있는데, 이것은 그리스정교회와 동방교회의 전통으로 이슬람에도 영향을 주었다. 또한 십자가와 함께 연꽃이 등장하는 것을 보면 불교의 영향을 받았다고 볼 수 있다.[21]

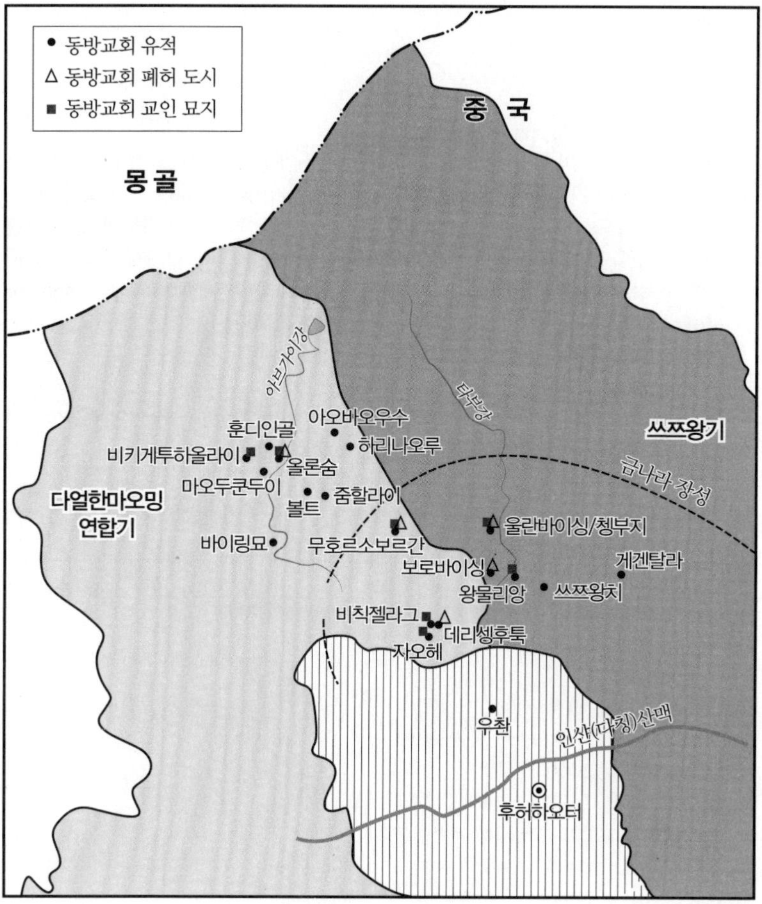

내몽골의 동방교회 유적
(출처: Hallbertsma, 2008, pp.128, 161, 177)

주

1 Hallbertsma, 2008, pp.73~79.

2 1919년 베이징 근처 팡산에서 그리스도인 비석 두 개를 찾아내기도 하였다.

3 벨기에 출신의 가톨릭 선교사로 언어학자·민속학자이다. 1906~1925년 네이멍구 자치구 오르도스 지역에서 활동하였다. 1992년 이 선교사를 기념하여 파송 기관인 CICM(Congregation of the Immaculate Heart of Mary)에서는 몽골의 울란바타르에 앙투안 모스타르트 몽골문화연구소Antoine Mostaert Center for Mogolian Studies를 세워, 몽골학 발전에 기여하고 있다.

4 Hallbertsma, 2008, p.78.

5 Hallbertsma, 2008, pp.80~82.

6 Hallbertsma, 2008, pp.82~84. 후앙엔비는 1940년과 1957~1958년에 동방교회 십자가 등 유물을 알말리크와 오르도스에서 발굴하였다.

7 프랑스의 동양학자로, 중앙아시아와 둔황의 유적을 조사하였다.

8 Hallbertsma, 2008, pp.84~88. 이 자료는 파리의 기메미술관Museè Guimet에 보관되어 있다. Newman, Robert P., 1992. 참조.

9 Hallbertsma, 2008, p.89.

10 Hallbertsma, 2008, pp.97~105; Namio Egami, 2000.

11 Hallbertsma, 2008, pp.112~116.

12 Hallbertsma, 2008, p.122.

13 蓋山林, 1986, pp.85~93.

14 Baumer, 2006(2016), pp.202~203.

15 Hallbertsma, 2008, p.139.

16 Hallbertsma, 2008, pp.146~147.

17 Hallbertsma, 2008, pp.147~148.

18 Hallbertsma, 2008, p.149.

19 Hallbertsma, 2008, p.150.

20 비문을 보면 날짜를 그리스력Seleucid era·십간십이지十干十二支(Chinese zodiac)·중국의 연호로 표기하고 있다.

21 Hallbertsma, 2008, pp.237~240.

Ⅲ

북원시대부터 현대까지

12

몽골과 티베트 불교

중원을 버리고 몽골 고토로 돌아온 1368년부터 18세기까지 400년 동안의 몽골 역사는 명나라, 신흥세력으로 등장하면서 몽골세력을 잠식하고 일어선 청淸, 몽골의 이웃인 티베트와 정치적·종교적으로 서로 물고 물리는 관계에서 이합집산을 거듭하였던 대초원의 여러 몽골 부족들이 불교를 수용하는 과정이었다.

몽골인들의 종교가 된 불교는 생활의 모든 영역에 영향을 주어 몽골인 전체를 군사적·경제적으로 나약하게 만들었다. 더군다나 대항해시대가 열리면서 육상 실크로드 대신 해상 실크로드가 주로 이용됨에 따라 중앙아시아의 지정학적·매개적 중요성은 줄어들면서 북방 대초원은 17세기부터 시작된 러시아의 동진으로 중국과 러시아의 각축장으로 변해 갔다. 이러한 격동 속에서 몽골족의 발흥을 경계하면서 적극적인 북방정책을 펼쳤던 강희제康熙帝(1662~1722)는 몽골의 위협을 제거하는 방편으로 10만 명의 군사를 몽골에 주둔시키는 대신 절을 하나 더 지어 준다는 전략을 구사하였다.[1] 강희제는 티베트 불교가 몽골인들을 무력하게 만들 것이라고 확신하고 있었다.

18세기에 들어서 위협 세력으로 등장한 중가르칸국을 지상에서 영원히 사라지게 만들면서 영토를 넓혔던 청나라가 농민들과 상인들을 몽골 지역으로 대거 침투시키자 몽골은 수탈경제 속으로 빠져들었다. 이런 처참한 지경에 이른 몽골 대초원에 개신교회 선교사들이 모습을 드러낸 때는 동방교회가 사라진 지 450년 만인 1818년이었다.

— 몽골제국의 붕괴와 동방교회의 쇠락

동방교회가 몽골제국의 전성기에 동아시아 전역에서 교세를 확장할 수 있었던 이유는 선교적인 교회로서 포용력과 적응력이 컸기 때문이었다. 동방교회는 선교지의 전통을 존중하면서 이를 포용하는 방법을 선택했는데, 이러한 방침은 몽골 칸들의 관용적인 종교 정책과 일맥상통한다. 하지만 동아시아에서 두 번째 확장기를 맞았던 동방교회는 14세기 중반부터 중앙아시아와 동아시아에서 쇠퇴하게 되었고, 종국에는 흔적만 남기게 된다.

14세기 중반을 전후하여 칭기즈 칸 후예들 간의 분열이 극심해지고, 같은 시기에 흑사병이 중앙아시아를 강타하여 몽골제국은 큰 혼란에 빠져들었다. 동방교회 교인들의 집단 거주 지역이었던 중앙아시아 세미레치예Semirechie의 공동묘지는 그 조성 연대가 1338~1339년에 집중되어 있는데, 여기에 묻힌 사람들의 사인은 대부분 흑사병이었다.[2] 이 시기에 유행한 흑사병 탓에 제국의 연결망이 무용지물이 되었고, 1340년대의 황허강 범람 같은 유라시아 전역에서 자연재해가 발생하면서 제국은 빠르게 붕괴되었다.

1368년 몽골 세력이 중원에서 완전히 쫓겨나면서 중국에서도 동방교회는 보호막을 잃게 되었다. 원나라 때에 기층민 속으로 침투하지 못한 동방교회로서는 당연한 결과였다. 중국에서 발견된 원나라 시대의 그리스도인 묘비들 가운데 한인들의 이름이 거의 보이지 않는 것은 동방교회가 기층민 속에 파고드는 데 실패하였다는 반증이다. 몽골 세력을 내쫓고 중국 대륙을 지배하게 된 한족 왕조 명나라가 외래 종교를 배척하기 시작한 14세기 말에 동방교회는 베이징 일대에서도 자취를 감추었으며, 몽골고원의 몽골인들도 무속신앙으로 되돌아가면서 몽골 땅은 불교가 주류를 이루었다.

쇄국정책을 편 명나라가 실크로드를 닫아걸자, 동방교회의 전통적인 선교 루트도 봉쇄되었다. 명나라가 한꺼번에 동방교회의 흔적을 지워버린 것은 아니었지만, 이것이 동방교회 쇠락의 시작이었다. 200년이 지난 16세기 말에 예수회Jesuits 선교사들이 중국 땅을 밟았을 때 그들은 동방교회의 희미한 옛 그림자만 볼 수 있었다.[3]

— 오이라트와 다얀 칸

명나라에 패하여 몽골 초원으로 물러난 몽골인들이 세운 북원은 20년 뒤인 1388년에 동서로 분열되었다. 더군다나 [쿠빌라이 칸과의 대칸 경쟁에서 패배한 뒤 살아남아 몽골 초원에 있던] 아리크부케의 후손들이 오이라트와 동맹을 맺으면서 북원의 칸들은 [북원이 터를 잡은] 동몽골이나 오이라트 군주들의 꼭두각시로 전락하였다. 북방정책을 우선하였던 명나라 영락제永樂帝(1401~1424)는 이 두 세력 사이에 균형을 맞추면서 실리를 취하는 외교 정책을 폈다.

영락제의 분열·이간책 덕분에 세력을 키운 오이라트의 에센 타이시Esen Taishi(1438~1454)는 서쪽으로 영토를 넓히고, 동쪽의 우량카이족 Ūriyānkqat[몽골 북쪽에 사는 수렵민]과 여진을 복속시켜 만리장성 이북의 땅을 차지하고 난 뒤, 1449년에는 장성을 넘어가 명의 영종英宗(1435~1449, 1457~1464)을 생포하기까지 하였다. 그러나 에센 타이시가 몽골의 관습법

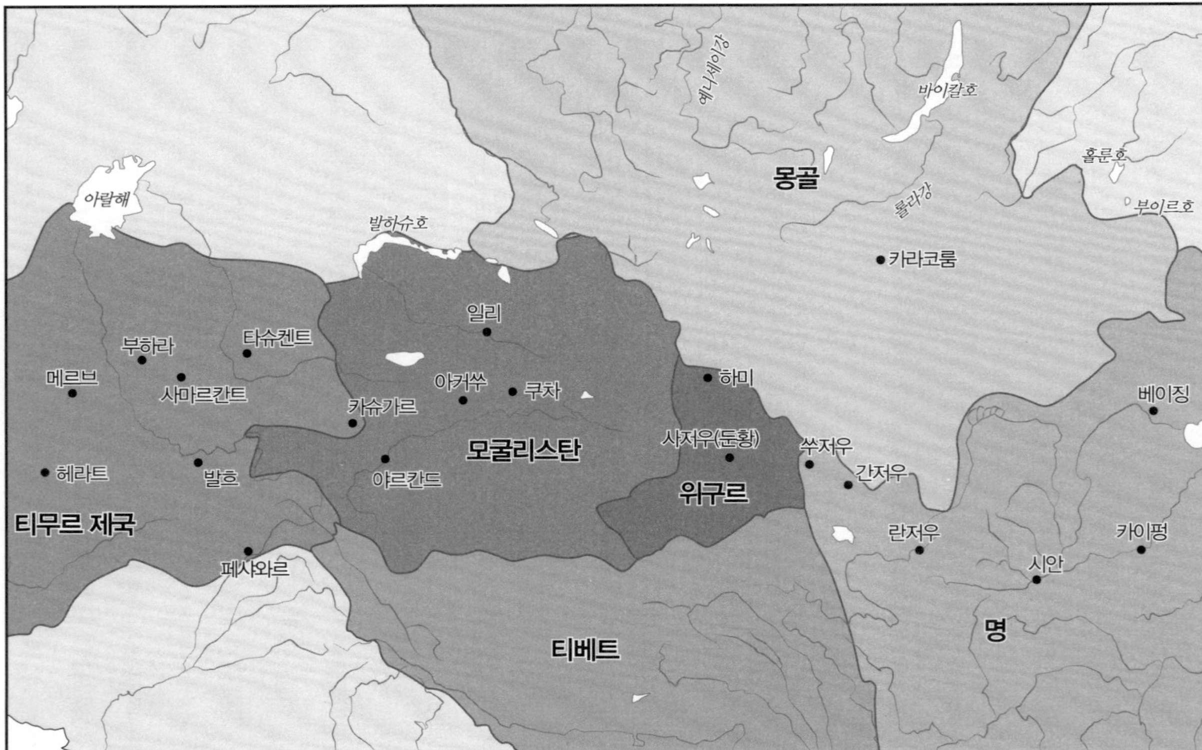

몽골·티베트·중국(1400)
(출처: 김호동, 2016, p.167)

(자사크)을 어기고 칸을 자칭하자 살해되었고, 오이라트 연맹체는 무너졌다.

북원의 만도르 칸Manduul Khan(1475~1478)이 죽자 왕비 만도카이 세첸 카툰Mandukhai Sechen Khatun(1449~1510)은 칭기즈 칸의 후예 바투뭉케Batumöngke(1487~1524)와 결혼하고 그를 칸으로 세웠다. 그가 바로 다얀 칸Dayan Khan(1487~1524)이다.[4] 다얀 칸은 1510년 쇠약해진 오이라트를 굴복시켜 양분되었던 몽골을 통일하였다. 그는 명나라를 압박하면서, 남쪽으로는 오르도스, 북쪽으로는 시베리아 삼림지대와 바이칼호, 동쪽으로는 만주의 삼림지대, 서쪽으로는 중앙아시아까지 영토를 확장하였다. 다얀 칸은 동몽골을 6개의 투멘tumen(만호제萬戶制)[5], 오이라트를 4개의 투멘으로 재정비하여 왕자들과 타이시taishi(태사太師)들이 다스리도록 하여 몽골의 안정과 발전을 도모하였으나, 세습 과정에서 분열이 일어나 국력이 약해졌다.

알탄 칸과 몽골의 불교화

몽골의 불교화 과정에서 가장 중요한 인물은 다얀 칸의 손자 알탄 칸Altan Khan(1542~1582)이다. 그는 티베트 불교를 수용하여 정치적·문화적 독립체로서의 근대 몽골의 기초를 놓은 투메드 몽골의 수령이었다. 알탄 칸 덕분에 몽골인들은 문화적으로 모호한 입장을 유지해 오던 것에서 탈피하여 자신들을 민족이라고 개념화하기 시작했고, 티베트 불교를 그런 변화에 도움이 되는 요소로 수용하였다. 알탄 칸은 1540년대에 동몽골의 우익을 수하에 두었고, 오이라트가 차지하고 있던 카라코람을 되찾았다. 1550년에는 명나라를 위협하여 목종穆宗(1567~1572)에게서 국경 교역이라는 선물도 받아 냈다. 알탄 칸의 입장에서는 황금알을 낳는 거위인 명나라를 없애고 싶은 마음이 조금도 없었다.

이때 두 나라의 국경 교역의 물꼬를 튼 명나라 관리 산시성山西省 선대총독宣大總督 왕숭고王崇古(1515~1588)는, 알탄 칸과 조약을 체결한 뒤에 몽골에 불교를 퍼뜨려서 호전적인 야만인들을 순화시키자고 황제에게 상주하였다.[6] 몽골 땅에 절을 많이 지어 청년들이 승려가 되면, 몽골의 군사력이 크게 약해지리라는 생각이었다. 이러한 중국의 전략은 크게 성공하였다. 그러나 이러한 전략은 중국에게도 위험의 소지가 있었다. 달라이라마 같은 불교 지도자가 칭기즈 칸 계보에서 환생하는 경우 불교 지도자–칭기즈 칸 계보를 엮는 신정정치가 태동될 수 있고 그 위상이 중국 황제를 능가하게 되면, 몽골족의 결집을 촉발하게 될 것이기 때문이었다.

불교는 원대에도 몽골에서 어느 정도 교세를 유지하고 있었지만, 알탄 칸이 코코노르Kokonor(현재 칭하이성 지역)로 세력을 확장하면서 티베트 불교와 긴밀한 접촉을 갖게 된다. 1574년 알탄 칸은 파스파Phagspa(1235~1280)와 쿠빌라이 칸이 300년 전에 맺었던 정치–종교 동맹을 되살리기로 결심한다.[7] 이에 따라 알탄 칸과 겔룩파(황모파黃毛派 또는 황교黃敎) 최고 활불인 소남 갸초Sonam Gyatso(1543~1588)는 1578년 코코노르에서 만나 영예로운 칭호를 맞교환하게 되는데, 알탄 칸은 겔룩파 수장을 '달라이라마'[8]라고 불렀고, 소남 갸초는 알탄 칸을 '전륜성왕'이라고 불렀다. 이로써 알탄 칸은 몽골족의 유일한 통치자라는 정당성을 확보하였고, 달라이라마가 된 소남 갸쵸는 군사적으로 강한 동맹을 얻게 되어 티베트의 다른 종단들과의 정치적 싸움에서 유리하게 되었을 뿐만 아니라 몽골이라는 드넓은 선교지를 확보하면서 세속적인 통치도 할 수 있게 되었다. 이제 몽골 군주·티베트·중국 사이의 삼각 관계는 예측할

수 없는 국면으로 접어들게 된다.[9]

달라이라마 소남 갸초는 1585~1588년에 몽골 남부에 머물면서 티베트 불교가 몽골 중부로 확산되는 계기를 만들었다. 그는 다얀 칸의 증손 아바타이 칸Abatai Khan(1554~1588)에게 '문수보살Manjusri의 현신'이라는 칭호를 주면서 다른 몽골 부족 지도자들도 자기편으로 끌어들였다. 아바타이 칸은 자신이 카라코룸에 세웠던 불교 사원을 크게 확장하여 카라코람에 에르덴주Erdene Zuu 수도원을 만들었으며,[10] 대규모 역경譯經사업도 벌였다. 이로부터 50년도 채 지나지 않아 몽골인들은 모두 불교 신자가 되었고, 겔룩파 승려 수만 명이 달라이라마를 따르게 되었다. 1588년 알탄 칸의 증손 욘탄 갸초Yontan Gyatso(1589~1617)가 달라이라마가 되자 북원과 겔룩파 종단 사이의 '종교-군사' 동맹은 더욱 강화되었다. 그러나 이 달라이라마는 1602년 티베트로 행차한 뒤에 수상쩍은 일로 요절하였고, 또 1612년부터 투메드 몽골의 패권이 무너지기 시작하자 '종교-군사' 동맹은 흐지부지되었다.

5대 달라이라마 아왕로상 갸초Ngawang Lobsan Gyatso(1638~1682) 때에 이르러 겔룩파의 보호자가 오이라트의 4부족 가운데 하나인 호쇼트Khoshut 투멘의 구시 칸Güshi Khan(1582~1655)으로 바뀌었다. 구시 칸은 걸림돌이었던 할하Khalkha의 왕자 촉투 홍 타이시Tsogtu Khong Tayishi(1581~1637)를 제거하면서 티베트의 국사를 좌지우지하였는데, 이 틈을 타서 달라이라마는 경쟁 종단들의 세력을 꺾고 티베트 불교 안에서 겔룩파의 패권을 강화하였다.[11] 티베트는 이제 겔룩파 종단의 지배를 받는 통일된 신정국가이면서 몽골의 보호령이 되었다.[12]

— 후금의 등장과 북원의 멸망

북원의 마지막 지도자 릭단 칸Ligdan Khan(1604~1634) 때에 이르러 할하와 오이라트 모두가 독립 세력이 되자, 칸에게는 차하르 투멘 하나만 남게 되었다. 릭단 칸은 수도를 옮기고 사원 여럿을 짓고, 불경을 번역하고, 명나라와의 교역을 촉진하였다. 1616년 여진족이 발흥하여 후금을 세워 명나라를 치고, 호르친 투멘과 동맹을 맺었다. 릭단은 1625년 여진-할하 동맹군과의 전쟁에서 크게 패하였다. 이에 승기를 잡은 후금의 칸 누루하치Nurhaci(1616~1626)는 몽골 왕자들을 사위로 삼아 동맹을 더욱 굳건히 하였다. 1634년 릭단이 티베트로 피신하다가 죽자, 아들 에제이 칸Ejei Khan(1634~1635)은 이듬해에 400년 넘게 칭기즈 칸 계보에서 간직해 온 몽골제국의 국새國璽를 후금의 홍타이지Hong Taiji(1626~1643)에게 내주었고, 이로써 칭기즈 칸 계보의 왕통은 끊어지게 된다.

— 자나바자르의 등장과 강희제

1635년 몽골제국의 법통이 청나라로 넘어간 뒤에, 칭기즈 칸 계보인 아바타이 칸의 손자이자 중부 할하의 군주 투시예투 칸 곰보도르지Tushiyetu Khan Gombodorji(1594~1655)가 1639년에 할하 귀족들을 모아 놓고 자기 아들을 타란나타Târanâtha(1575~1634)의 화신이라고 선언하였다. 곰보도르지는 이러한 딱지를 아들에게 붙이면 할하의 정치적 분열을 수습하고 사기가 저하된 다른 몽골 부족들도 자신을 따르게 되리라고 기대하였다. 5대 달라이라마는 몽골 귀족들이 꾸며 낸 이 화신을 인정한 뒤에, 젭춘담바Jebtsundamba라는 칭호를 내리고, 자나바자르Zanabazar(1635~1723)라는 이름도 지어 주었다. 자나바자르가 첫 번째 보그드 게겐Bogda Gegeen이 된 것이었다. 달라이라마는 이렇게 함으로써 조낭

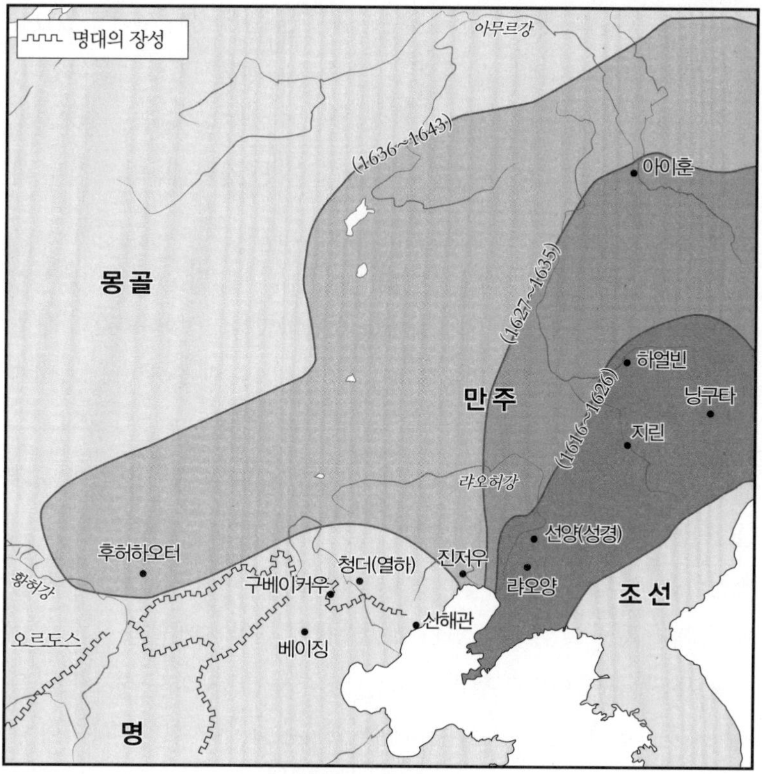

후금의 세력 확장(17세기 초)
(출처: 김호동, 2016, p.195)

Jonang 종단[5대 달라이라마가 이 종단을 겔룩파로 흡수하였다.]에서 내세운 이 어린 화신을 겔룩파로 끌어들였다. 따라서 타란나타가 할하에 세운 많은 사원들이 자동적으로 겔룩파에 속하게 되었다.[13] 이에 대해 청의 강희제는 달라이라마의 영향권을 제한할 목적으로 이 새로운 화신을 재빠르게 몽골의 겔룩파 수장으로 인정하였다.

비록 자나바자르가 몽골 겔룩파의 수장이며 할하 몽골이 받드는 영적 지도자로, 또 칭기즈 칸의 후손으로 드높은 명성을 누리고 있었지만, 5대 달라이라마와는 달리 몽골 부족들을 결집시키지는 못하였다. 이런 상황에서 중가르의 갈단 칸Galdan Khan(1671~1697)이 새로운 통치자로 등장하면서 '종교-군사' 동맹을 부활하려 하자, 강희제와의 일전은 피할 길이 없게 되었다.

1688년 갈단 칸이 할하 몽골을 침범하자 자나바자르는 추종자인 할하 몽골인들을 데리고 강희제에게 투항하였다. 자나바자르의 투항으로 강희제에게 전략적 목표를 현실화하는 기회가 찾아왔다. 강희제는 1691년 자나바자르와 550명의 할하 몽골 왕족을 돌론노르Dolon Nor에 모아 놓고 항복 문서에 서명하게 하였다. 1635년 칭기즈 칸의 국새를 홍타이지가 받은 뒤 56년 만에 청의 몽골 통치를 종교적으로도 재확인하는 자리였다. 강희제는 이렇게 하여 자나바자르의 정치적 독립에 족쇄를 채웠고, 칭기즈 칸의 계승자들에 대한 지배권과 함께 '전륜성왕'이라는 칭호마저도 탈취하였다. 1696년 강희제의 군대가 몽골을 침략하여 1697년 갈단 칸이 자결하자 외몽골과 내몽골은 청나라의 보호령이 되었다.[14]

강희제는 조부 홍타이지의 정책을 그대로 답습하여 만주 땅에서는 불교를 규제하였으나, 몽골인들에게는 불교를 적극 권장하였다. 사실상 강희제의 포로가 된 자나바자르는 1691년부터 10년 동안 인질로 베이징에 살면서 몽골이 한족 문화 속으로 빠져드는 모습을 지켜볼 수밖에 없었다. 몽골 불교의 상징인 이 활불은 1723년 입적한 뒤에도 강희제를 승계한 건륭제乾隆帝가 몽골 불교의 중심지에서 멀리 떨어진 러시아 국경 가까이에 세워 준 사찰에 안치되는 치욕을 겪었다. 자나바자르는 살아서도, 죽어서도 청 황제의 손아귀에서 벗어나지 못하였다.[15]

이제 청 황제들은 국경을 달리하는 네 명의 겔룩파 수장들을 세워 그들의 영적인 권위를 훼손하면서, 중국의 북쪽과 서쪽에 강력한 통일 국가가 등장하는 것을 극도로 경계하였다. 1720년부터 청의 신하가 된 달라이라마와 판첸라마는 각각 티베트인들과 칼미크 부족을, 젭춘담바 후툭투는 외몽골을, 창캬 후툭투는 내몽골을 맡았다. 건륭제는 젭춘담바 후툭투가 1756~1757년 할하의 봉기에 적극 대처하지 않자 망설임 없이 독살해 버렸다. 건륭제는 칭기즈 칸의 후손이 종교 지도자가 되는 것을 막으려고, 티베트 태생만이 후툭투의 자격이 있다는 조칙을 내렸으며, 몽골인들은 그 뒤로 몽골인을 불교의 수장으로 가질 수 없게 되었다. 결과적으로 청 황제는 종교 수장들과 몽골 왕족 사이의 혈연관계를 단절해 버린 셈이었고,[16] 30년 뒤인 1792년에는 몽골과 티베트 불교 지도자들이 그들 가운데서 화신을 골라 내는 권한조차도 없애 버렸다. 황제는 요건을 갖춘 후보들을 놓고 추첨으로 결정하라는 칙명을 내렸는데, 세습 왕조가 발흥되는 것을 막기 위한 이중 삼중의 장치였다. 이로써 겔룩파에서 관세음보살의 현신인 달라이라마와 문수보살의 현신인 젭춘담바 후툭투와 창캬 후툭투의 화신을 찾아내는 일은 전륜성왕인 청 황제의 손으로 넘어갔다.[17]

— 중가르칸국과 청

한때 몽골 땅을 지배하던 오이라트는 서쪽으로 이주하여 칩거하다가 17세기 말에 강력한 모습으로 재등장하는데, 바로 중가르칸국(1619~1757)이다. 이 칸국은 전성기에 남북으로는 시베리아 남부에서 키르기스스탄까지, 동서로는 만리장성에서 카자흐스탄까지 이르는 광활한 지역을 지배하였다.

1685년 칭기즈 칸의 후예만이 사용할 수 있는 칸이라는 칭호를 달라이라마로부터 받은 중가르의 갈단 칸은 1688년 청의 강희제와 전쟁을 시작하였다. 앞서 말한 대로, 1691년 갈단이 할하 몽골(동몽골)을 침범하자 자나바자르는 할하의 투시예투 칸을 비롯한 왕족과 백성을 모두 이끌고 강희제에게 보호를 청하였다(돌론노르 회맹). 이에 따라 할하가 청의 지배를 받게 되었다.

오이라트는 할하 몽골의 위협 세력이자, 강희제와 러시아에게도 최대의 위협 세력으로 부상하였다. 오이라트와 남하하는 러시아 사이의 동맹을 막는 것이 청나라 외교의 최우선 과제였고, 1689년의 네르친스크 조약Treaty of Nerchinsk도 이러한 외교적 노력의 산물이었다. 이 조약으로 강희제는 안심하고 오이라트와의 싸움에 집중할 수 있었다. 그는 갈단 칸을 섬멸하는 것이 동아시아 역사에서 중요한 전환점이 되리라고 확신하였다.

갈단 칸은 5대 달라이라마 아왕로상 갸초와는 특별한 관계였다. 갈단의 선대 때부터 오이라트는 달라이라마의 배후 세력으로, 티베트 불교의 본산이며 상징인 라사Lhasa의 포탈라Potala 궁전을 짓는 데 큰 도움을 주었다. 갈단이 라사에서 공부할 때, 중가르 왕좌를 둘러싼 싸움이 벌어져 갈단의 부친과 맏형이 살해되자, 갈단은 서몽골로 돌아와 치열한 싸움 끝에 27살 때 중가르의 왕좌를 차지하였다. 갈단에 불복하는 몇몇 부족들이 중가르 연맹을 이탈하여 볼가 칼미크Volga Kalmyks 부족의 땅이나 코코노르로 빠져나갔다. 갈단 칸은 북서쪽의 러시아 신생 공국들과의 무역을 독점하여 부를 쌓으면서 근대 국가로서의 모양을 갖추어 나갔다. 무역을 장려하고, 대규모 관개사업을 펼쳤으며, 대포를 주조하는 등 군사력 강화에도 노력하였다.

강희제와 갈단 칸은 1696~1697년 세 차례의 크고 작은 전투를 벌였는데, 첫 전투인 1696년 5월 13일 준모드Zuunmod[울란바타르 근처] 전투에서 갈단 칸이 대패함으로써 사실상의 승패가 결정되었다. 이 전투에서 갈단 칸의 부인을 포함한 5,000명의 병사들이 전사하고, 3,000명은 포로가 되었다. 갈단 칸이 피신 중이던 1697년 3월에 자결함으로써 싸움은 끝났다. 그 이후 몽골인들을 통합하여 러시아와 청의 압박에 대항하는 강력한 몽골 지도자는 나타나지 않았다. 몽골인들은 그를 '갈단 보쇽토 칸'이라고 높여 부른다. 갈단은 한때 중앙아시아 최강의 군주였다.

체왕 랍단Tsewang Rabtan(1697~1727)이 갈단 칸의 뒤를 이어 중가르의 수장이 되었으나, 실권은 아마르사나Amarsanaa(1670~1757)가 쥐고 있었다. 1731년 청과 중가르가 정전 협정을 맺음에 따라 전쟁은 잠시 교착 상태에 빠졌다. 1755년 청은 중가르의 내전을 기화로 중가르를 정복하고 중가르 부족의 씨를 말려 버렸다. 배후의 위협 세력을 없애고 난 뒤에 청은 몽골·티베트를 차지하였고, 신장을 영토로 편입하였다. 중가르의 잔존 세력이 잠시 청에 항전하였으나 1757년에 완전히 사라지게 되었다. 위원魏源(1794~1857)[18]에 따르면, 중가르인 60만 명 가운데 40%는 천연두로 죽었고, 20%는 러시아와 카자흐스탄으로 이주하였으며, 30%는 청군에 학살되었다고 한다. 청의 건륭제는 2년에 걸쳐 중가르인 학살을 단행하였고, 학살을 면한 여성들, 아이들, 노인들은 개명을 강요당하였다. 중가르인들에 대한 대학살에 무슬림들도 가세하였다. 건륭제는 빈 땅이 된 중가르 고토에 한족을 비롯한 많은 소수민족을 이주시켰고, 이들이 건설한 도시가 우르무치Ürümqi, 烏魯木齊·이닝Yinig, 伊寧이다. 불교 지역인 중가르 영토가 이슬람 지역으로 바뀌었으니, 실제로 이 사건은 '청의 승리'라기보다는 '이슬람의 승리'라고 보아야 할 것이다.

청의 경제 수탈과 사원봉건경제

몽골을 정복한 강희제가 명나라 목종 때 허가하였던 국경 무역인 '마시馬市'를 폐지하고, 여배상旅輩商[몽골 전역을 이동하는 행상] 제도를 도입하자, 몽골 부족의 경제 구조가 크게 변하고 경제의 예속화가 가속화되었다.

청 조정에서는 한족 상인들의 항구적인 몽골 거주를 불허하면서 여배상 면허를 주어 관리하였다. 유목경제와 농업경제의 교차점에 있던 산시성山西省 상인들이 지리적 이점을 활용하여 몽골인들을 상대로 금융업·유통업을 영위하면서 거대한 부를 쌓았다. 1924년 몽골에서 볼셰비키 혁명이 일어날 때까지 몽골인들은 청나라 상인들의 경제적 수탈 대상이었다. 가경嘉慶 연간(1796~1820)에 산시성 상인 몇에게 금융업 면허[용표龍票]를 주었는데, 금융업자들은 이 독점 면허를 가지고 유목민들을 상대로 가축을 담보로 고리대금을 하였고, 몽골 귀족들에게는 베이징 여행[포판진경包辦進京] 경비를 빌려 주었다.

청 조정이 몽골 부족들을 통제하기 위해 만든 독특한 행정구획인 맹기盟旗제도는 이러한 경제 수탈에 유리하였다. 몽골 유목민들은 원래 땅에 얽매이지 않았다. 그런데 청은 몽골에 '치旗'라는 행정단위를 만들어 유목민의 계절적 이동에 지리적 제한을 가하였다. 청은 이런 행정단위의 수를 늘려 갔는데, 달리 말하면 '치'의 평균 면적을 줄여 나간 것이었다. 맹기제도는 귀족층[몽골어로 '야즈구르탄yazguurtan']에게 혜택을 주면서 주민들을 통제하는 제도였다. 이 제도로 귀족들은 영지 안에서 세수와 노동력을 쉽게 확보할 수 있었다. 현물[가축]로 납부되는 세금을 은괴로 환산하여 청 조정에 납부하는 일은 관리가 아닌 산시성의 금융업자들이 맡았으므로, 이들은 이 과정에서 행정단위 명의로 채무증서를 발행하도록 하여 큰돈을 챙겼다. 바꾸어 말하면, 금융업자는 허가받은 수탈자였다. 채무 원리금의 상환은 주로 가축이나 자연 자원을 강매하는 형식을 취했으므로 유목민들의 가축이 중국 시장으로 자연스럽게 흘러들어갔다.

1789년 「이번원측례理藩院則例」[19]가 공포되었는데, 이에 따라 모든 몽골 부족의 왕자들에게 정기적으로 베이징으로 가서 조정에 문안하라는 명이 떨어졌다. 이에 소요되는 막대한 여행 경비를 금융업자들이 높은 이자를 받고 빌려 주었고, 해당 주민들이 차입원리금을 상환하는 부담을 떠맡았다. 1691년 돌론노르 회맹에 따라 할하 몽골에 37개의 '치'를 두었는데, 30년 뒤인 1722년에는 72개로, 1815년에는 86개로 늘어났다. 이런 행정 단위는 사시沙柴[조세 징수 단위인 사원][20]를 포함하면 모두 140개가 되는데,[21] 이 가운데 130개가 베이징 여행 경비 조달을 위해 금융업자들의 신세를 지고 있었다. 치의 숫자가 늘어난다는 것은 주민들을 그물망처럼 촘촘하게 감시한다는 것과 같은 말이다.

대사원들은 경제 단위로서 시장 조성자였지만 비과세 대상이었다. 대사원들은 시주물인 가축을 담보로 지역화폐를 발행하여 마치 작은 경제왕국처럼 행세하였다. 1900년에 몽골에는 대략 1,260개의 수도원과 사원이 있었는데, 그 가운데 불당과 거처가 함께 있는 '히드hiid, hüree'는 750개 정도였고, 이들은 봉건 영주 행세를 하였다.

수도원들은 주민들에게 직접 과세하여 교역에 필요한 자금을 조달하였고, 중국 상인들에게 수송상의 편의를 유료로 제공하였으며, 또 수도원 주변의 영업권을 한족 상인들에게 팔아서 축재하였다. 수도원들은 주민들을 상대로 고리대금업도 하였다. 이때까지 몽골에서는 사원에 소속된 주민들은 상품이었으므로, 매매의 대상이었다. 사원들은 교역 루트와 교역 시스템과 긴밀하게 연결되어 있었는데, 거래되는 가축의 상당 부분은 목부들의 소유가 아니라 귀족들의 소유였다. 중국 상인들은 18~19세기에 이 시스템을 활용하고, 여기에 자금을 대어 결국에는 이를 소유하거나 전횡하였다. 1911년 청나라가 망할 때쯤에는 몽골인들 모두가 빚더미에 올라앉아 있었다. 1924년 볼셰비키 정권이 들어선 뒤에 몽골의 대사원들은 거의 파괴되었고 수만 명의 라마들은 살해되어 수백 년을 이어져 온 사원봉건경제는 막을 내리게 되었다.

주

1 Isabelle Charleux, 2006, *Temples et Monastères de Mongolie-Intérieure*, Paris: Institut national d'histoire de l'art, p.86. [qtd.in Baumer, 2018, p.61]

2 Gilman, 1999, p.234.

3 Moule, 1930, p.1.

4 다얀 칸의 본거지는 차하르 투멘으로, 차하르 부족은 그리스도인 왕비 소르각타니 베키의 제사를 맡고 있었다.

5 투멘은 군사 조직인 동시에 부족 행정 조직이다. 칭기즈 칸 시대인 1206년부터 내려온 제도로, 다얀 칸이 이를 다시 정비하였다. 6개의 투멘은 좌익의 차하르·우량카이·할하, 우익의 투메드·오르도스·윙시에부를 말한다. 다얀 칸의 막내 왕자 게르센지 홍타이지Gersenji Khongtaiji가 동몽골 투멘 가운데 가장 강력한 할하 몽골Khalkha Mongols의 수령이 되었는데, 지금 몽골 인구의 80% 이상을 이들이 차지하고 있다.

6 Perdue, 2010, p.66.

7 Baumer, 2018, p.235. 이러한 결맹을 몽골어로 '호야르요순khoyar yosun'이라고 하는데, 부처의 현신인 불교 수장이 몽골 군주의 통치를 정당화하고 그 통치에 종교적인 권위를 부여하는 세계 질서를 표방한다는 뜻이다. 이에 상응하여 군주는 불교에서 말하는 '전륜성왕轉輪聖王(chakravarti)'의 현신으로, 불교를 보호하고 전파하게 된다.

8 소남 갸초의 두 선임자들도 겔룩파의 지도자로서, 사후에 '달라이라마'라는 칭호를 받았다. 황모파의 개조인 총카파Tsong Kha Pa(1357~1419)의 제자 겐둔 드룹Gendun Drup(1391~1474)이 초대 달라이라마이다.

9 1720년이 되어서 강희제가 라사를 점령하고 티베트를 보호령으로 격하시킴으로써 청나라에 유리하게 상황이 정리되었다.

10 Baumer, 2016b, p.198.

11 Baumer and Weber, 2005, p.75, p.175.

12 80년 뒤에 티베트는 중국의 영향권 아래 들어가게 된다. 17세기에는 몽골의 지배 가문과 겔룩파 불교 조직의 연결성이 더욱 강화되었다. 몽골 군주들은 불교를 자신들의 권력을 보호하는 데 활용하였고, 겔룩파 종단은 환생이라는 교리를 통해 신격화된 수장을 계속 내세워 불교 왕조를 유지하였다.

13 Bawden, 2013, pp.52~55.

14 Bawden, 2013, pp.71~80.

15 몽골 북부 셀렝게강 하류에 있는 아마르바야스갈란트 사원Amarbayasgalant Monastery(경녕사慶寧寺)은 몽골의 3대 사찰의 하나로, 강희제의 아들인 옹정제가 건축비를 내어 건립을 시작하였고 건륭제 때인 1736년에 완공하였다. 몽골의 티

베트 불교의 영적 지도자 자나바자르의 유해를 1779년에 이 사찰로 옮겨 봉안하였다. 이는 불교 사원을 지어 주는 것이 10만의 군사를 주둔시키는 것보다 낫다는 강희제 전략의 증거이기도 하다.

16 Bawden, 2013, p.58, p.132.

17 13대 달라이라마(1876~1933)와 8대 젭춘담바 후툭투(1870~1924)는 신해혁명으로 청나라가 망하자 잠시나마 중국의 멍에에서 벗어나 어느 정도 자치권을 가진 티베트(1912~1951)와 몽골(1911~1919)을 만들었으나, 두 나라 모두 외세에 크게 의존할 수밖에 없었다. Baumer, 2018, pp.201~206.

18 청나라 말기의 사상가로 역사서인『성무기聖武記』를 썼다.

19 이번원은 홍타이지가 몽골과의 관계를 보다 체계적으로 정비하기 위하여 설치한 외교 관련 부서인 몽고아문蒙古衙門의 후신으로, 1638년에 개칭하였다. 몽골·칭하이·티베트·신장 등 번부藩部와 관련한 사무를 관장하였다.

20 shawi(구어 형식) 또는 shabi(서면 형식)는 중세 인도어 'shramana[沙門]'에서 온 말로, 종교적 의미로 제자, 경제적 의미로 수도원에서 일하는 하인을 말한다. 몽골에서는 승단과 종교적·경제적 관계가 있는 행정 단위라는 의미로 사용하였다.

21 '치'보다 큰 행정 구역은 아이막aimag[盟]이다.

티무르 시대 이후의 동방교회

일칸국의 쇠락과 함께 동방교회의 교세도 급격히 축소되었다. 이러한 동방교회에 튀르크계 티무르가 치명적인 타격을 가하였다. 티무르제국 시대에 그리스도인들은 유대인들과 함께 무참히 학살당하였는데, 동방교회는 기후와 지리적인 이유로 티무르의 만행에서 벗어날 수 있었던 쿠르디스탄·이란쪽 아제르바이잔·아르메니아와 인도 남서부의 케랄라에서만 명맥을 유지할 수 있었다.[1]

15세기가 되어서는 교회 조직이 완전히 와해되어 1450년 총대주교 시문 4세Shimun IV(1437~1497) 때부터는 총대주교를 비롯한 고위직을 특정 가문에서 대물림하게 되었다. 따라서 교회가 보편성을 잃고 선교는 도외시한 채, 단지 특정 씨족들의 생존을 위한 조직이 되어 버렸다.

인도의 동방교회 공동체

사도 도마가 복음을 전파하였다는 전승이 있는 인도 남부 지역의 그리스도인들은 5세기 초부터 동방교회 이란대교구(424년부터 대교구좌 루아르다시르)로 편입되었는데, 일반적으로 도마 그리스도인(또는 도마교회)이라고 부른다. 1500년쯤 예수회 선교사 페드로 알바레스 카브랄Pedro Alvares Cabral(1467~1520)은 코친Cochin 근처에서 인도의 그리스도인들과 처음으로 만났는데, 당시 이 지역에 20여만 명의 그리스도인들이 있었고, 이들은 메소포타미아의 동방교회 성청과 연결되어 있었다.[2] 동양에 대한 가톨릭교회 선교권을 독점하고 있던 포르투갈은 해군력을 이용하여 인도와 메소포타미아의 연결을 물리적으로 차단한 뒤에 하층

계급 인도인들을 대거 가톨릭교회로 받아들이고, 또 도마교회 교인들도 가톨릭으로 개종시켰다. 1597년부터 로마가톨릭교회는 무리한 방법으로 인도의 동방교회 대교구(도마교회)를 접수하는 작태를 벌였다.[3] 이에 도마교회 교인들은 1653년 로마가톨릭과의 분리를 선언하였고, 이러한 봉기[4]를 계기로 새로운 해양 세력으로 등장한 개신교 국가인 네덜란드의 도움으로 동방교회의 전통을 간신히 이어갈 수 있었다. 그러나 로마가톨릭교회의 집요한 와해 공작은 계속되었다. 가톨릭교회는 침투와 분열이라는 고전적인 수법으로 도마교회를 약화시키는 작업을 19세기 초까지 선교라는 미명 아래 지속하였다. 게다가 1809년에는 개신교회 선교사들까지 들어옴에 따라 교회의 분열은 새로운 양상으로 전개되었다. 현재 인도 남서부 케랄라주에는 이 지역 인구의 약 4분의 1에 해당하는 750여만 명의 그리스도인들이 있다는 통계가 있다.[5]

동방교회의 시련과 분열

동방교회에서 성직의 대물림이 400년 가까이 지속되자 분열의 씨앗이 자라기 시작하였고, 이 틈새를 로마가톨릭교회가 파고들었다. 발원지인 메소포타미아에서조차도 소수의 종교로서 명맥을 유지해 오던 동방교회는 몽골과 서유럽의 외교적 접촉을 계기로 가톨릭교회의 영향을 받기 시작하였고, 마침내 1445년에 동방교회 키프로스 대교구가 로마가톨릭교회로 합류하여 '칼데아교회Chaldean Church'라는 이름을 얻게 되었다.

16세기에 들어서자, 서아시아 지역이 정치적으로 재편되어 동쪽을 시아파Shiah인 사파비Safavi왕조(1502~1722)가, 서쪽을 수니파Sunni인 오스만제국이 차지하게 됨에 따라, 동방교회 교구들도 두 지역으로 나누어졌다. 즉, 서쪽 지역인 모술·쿠르디스탄·하카리Hakkari(터키 남동부)에서 반호까지의 교구들은 오스만제국의, 동쪽 지역의 교구들은 이란의 관할 아래로 들어가게 되었다. 이 때문에 동방교회는 지속적으로 더욱 분열하였고, 일부는 로마가톨릭교회에 흡수되거나 그 영향권으로 들어갔다.[6]

오스만제국 통치하의 동방교회

19세기 말 오스만제국이 범이슬람주의Pan-Islamism를 채택하면서 1894~1896년에 아르메니아 그리스도인 30만 명을 살해하였고, 제1차 세계대전 중에는 아르메니아 그리스도인들과 동방교회 교인들 160~180만 명을 살해하였는데, 이때 아르메니아 인구의 절반 이상이 사라졌다. 이런 상황에서 로마교황청은 동방교회의 후신인 칼데아교회를 접수했는데, 칼데아교회로서는 더 이상의 강탈과 학살을 모면하기 위한 고육책이었다.[7]

15세기에 피신하였던 동방교회 교인들의 행방

티무르제국의 압박으로 메소포타미아를 빠져나간 동방교회 교인들은 두 집단으로 나누어졌다. 한 집단은 쿠르디스탄의 모술·우르미아호·반호를 잇는 삼각지대의 골짜기에 흩어져 살면서 쿠르드족의 공격 목표가 되었다. 19세기 초 이곳에서 가톨릭선교사들의 선동으로 동방교회 책 수천 권이 티그리스강에 수장되거나 불쏘시개가 되었다.[8] 다른 한 집단은 쿠르디스탄 산악지대로 피신하였던 이른바 '산중 교인'들로, 외부인들과 철저히 격리된 생활을 하였다. 이 집단에서는 총대주교가 절대권을 행사하였는데, 1820년이 되어서야 유럽인들의 눈에 띄었다. 이때까지도 이들은 예수시대의 공용어인 아람어를 쓰면서 살고 있었다. 이들은 쿠르디스탄의 독립 운동 세력과의 마찰로 커다란 희생을 당하게 된다. 뿐만 아니라 이 지역은 영국과 러시아의 이해가 첨예하게 대립되던 지역이어서, 제1차 세계대전 중에 이들은 국제 정치의 제물이 된다. 전쟁이 끝난 뒤에도 이곳의 동방교회 교인들인 아시리아인들은 쿠르드인들이나 아르메니아인들처럼 독립을 원했으나 좌절되고, 무참히 학살 당하였다.[9]

망명지에 되살린 동방교회

1933년 25세의 젊은 총대주교 시문 21세Shimun XXI(1920~1975)는 키프로스로 추방되었고, 여러 해를 방랑하다가 1940년 미국 시카고Chicago에 자리 잡은 뒤에 교회 재건에 나섰다. 그는 바티칸과 이라크 정부를 상대로 교섭을 벌이면서 동방교회의 존재감을 가까스로 드러냈다. 1976년 마르 딩하 4세Mar Dinkha IV(1976~2015)가 망명지인 미국에서 총대주교의 자리를 이었다. 새 총대주교는 교회의 유구한 전통과 유산을 되살리는 데 중점을 두고 성직자들의 양성과 훈련에 힘썼다. 또한 다른 교회들과 대화를 시작하였으며, 고향인 서아시아의 여러 나라들과 접촉하면서 평화적인 방법으로 함께 일하겠다는 입장을 분명히 하였다. 동시에 동방교회와 원류를 함께하는 인도 대교구와도 접촉을 강화하였다. 2015년 마르 딩하 4세가 승하한 뒤에 총대주교로 축성되어 동방교회를 이끌고 있는 기와르기스 3세Giwargis III는 성청을 이라크 쿠르디스탄 지방의 아르빌Arbil로 옮겨 고토에서 오랫동안 신앙을 지켜온 교인들에게 희망을 불어넣었다.

동방교회는 현재 3개의 대교구와 8개의 교구, 14명의 주교급 성직자들이 조직의 근간을 이루고 있다. 최근에는 이라크에서의 IS 준동과 전화戰禍로 10만 명의 그리스도인들이 쿠르디스탄 등지로 피난길에 오르는 아픔을 겪었고, 그나마 보존해 오던 문화유산까지 잃어버리는 참상을 겪고 있다. 이러한 상태가 지속된다면 상황이 더 악화될 것임은 자명하다. 1,400년을 이슬람과 공존해 오던 교회가 국제 정치와 각국의 이해관계 속에서 다시 시련을 겪고 있다.

주

1 Baumer, 2006(2016), p.233.
2 Baumer, 2006(2016), pp.235~236.
3 Baumer, 2006(2016), pp.237~239. 가톨릭 선교사들은 도마교회가 보존하고 있던 필사본을 모두 태워 버리는 만행을 저질러서 1,300년이나 되는 인도 동방교회의 유산을 말살하였다.
4 Baumer, 2006(2016), pp.239~242.
5 Baumer, 2006(2016), pp.242~246.
6 Baumer, 2006(2016), pp.248~251.
7 Baumer, 2006(2016), p.252.
8 Badger, George Percy, *The Nestorians and Their Rituals*, Vol II, 1987, 12f. [qtd. in Baumer, 2006(2016), p.253]
9 Baumer, 2006(2016), pp.260~266.

13

19~20세기 초 세계 선교와 몽골

19~20세기 초에 미국과 유럽의 평신도 중심의 초교파 단체들이 세계 각국에 선교사들을 경쟁적으로 파송하면서, 그리스도교는 세계종교로서의 면모를 갖추기 시작하였다. 이 시기는 이러한 선교 열기와 더불어 식민제국주의 국가들의 약소 민족에 대한 반인륜적 범죄와 수탈이 진행되었던 격동기이기도 하였다.

— 위대한 선교의 세기

19세기의 세계 선교는 윌리엄 케리William Carey(1761~1834)의 인도 선교를 시발점으로 개신교회가 이끌었다. 개신교회가 이 시기 세계 선교의 중심이 될 수 있었던 것은 당시 유럽에 유행한 이성理性 중심의 계몽주의의 영향과 함께 18세기 초부터 시작된 몇 차례의 영적대부흥운동The Great Awakening이 있었기 때문이었다.[1] 이 선교 운동의 특징은 에큐메니즘ecumenism 색채를 띠었으며, 평신도가 중심이 되었다는 점이다. 여기에 더하여, 백인 남성 지식인 중심 사회의 우월감과 소명 의식도 작용했다고 볼 수 있다. 따라서 교파를 초월한 평신도 선교 단체들이 우후죽순처럼 출현하였는데, 1792년 영국침례교선교회BMS World Mission와 1795년 런던선교회London Missionary Society[2] 창립을 시발로 유럽과 미국에서 많은 선교 단체들이 창설되었는데, 19세기 말이 되어서는 서양의 거의 모든 그리스도교 국가들과 교파들이 앞장서서 선교를 지원하게 되었다. 특히 영국과 미국의 명문 대학 재학생들이 이러한 시대정신에 고양되어 해외 선교사에 적극적으로 자원하였다.

한편 가톨릭교회는 해외 선교를 이끌었던 예수회의 해산(1773)과 토착화 문제에 대한 가톨릭 신학자들의 반대로 선교 활동이 잠시 위축되었으나, 1814년 예수회 재건을 계기로 세계 선교를 재개하였다.

— 개신교회

런던선교회는 19세기 몽골 선교를 주도하였다. 런던선교회는 1817년 스탤리브라스와 스완 선교사를 러시아 상트페테르부르크St. Peterburg를 통하여 시베리아의 부랴트족에게로 파송하였고, 이어서 1870년 길모어를 몽골로 보냈다. 또한 스웨덴교회에서는 몽골 남부(내몽골)로 여러 선교사들을 파송하였는데, 그 가운데 순교자 반열에 이름을 올린 사람들이 적지 않았다.

성경을 번역한 선교사들

네덜란드의 몽골학 학자인 이삭 야코프 슈미트Issak Jacob Schmidt(1779~1847)는 1809년 마태복음을 몽골어의 한 갈래인 칼미크어Kalmyk Oirat로 번역하였는데, 이를 1815년 영국성서공회British and Foreign Bible Society가 출간하였다. 1817년 런던선교회는 바도마Badma와 노무트Nomtu라는 부랴트인을 상트페테르부르크로 보내 슈미트가 신약을 번역하는 일을 돕게 하였다. 이때 번역한 복음서와 사도행전을 1823년까지 러시아성서공회가 낱권 형태로 연달아 출판하였다.

런던선교회는 부랴트족 누군가의 간절한 부탁으로 부랴트 땅으로 선교사를 파송하기로 하였다. 1816년 목사 안수를 받은 에드워드 스탤리브래스Edward Stallybrass(1794~1884)가 선교사로 선정되었고, 그는 1817년 부인 사라 로빈슨Sarah Robinson(1789~1833)과 함께 상트페테르부르크에 도착하였다. 스탤리브래스는 스웨덴 예테보리Gothenburg 출신 코넬리우스 람Cornelius Rahm(1785~?)을 동역자로 만나 같이 러시아어를 배웠으며, 1818년 1월 러시아 정부로부터 선교 활동 허가를 받았다. 6,400km 떨어진 이르쿠츠크Irkutsk까지 긴 여정에 나선 그들은 도중에 모스크바에 들러 러시아 황제 알렉산드르 1세Alexandr I(1801~1825)를 만나 선교 활동에 필요한 지원을 약속받았다. 람 선교사는 부인의 건강이 악화되어 곧바로 귀국하였고, 이어서 파송된 윌리엄 스완William Swan(1791~1866)과 로버트 유일Robert Yuille(1786~?) 선교사는 1820년 2월 스탤리브래스와 셀렌긴스크Selenginsk에서 합류하였다. 그들은 난관을 무릅쓰고 성경 번역을 계속하였으나 1833년에 스탤리브래스의 첫 아내가, 1839년에는 재혼한 아내가 세상을 떠났다.[3]

영국과 러시아의 관계가 악화되면서[4] 니콜라이 1세Nicolai I(1825~1855)가 영국 선교사들을 추방하였는데, 추방되던 해인 1840년에 부랴트에서 구약을 출판하였고, 영국으로 돌아온 뒤 [1824년에 이미 번역을 완료한] 신약을 손질하여 1846년 런던에서 출판하였다. 두 선교사들 외에도 유일·람·카자흐인 인쇄공 애버크롬비Abercrombie가 성경 출판 사업에 참여하였다.

선교사들은 20년 선교의 성과라고 할 수 있는 20명 남짓한 부랴트인 개종자들을 러시아정교회에 맡기고 떠났다. 유일 선교사는 1840년 다른 선교사들이 떠난 뒤에도 부랴트 땅을 한동안 떠나지 않았다고 한다. 이것을 끝으로 시베리아의 몽골족을 상대로 한 선교는 막을 내렸다. 1876년 길모어가 부랴트 땅을 밟았을 때, 스탤리브래스 선교사 일행이 두고 간 20명 남짓한 부랴트족 개종자들과 후손들이 러시아정교회 교인으로서 신앙생활을 하고 있었다.[5]

부랴트족 선교에서 가장 큰 열매는, 무엇보다도 몽골어 성경의 발간이었다. 스탤리브래스 선교사와 스완 선교사가 번역한 성경 덕분에 몽골인들이 하나님의 말씀을 잘 이해하게 되었고, 다른 지역에 사는 몽골인들에게도 보급되어 복음 전파에 큰 역할을 하였다. 길모어는 영어로 표기된 겉장이 찢어진 신약성경을 몽골의 외딴곳에서도 보았다고 하였다. 또한 러시아정교회가 부랴트족을 상대로 이 선교사들이 번역한 성경을 가지고 복음을 전하였다. 스완 선교사는 1866년, 그의 부인은 1890년 에든버러Edinburgh에서 세상을 떠났고, 스탤리브래스 선교사는 1884년 91세로 켄트Kent에서 세상을 떠났다.

몽골의 사도 제임스 길모어

1870년 런던선교회는 제임스 길모어James Gilmour(1843~1891) 목사를 몽골로 파송하였다. 길모어는 유복한 그리스도인 가정에서 태어나 글래스고대학교에서 수학하였고, 런던에서 선교 훈련을 받은 뒤에 1870년 2월 10일 선교사 안수를 받았고, 같은 해 2월 22일 중국행 증기선에 올랐다.

그가 베이징에 도착한 지 두 달 만에 톈진교안天津敎案[6]이 터지자, 베이징의 선교사 사회는 피신 문제를 두고 혼란에 빠졌다. 이때 길모어는 베이징을 떠나 몽골 내지로 들어가는 겁 없는 선택을 한다. 그가 위험을 무릅쓴 것은 선교의 문이 닫히기 전에 선교지로 들어가야만 한다고 생각했기 때문이었다.

베이징을 벗어난 그는 국경도시 칼간Kalgan(장자커우張家口)과 우르가Urga(울란바타르)를 경유하여 9월 중순 부랴트에 도착하였다. 몽골에서의 첫 겨울을 몽골인 라마와 함께 게르에서 지내면서 몽골어를 배우고 몽골인을 이해하게 되는 값진 경험을 하였다. 하지만 몽골 땅을 밟은 지 14년이 된 1884년까지 개종자가 없었다. 그는 1874년 편지로 선을 본 영국 여성과 톈진에서 결혼하여 세 아들을 얻었으나 막내는 태어나자마자 세상을 떠났다. 그는 복음성가를 통해 그리스도를 알리고, 겨울에 베이징을 찾아오는 몽골인들을 상대로 복음을 전하였다. 이러한 10년 동안의 경험을 통해 사람들과 접촉하는 가장 좋은 방법은 약을 나누어 주는 것이라고 확신하게 된다. 이로써 그는 의료인이 아니면서 의료 선교를 펼치는 선교사가 되었다.

1882년 길모어는 영국에서 가족과 함께 안식년을 보내면서 그동안 쓴 기고문을 비롯한 글들을 모아 『몽골인들 속에서Among the Mongols』를 발간하였는데, 『로빈슨 크루소Robinson Crusoe』[7]에 버금가는 책이라는 서평을 받기도 하였다.

베이징으로 돌아온 그는 1884년 초부터 도보로 복음을 전하러 나섰는데, 바로 이 여행길에서 몽골 선교 14년 만에 첫 개종자를 얻었다. 미국위원회American Board가 파송한 미국 선교사들이 1865년부터 칼간을 동북아시아 선교의 본거지로 삼으면서 차오양朝陽 등 세 곳을 중국 북동부 유목민 선교 거점으로 하였다. 길모어도 미국 선교사들과 협력하면서 이곳들을 중심으로 활동하였다.

길모어는 흡연·아편·음주가 몽골인들을 크게 해친다고 생각하여 멀리하라고 가르쳤다. 활동비를 아끼려고 언제나 노새 한 마리만 빌려서 여인숙에도 묵지 않고 사방을 돌아다녔다. 6펜스로 하루 끼니를 때우면서, 몽골인들처럼 살았다. 큰 고을에 닿으면 번화가에 천막을 치고 온종일 병자들을 치료하고 복음을 전하였다. 어떤 해에는 8개월 동안 병자 6,000명에게 약을 나누어 주었고, 24,000명에게 복음을 전했으며, 책을 3,000권이나 팔았고, 소책자 4,500권을 나누어 주었다. 3,000km를 돌아다니며 쓴 돈은 겨우 200달러였으며, 개종자는 달랑 두 명이었다. 길모어가 1889년에 두 번째 안식년을 가졌는데 건강이 나빠진 상태였다. 기숙학교에 있는 두 어린 아들을 만나는 것이 큰 기쁨이었고 위로였다. 선교사와 자녀 교육에 관한 길모어의 애절한 이야기는 『길모어와 아들들Gilmour and His Boys』(1894)에 잘 그려져 있다.

1890년 선교지로 복귀한 길모어는 1891년 4월 런던선교회 지역선교회의에 참석하러 톈진에 갔다가, 심한 고열 증세를 보이다가 5월 21일 세상을 떠났다. 그의 부음이 머나먼 몽골 땅에도 전해지자 몽골인 신자들은 '몽골의 사도' 길모어 목사를 잃은 것을 크게 슬퍼하면서 어린애처럼 울었다고 한다.

동료들은 길모어가 사도 바울에 비견될 정도로 고난을 이겨 냈다고 칭송하면서 남들이 그의 선교 방법과 활동을 멋대로 폄하하더라도, 또 그가 선교의 열매를 맛보지 못하고 죽었지만, 그의 열정과 모범은 모두에게 큰 감동을 주었다고 술회한다.

길모어가 세상을 떠나기 바로 전에 런던선교회는 몽골로 선교사 여러 명을 파송하였다. 1888년 로버츠Roberts, 1889년 스미스Smith에 이어서 파커Parker, 토머스 코크란Thomas Cochrane(1866~1953), 리델Liddell 등을 차오양으로 보냈는데, 그들은 1901년까지 그곳을 중심으로 활동하였다. 코크란 선교사는 스코틀랜드 출신의 의료 선교사로 중국인 수련의들에게 서양 의학을 전수하는 의학교를 처음으로 열었다. 의화단 운동으로 사회가 큰 혼란에 빠져 있던 시기에 그는 1900년 베이징으로 활동지를 옮겼으며, 1906년에는 여러 선교회와 연합하여 베이징협화의학원北京協和醫學院을 설립하였다.[8]

1901년 아일랜드장로회선교회Irish Presbyterian Mission가 차오양에서 런던선교회가 하던 일을 떠맡았다. 한족들이 계속해서 차오양으로 밀려들자 이곳은 몽골 선교라기보다는 한족 선교의 중심지가 되었다.

스웨덴 선교사들의 순교와 라슨 선교사

스웨덴 선교사들도 몽골 선교에 크게 헌신하였다. 시카고 소재 북미스칸디나비아연합선교회Scandinavian Alliance Mission of North America가 1895년에 최초로 파송한 데이비드 W. 스텐버그David W. Stenberg[9]는 칼간을 거쳐 몽골로 들어가 오르도스에 땅을 구입하였는데, 선교를 위한 정착촌을 건설하려 한 것 같다. 모트Mott 선교사가 함께하였고, 1896년에는 칼 J. 수버Carl J. Suber, 1897년에는 3명의 여선교사들(해나 룬드Hannah Lund, 힐다 앤더슨Hilda Anderson, 클라라 앤더슨Clara Anderson)과 프리드스트롬N. J. Friedstrom이 합류하였다. 이들은 1900년 의화단 운동[10] 때, 시베리아를 거쳐 피신하였던 프리드스트롬과 프란스 아우구스트 라슨Frans August Larson(1870~1957) 선교사를 제외하고는 모두 순교하였다.

1897년 프레드리크 프랜슨Fredrik Franson(1852~1908)이 세운 스웨덴몽골선교회Svenska Mongolmissionen는 게오르그Georg와 에바 에네로스Eva Eneroth를 몽골로 파송하였고, 1899년에는 추가로 5명을 파송하였는데, 몽골 북서 지역을 택한 것은 시베리아 철도와의 연결성 때문이었다. 1899년에는 헬베이지Helleberg 내외와 에밀 발슈테트Emil Wahlstedt가 파송되었는데,

여러 선교사들이 칼간 북서쪽 국경 지대에서 몽골어를 배우다가 의화단 운동 때 순교하였다. 1905년에는 에드윈 칼렌Edwin Karlen이 몽골로 파송되었다.

1902년 프리드스트롬 선교사 내외가 몽골로 돌아와 내몽골에 있는 북미스칸디나비아연합선교회의 정착촌에 머물렀다. 1904년에는 마그누손A. B. Magnuson 선교사 내외가, 1905년에는 알름브라드A. T. Almbrad 내외가 정착촌으로 들어왔다.

앞서 말한 대로, 북미스칸디나비아연합선교회 파송 선교사들 가운데 살아남은 라슨 선교사는 영국성서공회의 부대리인으로 임명되어 몽골 전역을 누비고 다녔다. 1902년에만 몽골 동부와 북동부를 3,200km 넘게 다녔으며, 1904년에는 세 차례에 걸쳐 우르가(울란바타르)와 울리아수타이Uliastai까지 다녀왔다. 1905년에는 더 먼 곳까지 성경을 보급하러 다녔다.

이 선교사들 외에 칼간의 미국선교회에서, 또 중국내지선교회China Inland Mission에서 일하던 선교사들이 산시성 일대에서 몽골인들을 간헐적으로 만나 복음을 전하였다. 산시성 우타이산五臺山은 불교 성지로 해마다 많은 몽골인들이 찾는 곳이다.

라슨은 스웨덴몽골선교회와는 딱히 연관성 없이 선교와 사업을 오가는 특이한 삶을 살았다. 9살에 고아가 된 그는 스톡홀름Stockholm에서 매형의 사업을 돕다가 누나의 영향으로 선교에 관심을 갖게 되었다. 신학을 공부한 뒤에 미국에 본부를 둔 기독교선교연맹Christian & Missionary Alliance의 파송으로 몽골로 갔다. 1893년 23살에 베이징을 거쳐 우여곡절 끝에 우르가에서 몽골어를 익힌 뒤 칼간에 자리 잡았다. 이곳에서 미국인 여선교사 메리 로저스Mary Rogers를 만나 1897년 결혼하였다. 칼간을 오가는 사람들의 대부분이 라슨 일가의 손님이었는데, 탐험가이며 지리학자인 스벤 앤더슨 헤딘Sven Anders Hedin(1865~1952), 미국의 대통령을 지낸 허버트 후버Herbert Hoover(1874~1964)도 손님 명단에 들어 있다.

1900년 의화단 운동 때 많은 선교사들과 그리스도인들이 희생되었는데, 라슨 일가는 재산과 사전 편찬 자료를 칼간에 둔 채 캬흐타로 피신할 수밖에 없었다. 막일로 간신히 여비를 마련한 가족은 스웨덴을 경유하여 아내의 고향인 뉴욕으로 갔다. 1년 뒤 우르가로 귀환한 라슨은 다시 칼간에 자리 잡고 1902년부터 몽골 유목민을 상대로 성경을 보급하였다. 이 일을 하던 12년 동안 몽골의 귀족들·라마들과 교유하였으며, 그 가운데는 티베트 불교 서열 3위인 최고지도자 보그드 게겐도 있었다.

다양한 경험을 가진 노련한 선교사 라슨은 신화적인 인물이 되었다. 그는 1911년 위안스카이袁世凱(1859~1916)의 부탁으로 중국과 몽골과의 평화회담을 성사시키기도 하였고, 말 사육으로 큰돈을 벌기도 하였다. 선교사에서 정치 로비스트·사업가로 변신한 것이다. 라슨은 몽골에 46년을 살면서 공룡 화석을 찾아 나서고, 대규모 과학탐사대를 데리고 몽골 오지를 누비고, 철로 부설 사업에 간여하고, 몽골인들의 군사 훈련을 중개하는 일에도 나섰다. 그러나 1939년 일본군이 동몽골로 침입하자 맨몸으로 떠나야 했고 스웨덴과 미국을 전전하다가 소규모 사업으로 연명하면서 말년을 보냈다. 1957년 87세로 세상을 떠났다.

가톨릭교회

13~18세기 몽골 선교

가톨릭교회의 몽골 선교는 1289년 교황청이 몬테코르비노의 요한을 주교로 임명하여 원나라로 파송한 것이 시작이었다.[11] 페르시아와 인도를 거쳐 1294년 베이징에 도착한 그는 주로 동방교회 교인들을 선교의 대상으로 삼아 포교했다고 전해진다. 그가 선종한 해인 1328년 중국의 가톨릭교회 교인 수는 몽골인을 포함하여 3만 명가량이었다. 1368년 원나라의 멸망과 함께 가톨릭교회와 동방교회는 중국 땅에서 한때 사라졌으나, 1583년 예수회 신부 마테오 리치Matteo Ricci(1552~1610)가 가톨릭교회의 중국 선교의 문을 다시 열었다. 1660년 포르투갈은 난징교구를 세워 몽골 지역 선교를 맡도록 하였으며, 가톨릭교회는 1702년 난징교구에서 분리된 베이징교구에 몽골을 포함하였고, 중국의 교구를 8개로 늘려 나갔다. 교황청 포교성성布敎聖省이 1716년 몽골에 인접한 산시성山西省과 산시성陝西省의 교구를 병합하여 프란체스코회가 관장하도록 조치하자, 여러 수도회의 선교사들이 당시의 몽골 지역[만리장성 접경 지역]에서 활동하게 되었다.

나사로선교회의 활동

1773년 예수회가 해산되자 1785년 프랑스와 포르투갈의 나사로선교회 소속 선교사들이 예수회가 관할하던 베이징교구를 인계받았는데, 이들이 남아 있던 예수회 선교사들과 함께 몽골의 중국과의 접경지에서 활동을 이어갔다. 1795년 나사로선교회의 니콜라 로Nicolas Raux(1754~1801) 선교사는 몽골그리스도인공동체를 설립할 목적으로 리

허성(현재의 허베이성, 랴오닝성 및 네이멍구자치구의 교차 지역)에 부지를 매입하려 하였으나 관리들의 반대에 부딪혀 좌절되었다. 1798년 그는 중국인 사제를 리허성으로 보내어 몽골 소년 둘을 데려다 사제로 양성하기도 하였다.[12] 가경 연간과 도광道光 연간(1820~1850)에 가톨릭교회에 대한 핍박이 극심해지자 베이징교구의 선교사들은 칼간으로 피신하였는데, 이것이 가톨릭교회의 몽골 선교를 더욱 촉발시켰다. 1834년 베이징교구장이 된 나사로선교회의 몰리J. Mouly(1807~?)와 조제프 가베Joseph Gabet(1808~1853)는 1838년 몽골 지역으로 들어가 몽골어를 익히면서 복음을 전했으나 별 성과는 없었다. 그러나 같은 해 7월 가베는 몽골인 쳉겔자브Tsengeljav에게 세례를 주었다[쳉겔자브는 1846년 몽골인 최초의 가톨릭 사제로 서품된다.]. 1839년부터 가베는 몽골인 사제들과 함께 후허하오터·차오양·외몽골 각지·몽골과의 접경지인 러시아 캬흐타까지 두루 다니면서 몽골인들에게 복음을 전하였다. 또 몽골인 삼단잠바Samdanjamba(1818~1900)·나사로선교회의 에바히스트 육Évariste Huc(1813~1860)[13]도 가톨릭교회의 몽골 선교사에 이름을 남긴 선교사들이다. 1864년 교황청 포교성성의 지침에 따라 나사로선교회가 몽골 선교를 CICMCongregation of the Immaculate Heart of Mary선교회에 이양하였는데, CICM은 벨기에인 신부 테오필 페르비스트Theophile Verbist(1823~1868)가 베이징조약(1860)으로 중국이 문호를 개방하자 1862년에 설립한 가톨릭 선교 단체로, 신학교를 세워 선교사를 양성하였다. 이 단체는 내몽골에서 소규모 신앙공동체를 조직하고, 학교와 빈자들을 위한 병원을 세웠다. 이양될 당시에 몽골 국경 지역의 한족 신자는 6,282명이었으나 몽골인은 한 명도 없었다. 따라서 당시 인구 600만 명의 몽골에는 별도의 교구가 존재하지 않았다.

1864년 이후의 선교

한족의 내몽골 이주가 1645년에 시작되어 이 지역의 한족 인구가 19세기 후반에 몽골족 인구의 3배 이상으로 증가하였고, 그 격차는 더욱 벌어졌다. 1865년 페르비스트가 내몽골에 파송된 이후 1948년까지 모두 679명의 CICM 선교사들이 내몽골로 왔지만, 선교사들의 입장에서는 유목민인 몽골인들을 접촉하는 데 많은 제약이 따랐으므로 거의가 한족 선교에 치중하였고 극소수의 선교사들만이 1873년부터 차하르 부족을 상대로 몽골 선교의 문을 열었다. 1883년에 내몽골교구가 베이징교구로부터 분리되면서, 몽골을 전담하는 선교사들의 활약이 두드러졌다. 하지만 의화단 운동 때 내몽골에서만 선교사 7명과 3,000명이 넘는 신자들이 피살되었고, 많은 몽골인 그리스도인들은 홍콩과 대만으로 피난하여 그곳에 몽골인 교회를 세웠다. 내몽골과 외몽골에서 활동하던 신부들에 따르면, 공산화된 뒤에도 숨어서 가톨릭 신앙을 지킨 사람들이 남아 있었다고 한다. 1922년에 외몽골교구가 내몽골교구에서 갈라져 나왔으며, 외몽골에 공산정권이 들어서자 종교의 자유는 사라지고, 선교의 문은 닫혔다. 한편 내몽골에서도 1941년 공산군의 등장으로 가톨릭교회는 격심한 피해를 입었으나, 1947년까지도 몽골인 사제 테구스 벨리그Tegus Belig가 교회당의 문을 지키고 있는 것이 목도되었다고 한다.

몽골은 1992년 사회주의를 포기하고 중립·비동맹국가로 선포한 뒤 교황청과 수교하였고, 지금은 가톨릭 선교사들이 울란바타르에 자리잡고 있다.

몽골학의 아버지 모스타르트

1900~1925년에 벨기에 선교사들은 서하西夏(1038~1227) 시대의 유적지까지 돌아다니면서 몽골학의 기초 자료를 수집하였다. 앙투안 모스타르트는 이 자료를 가지고 역작『오로도스 몽골어 방언Textes oraux ordos』(1937)를 저술하였는데, 지금도 몽골학 연구자들이라면 반드시 참고해야 할 책이다.[14] 모스타르트는 외몽골이 공산화되자 활동지를 베이징으로 옮겨 1949년 중국이 공산화될 때까지 머물면서 오르도스의 몽골어 방언과 초원에서 사라진 동방교회에 관한 조사와 연구를 계속하였다. 벨기에 브루게Brugge 출신인 그는 고전에 통달하고, 중국어와 몽골어에 능통한 언어학자로, 오르도스에서 사용하고 있는 몽골어 방언을 위주로 음운론音韻論과 사전 편찬에 주력하였다. 또한 가톨릭 고전을 한문에서 몽골어로 옮겼으며, 몽골학을 독립된 연구 영역으로 정립시켰다. 중국이 공산화되자 미국으로 갔다가 1965년 벨기에의 고향으로 은퇴하였다. 몽골인들은 그를 티엔 바이시Tiyen Baysi 또는 노문 바이시 티엔Nom-un Baysi Tiyen이라고 불렀는데, 그의 중국 이름 티엔칭보田清波에서 음차音借한 것이다. 1926년부터『몽골비사』의 심층 연구에도 착수한 것으로 보아 20세기 서양학자들 가운데 모스타르트가 몽골어를 가장 잘 구사하였던 것으로 보인다. 아마도 오르도스에서 오랜 세월을 복음을 전하며 살았기 때문일 것이다. 그는 탁월한 몽골어 실력으로 다른 학자들에게도 큰 도움을 주었다. 그를 기념하는 도서관이 벨기에와 몽골에 있다.

모스타르트는 1934년 오르도스에서 몽골족의 한 갈래인 에르쿠트Erküt[15] 부족이 동방교회의 종교적 전통을 가지고 있는 것을 발견하였는데, 900년 전 옹구트족에게 전해졌던 복음이 그 그루터기는 남아 있었던 것이다.

러시아정교회

러시아정교회는 1771년부터 1845년까지 적어도 여덟 차례에 걸쳐 몽골에 사제들을 보냈고, 몽골인들이 많이 살고 있던 캬흐타에 동양 최대의 정교회 성당을 세웠다. 물론 이 성당은 몽골인들이 아니라 러시아인들을 위한 것이었다. 또 1872년에는 우르가(울란바타르)에 성삼위성당을 세워, 러시아 상인들과 외교관들이 미사를 드리도록 하였다. 실상인즉 첫 선교는 런던선교회 선교사들이 부랴트에서 철수한 뒤에, 그들이 남기고 간 성경을 가지고 부랴트인들을 대상으로 복음을 전한 것이었다.

— 주

1 김상근, 2004, pp.214~215.

2 1795년 침례회의 존 라일랜드John Ryland(1753~1825) 목사가 노예제 폐지 운동을 주도하면서 남태평양 제도와 아프리카의 해외 선교를 도울 목적으로 복음주의자들을 교파를 초월하여 결집시킨 것을 계기로 설립한 초교파 선교 단체이다. 1966년 영연방선교회Commonwealth Missionary Society와 합병하여 세계선교회중협의회CCWM: Congregational Council for World Mission로 개칭하였고, 1972년 연합개혁교회의 탄생을 계기로 1977년 세계선교협의회Council for World Mission로 변신하여 지금에 이르고 있다. 200년 넘게 축적된 방대한 자료는 소아즈SOAS: School of Oriental and African Studies가 소장하고 있다.

3 제임스 길모어는 1871년 스탤리브래스 목사의 후처 샬럿 엘라Charlotte Ellah가 묻힌 오나겐 돔Onagen Dome을 찾았다. Gilmour, 1883, p.40.

4 Baumer, 2018, pp.124~125.

5 Gilmour, 1883, pp.38~54.

6 1870년 톈진 시민들이 프랑스 선교사들을 학살한 사건이다. 이 사건으로 1858년 6월 청나라가 러시아·미국·영국·프랑스와 맺은 톈진조약天津條約(그리스도교의 공인 조항이 포함되어 있다.)과 이 조약을 보충한 1860년 베이징조약北京條約을 개정하게 되어 서양에 의한 중국 침탈이 앞당겨졌다.

7 영국 소설가 대니얼 디포Daniel Defoe가 1719년에 발표한 소설이다.

8 이 의학원이 지금의 칭화대학교清華大學校 의학원醫學院이다. 코크란이 1915년 영국으로 돌아온 뒤에 록펠러재단The Rockefeller Foundation이 지원하는 China Medical Board가 이 의학원을 맡았다.

9 Broomhall, 2013, pp.360~367.

10 의화단 운동義和團運動은 청나라 말기에 화베이 지역에서 의화단이 일으킨 외세 배척 투쟁이다.

11 카르피니의 요한·롱쥐모의 안드레·루브룩의 윌리엄은 비록 사제였으나 외교 사절로 여행길에 올랐으니, 이 일을 두고 가톨릭교회가 선교사를 보냈다는 주장은 무리가 있다. 이 책 7장 참조.

12 Heyndrickx, 2006, p.93.

13 에바히스트 헤지 육 지음, 김지인·안경덕·김상근 옮김, 2020, iv~xiii 참조.

14 1940년 Monumenta Serica에서 중국의 가톨릭 선교사들의 학문적 성과를 종합한 목록을 발간하였는데, 이 가운데 144건의 논문이 몽골 선교사들이 집필한 것이었다. Heyndrickx, 2006, p.100.

15 에르쿠트Erküt는 아마도 몽골어로 그리스도인을 가리키는 Ärkä'ün에서 온 것 같다. Atwood, 2004, p.108.

몽골어 성경 번역

몽골어 성경은 한국어 성경보다 70~80년 먼저 세상에 나왔다. 이보다 훨씬 전인 1294년에 가톨릭교회 칸발리크대주교 몬테코르비노의 요한은 신약성경과 시편을 몽골어로 번역했다고 전해지는데 실물은 남아 있지 않다. 그 뒤 500년이 지난 1809년 이삭 야코프 슈미트Isaak Jacob Schmidt(1779~1847)가 4복음서와 사도행전을 몽골 방언인 칼미크어로 번역하였고, 이어 1819~1823년에 몽골의 문어로 번역·출판한 일이 있다.

이어서 길모어 선교사의 기록에 나오는 대로, 스완과 스탤리브래스 두 선교사들이 1833~1846년에 성경 전권을 몽골의 문어로 번역하여 영국성서공회가 발행하였다. 이 번역에서 하나님을 '보르항'이라고 번역하였고, 그 뒤에 나온 몽골어 성경 번역의 토대가 되었다. 2000년 몽골어성서번역위원회Mongolian Bible Translation Committee가 성경 전권을 번역(키릴문자)할 때까지 구약성경은 이 번역본 외에는 존재하지 않았다. 1873년 조셉 에드킨스Joseph Edkins(1823~1905)가 마태복음을 할하어(몽골문자)로 번역하였는데, 아마도 길모어가 보급한 쪽 복음서는 이것이었을 것이다. 이 밖에도 러시아의 학자 포즈드네프의 4복음서(1887)·체스토킨의 마태복음과 마가복음(1909~1912)·라슨의 마태복음과 마가복음 개역·군젤의 신약성경(1953)·기벤즈의 신약성경(1990) 등이 있는데, 대부분 스탤리브래스 등의 번역을 참조하거나 개역한 것들이다. 몽골어성서번역위원회가 2000년에 발행된 성경을 개역하여 2013년에 개정판을 발간하였다.[1]

주

1 안교성, 2018, pp.90~114.

나가며

몽골은 1980년대 후반 이후 국민들의 민주화 요구가 거세짐에 따라 1990년대 초 사회주의 국가에서 탈피하여 민주주의 정권이 들어섰다. 사회주의 정권에서 70년 가까이 금기시하였던 종교의 자유도 헌법상의 권리가 되었지만, 포교의 자유는 자국민에게만 주어지고 있다. 이러한 제약 속에서도 그리스도교의 여러 종파와 교단들은 다양한 방법을 통해 경쟁적으로 몽골에서 선교 활동을 재개하였고, 한국교회도 어느덧 몽골 선교 30주년을 맞게 되었다.

한국교회는 지난 30년 동안 몽골에서 교회 개척·교육 선교·의료 선교·문화 선교에 앞장서면서 두 나라 사이의 인적·물적 교류에 크게 공헌하였다. 그동안 수백 명에 달하는 한국인 선교사들이 공식·비공식적으로 몽골에서 활동하였으며, 선교의 모습도 단순한 교회 개척에서 다양한 분야로 확대되어 왔다. 그러나 개별 교회가 파송한 선교사와 개인 중심의 선교 활동이 가져온 문제점도 적지 않다. 무엇보다도 선교의 밑바탕인 몽골의 문화와 역사에 대한 이해가 크게 부족하여 적지 않은 오해와 부작용을 불렀다. 수백 명의 선교사들이 다녀갔고, 선교사들이 세운 대학이 여러 곳인데도 불구하고, 선교사들이나 교수들 가운데 그 누구도 몽골의 고전이나 불경을 원문으로 읽을 수 있는 사람이 없다. 또 몽골 불교의 지도자들과 대화를 시도하거나 만나려는 사람이 있었다는 전문傳聞도 없다. 불교도들에게 복음을 전하려면 그들의 종교관·역사관·문화관을 이해해야 하는 것은 당연한 일이 아니겠는가? 칭기즈 칸 광장에서 허공에 대고 "예수 천당, 불신 지옥"을 외칠 수는 없지 않겠는가?

예수회 선교의 역사를 다소나마 편력한 필자는 선교사들의 자질에 대해 관심이 많다. 아쉽게도 필자는 아직까지 몽골에서 선교의 접점을 가지고 고민하는 한국인 선교사들을 만나지 못하였다. 선교를 목적으로 세웠다는 대학에서 자질이 우수한 학생들을 선발하기 위해 고민했다는 말도 듣지 못하였고, 몽골의 그리스도교 역사를 연구하는 연구소를 세우려는 계획도 아직은 없는 것으로 안다. 국내 대학에서 세운 몽골 최초의 선교병원이 문을 닫았다는 소식을 들었을 때 쓰라린 가슴을 움켜쥔 사람은 비단 필자 하나뿐이었을까?

이러한 환경에서 몽골의 그리스도교 역사에 관해 읽을 만한 연구서조차 없다. 턱없이 부족한 사료는 물론이고 그것들을 소화할 수 있는 언어학적·인문학적 소양을 갖춘 학자마저 거의 없는 형편이다. 이 책은 이런 답답함을 조금이라도 해소하고 싶은 필자의 간절함으로 집필한 것이다. 몽골에 복음을 전한 동방교회와 복음을 수용했던 초원의 부족들을 중심으로 몽골의 그리스도교 역사를 최대한 일목요연하게 정리하고자 했으나 여러 가지 한계로 간략한 안내서가 되어 버린 것 같아 아쉽다. 그러나 이 조그마한 시도가 단순한 읽을거리에서 한걸음 더 나아가 몽골의 그리스도교 역사를 이해하는 단초가 되기를 염원한다. 또 몽골어로도 발간되는 이 책을 통해 많은 몽골인들이 자신의 조상들이 그리스도교를 받아들였다는 사실을 알게 되어, 예수의 복음이 편견이나 제약 없이 몽골 땅에서 널리 전파되는 날이 어서 다가왔으면 좋겠다.

참고문헌

국문

고마스 하사오 외 저, 이평래 역, 2005, 『중앙유라시아의 역사』, 서울: 소나무

김상근, 2007, 『인물로 읽는 교회사』, 서울: 평단.

———, 2004, 『세계사의 흐름을 바꾼 기독교 역사: 예루살렘의 함락부터 아프리카 교회의 등장까지』, 서울: 평단.

김호동, 2016, 『아틀라스 중앙유라시아사』, 파주: 사계절.

———, 2002, 『동방 기독교와 동서문명』, 서울: 까치.

박한제 외, 2007, 『아틀라스 중국사』, 파주: 사계절.

시마무라 타카시 저, 안증환 역, 2006, 「몽골 성서 번역의 역사」, 대한성서공회, 『성경원문연구』19호, pp.200~214.

오도릭 저, 정수일 역주, 2012, 『오도릭의 동방기행』, 파주: 문학동네.

에바히스트 헤지 육 저, 김지인·안경덕·김상근 역, 2020, 『아시아 그리스도교 역사 1: 실크로드 그리스도교 초기 역사에 관한 19세기 문헌의 연구』, 서울: 연세대학교 대학출판문화원.

유원수 역주, 2003, 『몽골비사』, 파주: 사계절.

크리스토프 바우머 저, 안경덕 역, 2016, 『실크로드 기독교: 동방교회의 역사』, 서울: 일조각.

플라노 드 카르피니·윌리엄 루브룩 저, 김호동 역, 2015, 『몽골 제국 기행: 마르코 폴로의 선구자들』, 서울: 까치.

황정욱, 2005, 『예루살렘에서 長安까지』, 오산: 한신대학교 출판부.

영문

Atwood, Christopher, 2004, *Encyclopedia of Mongolia and the Mongol Empire*, New York: Facts on File.

Avery, Martha, 2004, *The Tea Road: China and Russia Meet Across the Steppe*, Beijing: China Intercontinental Press.

Bamana, Gaby (ed.), 2006, *Christianity and Mongolia: Past and Present*, Ulaanbaatar: Antoon Mostaert Center.

Bar Hebraeus, 1932, *The Chronology of Gregory Abu'l Faraj*, Wallia, Ernest A. (trans.), London: Oxford UP.

Baumer, Christoph, 2018, *The History of Central Asia: The Age of Decline and Revival*, Vol 4, London & New York: I. B. Tauris.

———, 2016, *The Church of the East. An Illustrated History of Assyrian Christianity*, 2nd ed., London & New York: I. B. Tauris.

———, 2016b, *The History of Central Asia: The Age of Islam and the Mongols*, Vol 3, London & New York: I. B. Tauris.

Bawden, Charles R., 2013, *The Modern History of Mongolia*, London: Routledge.

Bretscheider, Emil (trans.), 1888, *The Journey of Haithon, King of Little Armenia, To Mongolia and Back*, Rpt., London: Elibron Classics, 2005.

Budge, E. A. Wallis, 1928, *The Monks of Kubilai Khan, Emperor of China*, London: The Religious Tract Society.

Cecegdari, G. (ed.), 2009, *A Brief History on About Some of Tendencies of Christianity in Medieval Mongolia*, Ulaanbaatar: Antoon Mostaert Center.

Cleaves, Francis Woodman, 1982, *The Secret History of the Mongols*, Cambridge: Harvard UP.

Dawson, Christopher, 1955, *Mission to Asia*, London: Sheed and Ward Ltd.

Egami, Namio, 2000, *The Mongol Empire and Christendom*, Tokyo: San Paolo.

Gilman, Ian & Klimkeit, Hans-Joachim, 2016, *Christians in Asia before 1500*, New York: Routledge.

Gilmour, James & Lovett, Richard (ed.), 1893, *More about Mongols*, London: The Religious Tract Society.

Gilmour, James, 1883, *Among the Mongols*, London: The Religious Tract Society.

Grousset, Rene, 1996, *The Empire of the Steppe: A History of Central Asia*, New York: Barnes & Noble.

Halbertsma, T. H. F., 2008, *Early Christian Remains on Inner Mongolia*, Leiden: Brill.

Holzmann, John (ed.), 2001, *The Church of the East*, Littleton: Sonlight Curriculum.

Huc, Évariste Régis & Sinnett, Percy (trans.), 1857~1858, *Christianity in China,*

Tartary and Thibet, Vols 3, London: Longman, Brown, Green, Longmans & Roberts.

Jackson, Peter, 2018, *The Mongols and the West(The Medieval World)*, New York: Routledge.

———, 2017, *The Mongols and the Islamic World: From Conquest to Conversion*, New Haven: Yale UP.

———, 1990, *The Mission of Friar William of Rubruck. His Journey to the Court of the Great Khan Möngke 1253~1255*, London: The Hakluyt Society.

Juvaini, Ata-Malik, 1260, Boyle, J. A. (trans.), 1958, *The History of the World-Conqueror*, Vols 2, Manchester: Manchester UP.

Larson, Frans August, 1930, *Larson-Duke of Mongolia*, Boston: Little, Brown, and Company.

Li Tang, 2009, "Medieval Sources on the Naiman Christians and on their Prince Küchlüg Khan", In Winkler, Dietmar W. & Li Tang (eds.), *Hidden Treasures and Intercultural Encounters: Studies on Syriac Christianity in China and Central Asia*, Wien: Lit Verlag, pp.257~266.

Lovett, Richard (ed.), 1894, *James Gilmour and His Boys*, London: The Religious Tract Society.

Lyon, Jonathan, 2010, *The House of Wisdom: How the Arabs Transformed Western Civilization*, London: Bloomsbury Press.

Mar Bawai Soro, 2007, *The Church of the East*, San Jose: Adiabene Publications.

Mingana, Alphonse, 1925, "The Early Spread of Christianity in Central Asia and the Far East", *Bulletin of the John Rylands Library* 9, Manchester: Manchster UP. Rpt. by Gorgias Press, 2010.

Moffet, Samuel Hugh, 1992, *A History of Christianity in Asia. Beginnings to 1500*, Vol 1, San Francisco: Harper.

Montgomery, James A., translated from Syriac and annotated, 1927, *The History of Yaballaha Ⅲ, Nestorian Patriarch, and of His Vicar Bar Sauma, Mongol Ambassador to the Frankish Court at the End of the Thirteenth Century*, New York: Columbia UP.

Moule, A. C., 1930, *Christians in China before the Year 1500*, London, New York & Toronto: Society for the Promotion of Christian Knowledge.

Moule, A. C. & Pelliot, P. (eds.), 1938, *Marco Polo: The Description of the World*, London: George Routledge & Sons.

Paolillo, Maurizio, 2009, "In Search of King George", In Winkler, Dietmar W. & Li Tang (eds.), *Hidden Treasures and Intercultural Encounters: Studies on Syriac Christianity in China and Central Asia*, Wien: Lit Verlag, pp.241~255.

Platt, Andrew, 2016, "Changing Mission at Home and Abroad: Catholicos Timothy I and the Church of the East in the Early Abbasid Period", In Winkler, Dietmar W. & Li Tang (eds.), *Winds of Jingjiao: Studies on Syriac Christianity in China and Central Asia*, Zurich: Lit Verlag, pp.161~182.

Rachewiltz, Igor de, 1971, *Papal Envoys to the Great Khans*, Stanford: Stanford UP.

—— (trans.), 2004, *The Secret History of the Mongols: a Mongolian epic chronicle of the thirteenth century*, Leiden: Brill.

Rassam, Suha, 2005, *Christianity in Iraq*, Leominster: Gracewing.

Rockhill, W. W. (trans.), 1900, *William of Rubruck's Account of the Mongols*, Rpt. by Rana Saad, 2005.

Rossabi, Morris, 2010, *Voyager from Xanadu. Rabban Sauma and the First Journey from China to the West*, Berkeley, Los Angeles, London: University of California Press.

——, 2009, *Khubilai Khan: His Life and Times*, Berkeley, Los Angeles, London: University of California Press.

Ryan, James D., 1998, "Christian Wives of the Mongol Khans: Tartar Queens and Missionary Expectations in Asia", *Journal of Royal Asiatic Society*, Vol 3, pp.411~421.

Segal, J. B., 1970, *EDESSA 'he Blessed City'*, Oxford: The Clarendon Press.

Spence, Jonathan, 1988, *Emperor of China: Self-Portrait of K'ang-Hsi*, London: Vintage Books.

Standaert, Nicolas (ed.), 2001, *Handbook of Christianity in China*, Vol. 1, Leiden: Brill, pp.635~1800.

Tezcan, Mehmet, 2016, "On Christianity among Central Asian and Syr Daryan Oghuz and Their Possible Nestorian Connections", In Winkler, Dietmar W. & Li Tang (eds.), *Winds of Jingjiao: Studies on Syriac Christianity in China and Central Asia*, Zurich: Lit Verlag, pp.221~241.

Tiedemann, R. G. (ed.), 2009, *Handbook of Christianity in China*, Vol. 2, Leiden: Brill.

Weatherford, Jack, 2017, *Genghis Khan and the Quest for God*, London: Penguin Books.

——, 2010, *The Secret History of the Mongol Queens*, New York: Crown Publishers.

——, 2004, *Genghis Khan and the Making of the Modern World*, New York: Crown Publishers.

Wessels, C., 1924, *Early Jesuit Travellers In Central Asia*, Rpt. Asian Educational Service, 1992.

Wilson, Mark, 2012, *Biblical Turkey: A Guide to the Jewish and Christian Sites of Asia Minor*, lstanbul: Ege Yayinlari.

Yin, Xiaoping, 2016, "The Institution of Chongfu Si of the Yuan Dynasty", In Winkler, Dietmar W. & Li Tang (eds.), *Winds of Jingjiao: Studies on Syriac Christianity in China and Central Asia*, Zurich: Lit Verlag, pp.311~331.

——, 2009, "On the Christians in Jiangnan during the Yuan Dynasty according to *the Gazetteer of Zhenjiang of the Zhishun Period* 1329-1332", In Winkler, Dietmar W. & Li Tang (eds.), *Hidden Treasures and Intercultural Encounters: Studies on Syriac Christianity in China and Central Asia*, Wien: Lit Verlag, pp.305~319.

Yule, Henry, 2001, *The Travels of Friar Odoric. A 14th-Century Journal of the Blessed Odoric of Pordenone*, Michigan: William B. Eerdmans Publishing Company.

중문

葛承雍(編), 2009,『景教遺珍: 洛陽新出唐代景教經幢研究』(*Precious Nestorian Relic. Studies on the Nestorian Stone Pillar of the Tang Dynasty Recently Discovered in Luoyang*), 北京: 文物出版社.

부록

교회의 분열(1~16세기)
동서를 오간 여행자들(13세기)
몽골의 그리스도교 관련 유물과 유적
몽골·티베트·중국(13~20세기)
칭기즈 칸 계보
토그릴 칸 계보
일 칸 계보
칭기즈 칸·케레이트 칸의 혼맥도
옹구트 왕가 계보

교회의 분열(1~16세기)

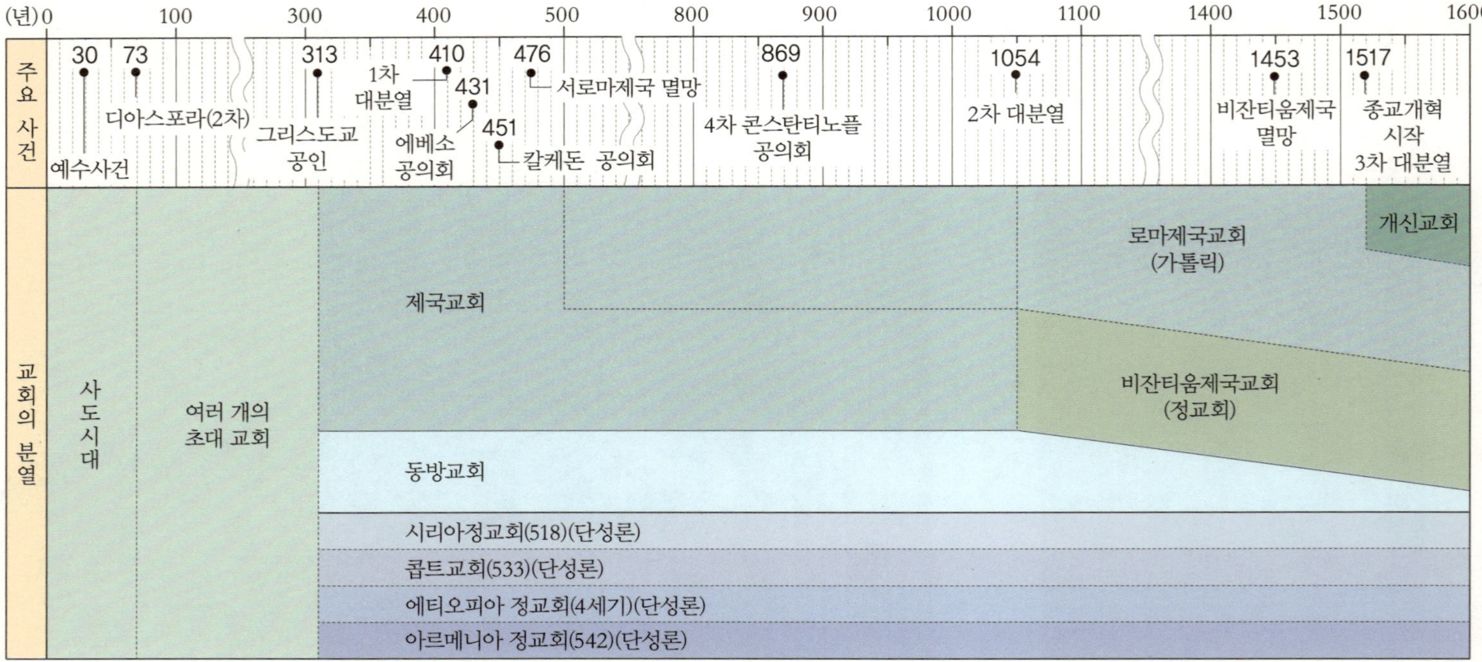

(년)
0
100
300
400
500
800
900
1000
1100
1400
1500
1600
주요 사건
30
예수사건
73
디아스포라(2차)
313
그리스도교 공인
410
1차 대분열
431
에베소 공의회
451
칼케돈 공의회
476
서로마제국 멸망
869
4차 콘스탄티노플 공의회
1054
2차 대분열
1453
비잔티움제국 멸망
1517
종교개혁 시작
3차 대분열
교회의 분열
사도시대
여러 개의 초대 교회
제국교회
로마제국교회 (가톨릭)
개신교회
비잔티움제국교회 (정교회)
동방교회
시리아정교회(518)(단성론)
콥트교회(533)(단성론)
에티오피아 정교회(4세기)(단성론)
아르메니아 정교회(542)(단성론)

동서를 오간 여행자들(13세기)

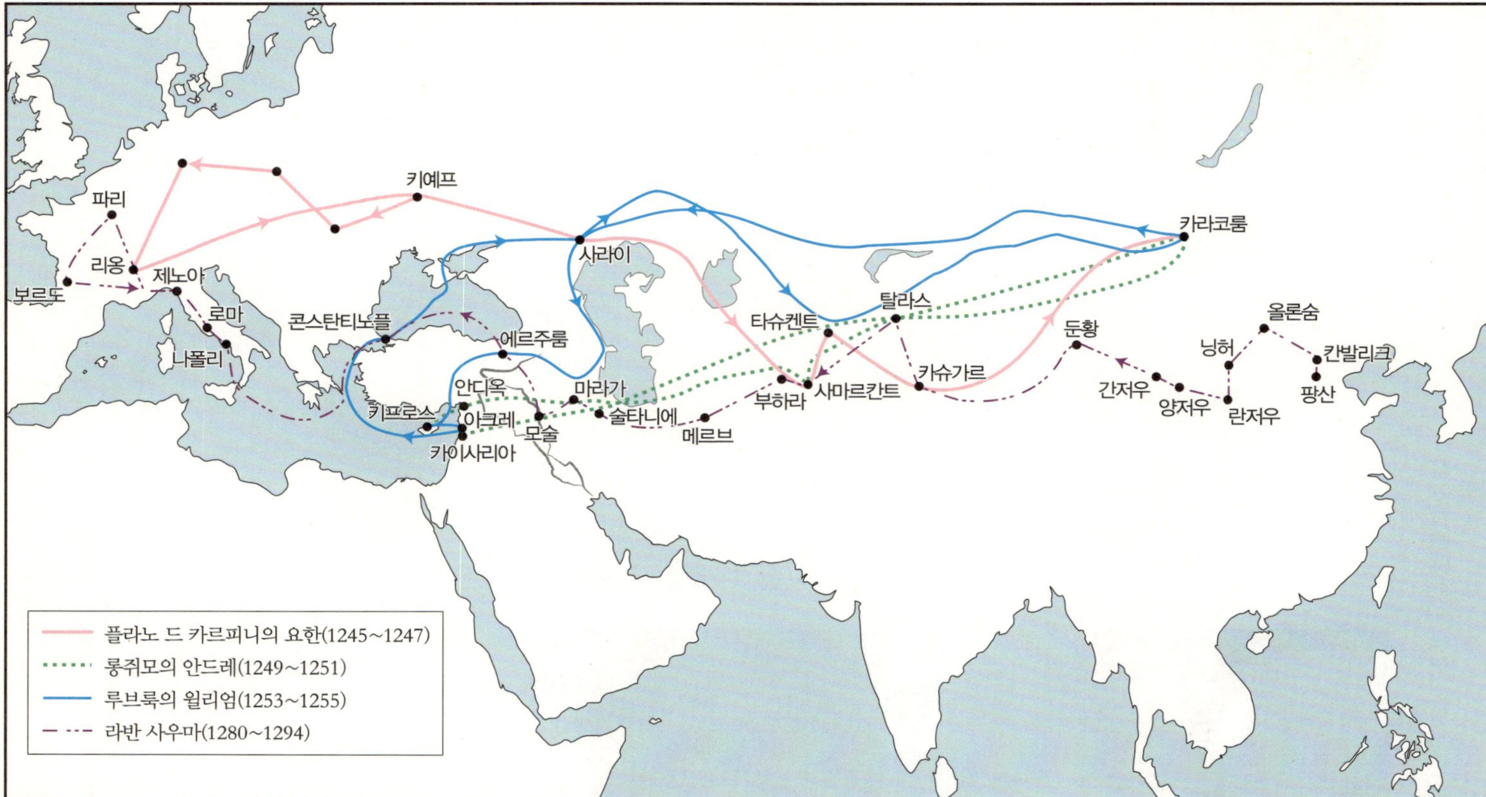

몽골의 그리스도교 관련 유물과 유적

다얀바타르Dayanbatar 석상
카자흐스탄 국경 다얀호수Dayan Lake 근처 바양울기 아이막Bayan Olgii Aimag 사그사이 솜Sagsay Sum 소재.
십자가 모양의 목걸이를 걸고 있다.

십자가가 새겨진 비잔티움제국의 금화
불간 아이막Bulgan Aimag 바얀누르 Bayannuur 올랑 헤렘 출토.

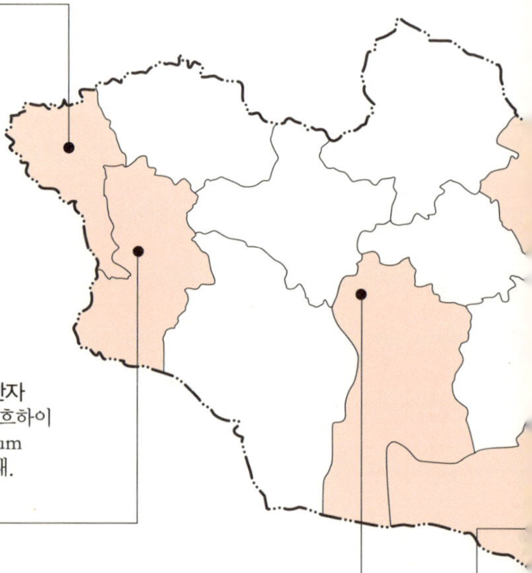

암벽에 각인된 십자가와 시리아문자, 위구르문자, 한자
홉드 아이막Hovd Aimag 몽흐하이르칸 솜Monkhkhairkhan Sum 울란톨고이Ulantolgoi산 소재.

다아강 비문에 새겨진 십자가
바얀홍고르 아이막Bayanhongor Aimag 바얀불락Bayanbulag 소재.

십자형 목걸이 부적
흰색 자개로 만들었고, 상단 고리가 부러지고 없다.
옴노고비 아이막Omnogov Aimag 놈곤 솜Nomgon Sum 차간털거이 이흐 읍궁산 출토.

웅구팅 도르스갈이라고 불리는 고대 기념물인 양과 사자 석상
토브 아이막Tov Aimag 알탄불락 솜Altanbulag Sum 소재.
구약 열왕기에 양과 사자가 많이 언급되고 있는데, 이 양의 석상 엉덩이에 인장이 새겨져 있다.

은잔 바닥에 새겨진 십자가
도르노드 아이막Dornod Aimag 출토.

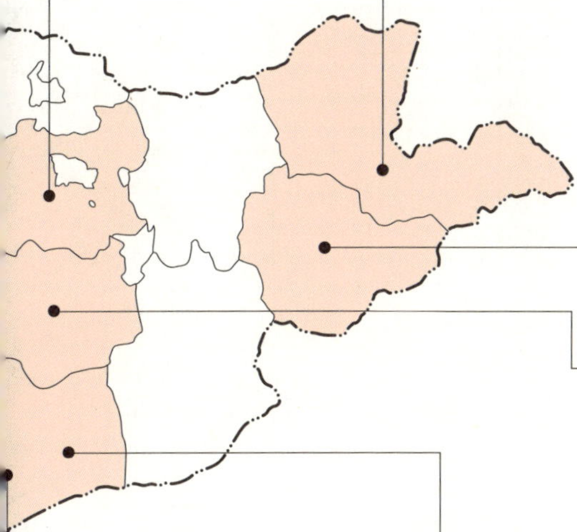

청동 십자가
수흐바타르 아이막Suhbaatar Aimag 출토.

패용 청동십자가
(둔드고비 아이막Dundgov Aimag 지역박물관 소장)
윗부분이 끝이 떨어져 나갔고, 나머지 세 끝 쪽에 3~4개의 홈이 있다.

바위에 새겨진 '다윗의 별'
옴노고비 아이막Omnogov Aimag 칸보그드 솜Khanbogd Sum 도올가산 소재.

하훌Khakhuul강 동쪽 강가 바위에 새겨진 왕관 모양의 십자가
옴노고비 아이막Omnogov Aimag 놈곤 솜Nomgon Sum 소재.

몽골·티베트·중국(13~20세기)

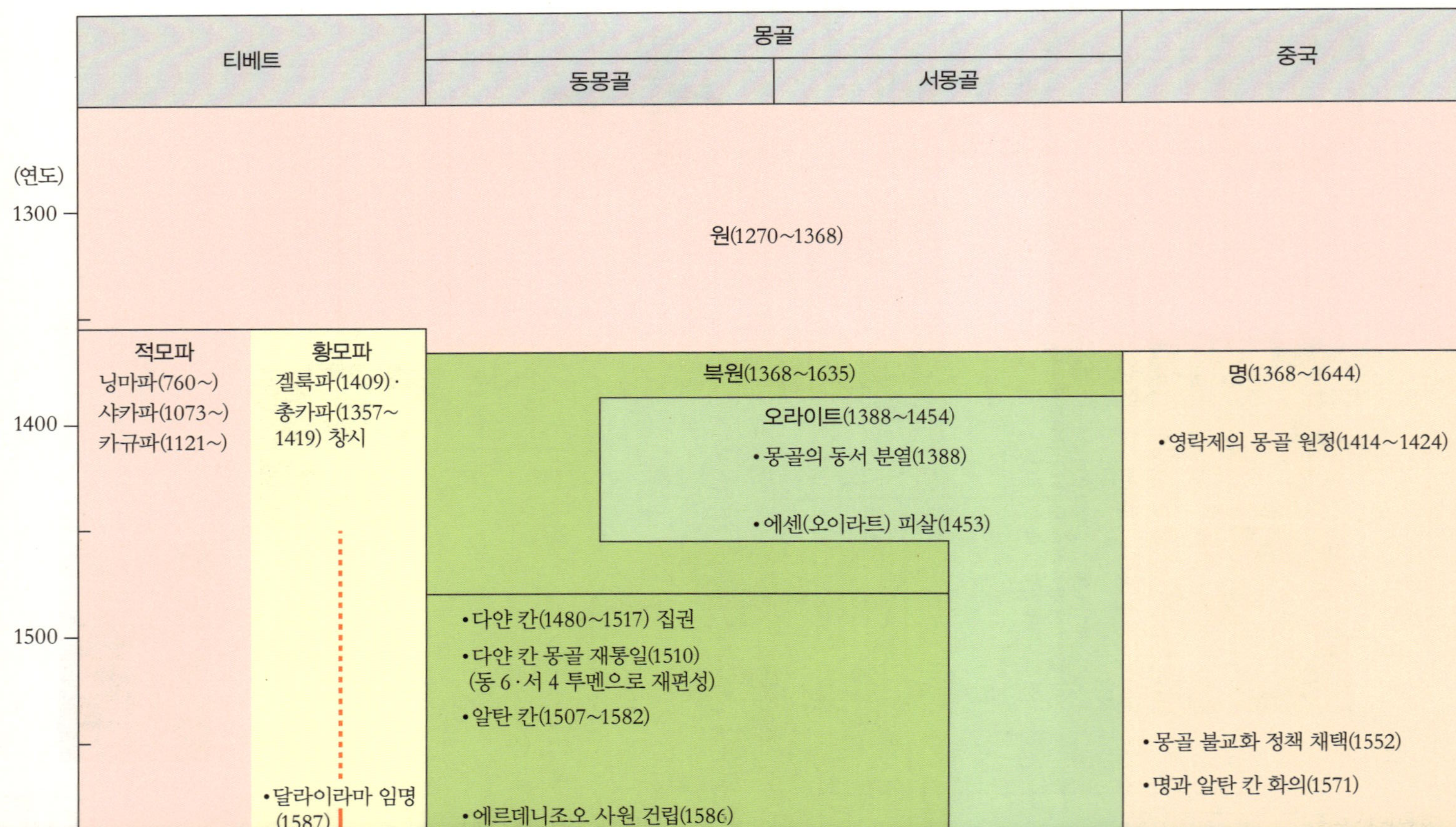

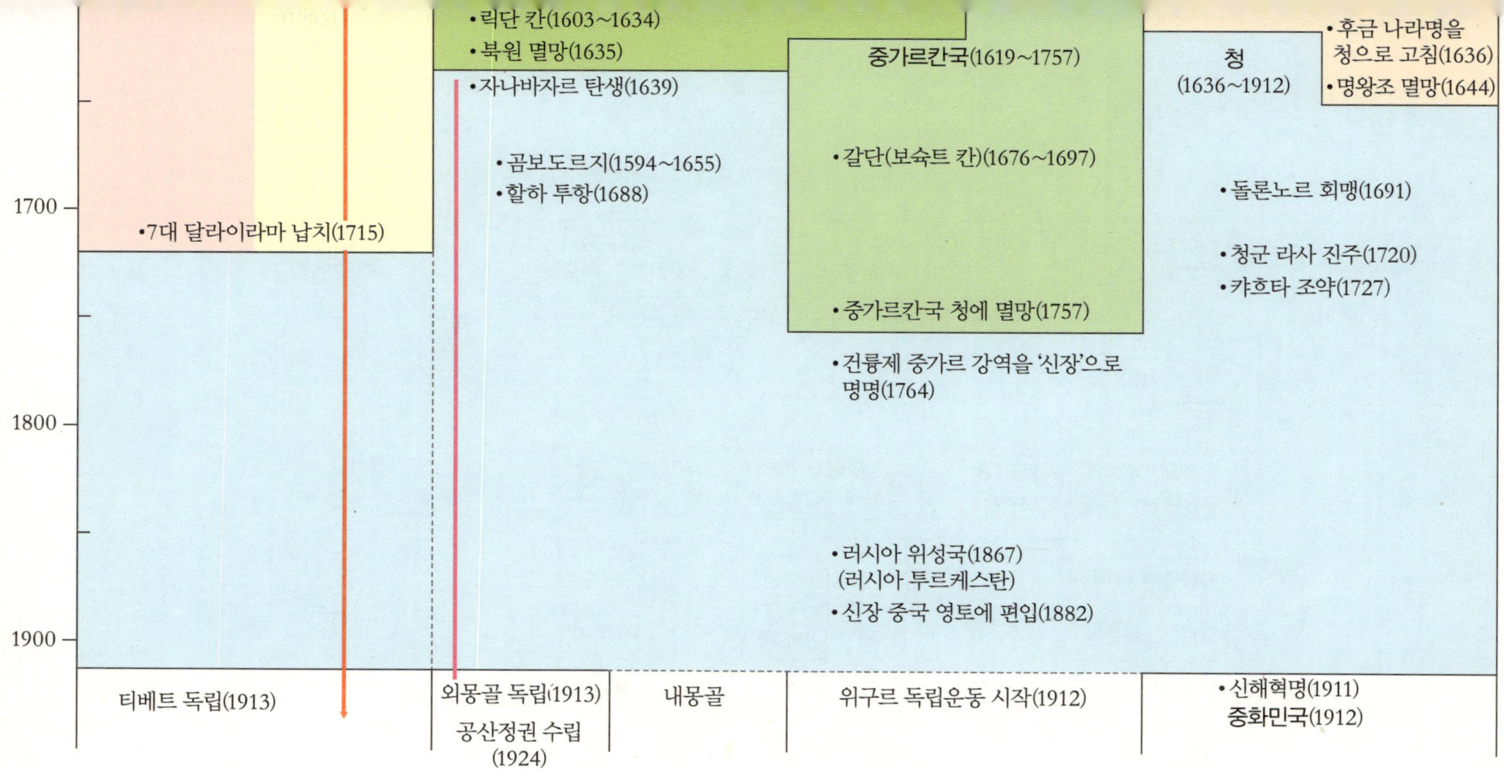

•릭단 칸(1603~1634)
•북원 멸망(1635)
•자나바자르 탄생(1639)
•곰보도르지(1594~1655)
•할하 투항(1688)
•7대 달라이라마 납치(1715)
중가르칸국(1619~1757)
•갈단(보숙트 칸)(1676~1697)
•중가르칸국 청에 멸망(1757)
•건륭제 중가르 강역을 '신장'으로 명명(1764)
•러시아 위성국(1867) (러시아 투르케스탄)
•신장 중국 영토에 편입(1882)
청
(1636~1912)
•후금 나라명을 청으로 고침(1636)
•명왕조 멸망(1644)
•돌론노르 회맹(1691)
•청군 라사 진주(1720)
•캬흐타 조약(1727)
1700
1800
1900
티베트 독립(1913)
외몽골 독립(1913)
공산정권 수립 (1924)
내몽골
위구르 독립운동 시작(1912)
•신해혁명(1911)
중화민국(1912)

칭기즈 칸 계보

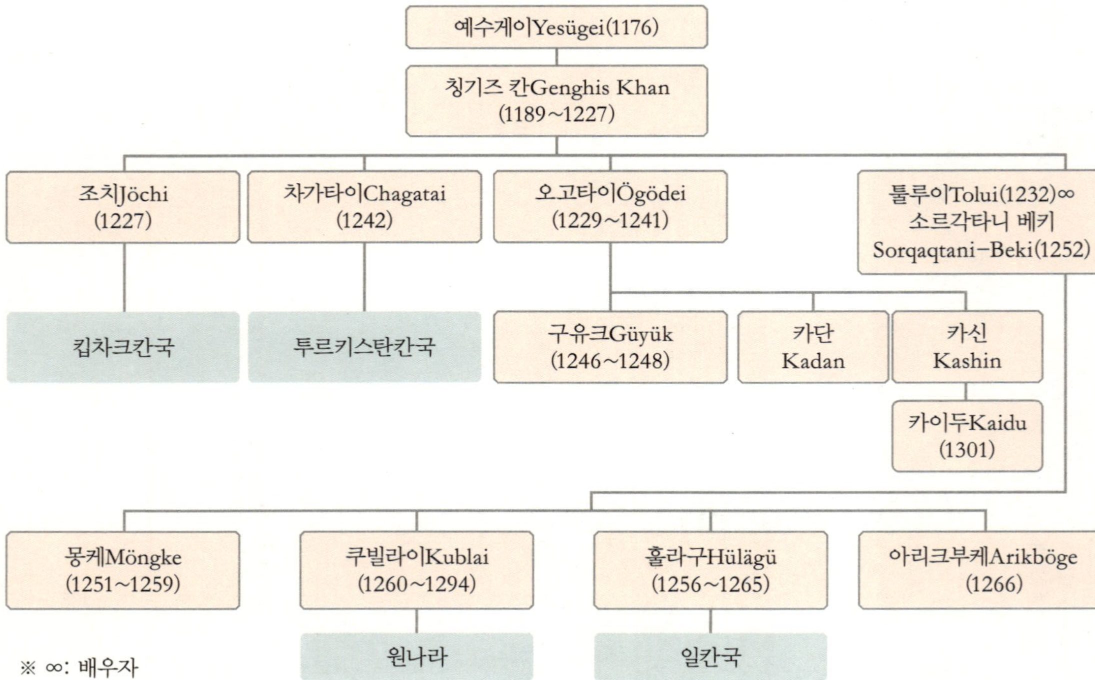
예수게이Yesügei(1176)
칭기즈 칸Genghis Khan (1189~1227)
조치Jöchi (1227)
차가타이Chagatai (1242)
오고타이Ögödei (1229~1241)
툴루이Tolui(1232)∞ 소르각타니 베키 Sorqaqtani-Beki(1252)
킵차크칸국
투르키스탄칸국
구유크Güyük (1246~1248)
카단 Kadan
카신 Kashin
카이두Kaidu (1301)
몽케Möngke (1251~1259)
쿠빌라이Kublai (1260~1294)
훌라구Hülägü (1256~1265)
아리크부케Arikböge (1266)
원나라
일칸국

※ ∞: 배우자

토그릴 칸 계보

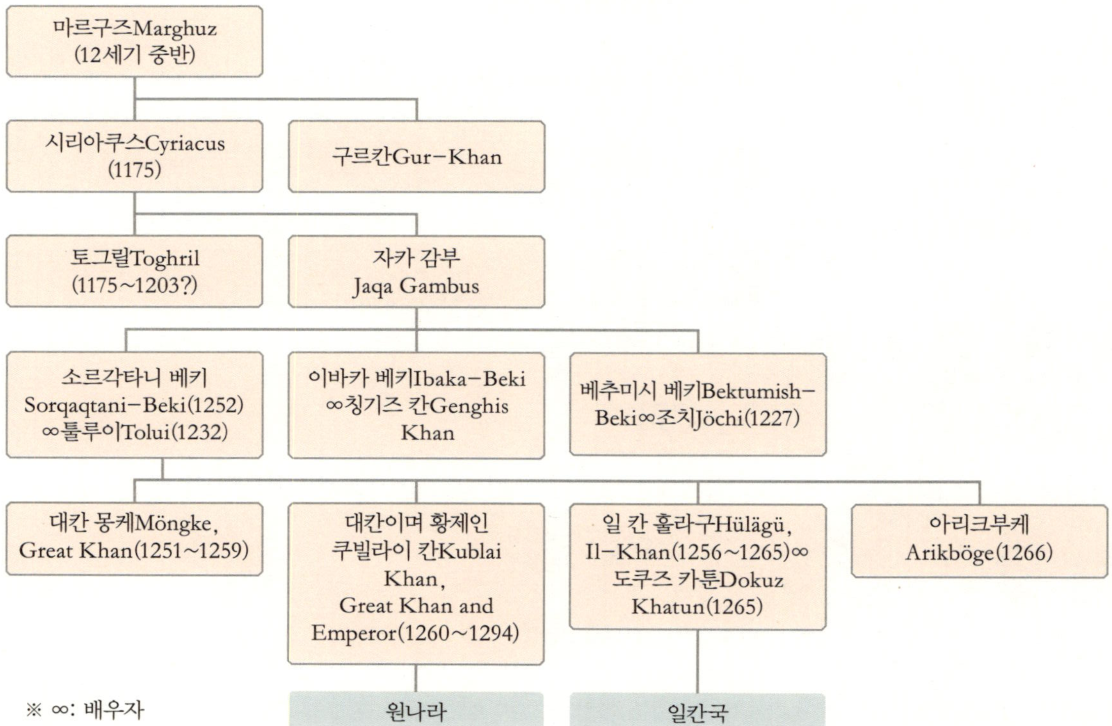
마르구즈Marghuz
(12세기 중반)
시리아쿠스Cyriacus
(1175)
구르칸Gur-Khan
토그릴Toghril
(1175~1203?)
자카 감부
Jaqa Gambus
소르각타니 베키
Sorqaqtani-Beki(1252)
∞툴루이Tolui(1232)
이바카 베키Ibaka-Beki
∞칭기즈 칸Genghis
Khan
베추미시 베키Bektumish-
Beki∞조치Jöchi(1227)
대칸 몽케Möngke,
Great Khan(1251~1259)
대칸이며 황제인
쿠빌라이 칸Kublai
Khan,
Great Khan and
Emperor(1260~1294)
일 칸 훌라구Hülägü,
Il-Khan(1256~1265)∞
도쿠즈 카툰Dokuz
Khatun(1265)
아리크부케
Arikböge(1266)
원나라
일칸국

※ ∞: 배우자

일 칸 계보

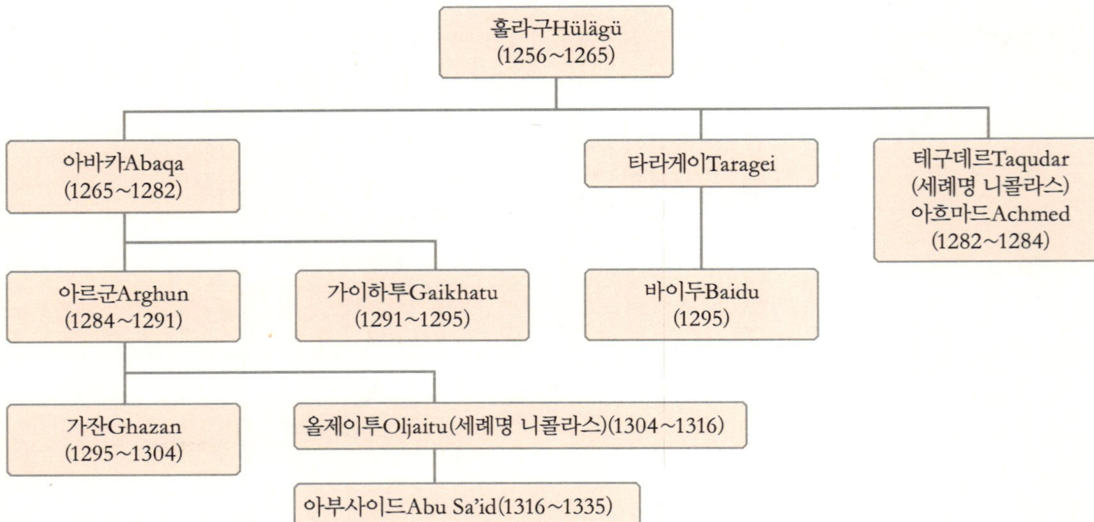

훌라구Hülägü (1256~1265)
아바카Abaqa (1265~1282)
타라게이Taragei
테구데르Taqudar (세례명 니콜라스) 아흐마드Achmed (1282~1284)
아르군Arghun (1284~1291)
가이하투Gaikhatu (1291~1295)
바이두Baidu (1295)
가잔Ghazan (1295~1304)
올제이투Oljaitu(세례명 니콜라스)(1304~1316)
아부사이드Abu Sa'id(1316~1335)

칭기즈 칸·케레이트 칸의 혼맥도

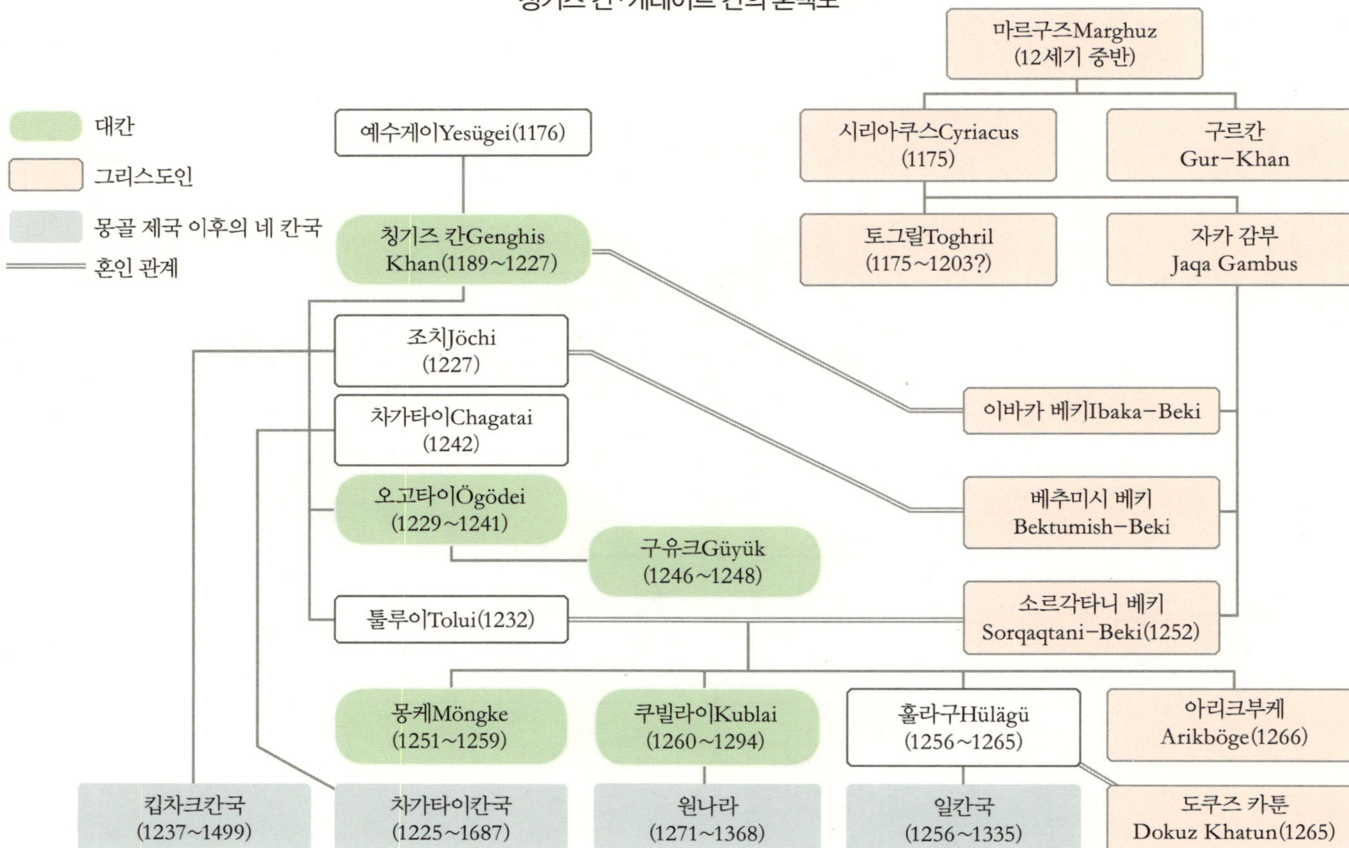

옹구트 왕가 계보

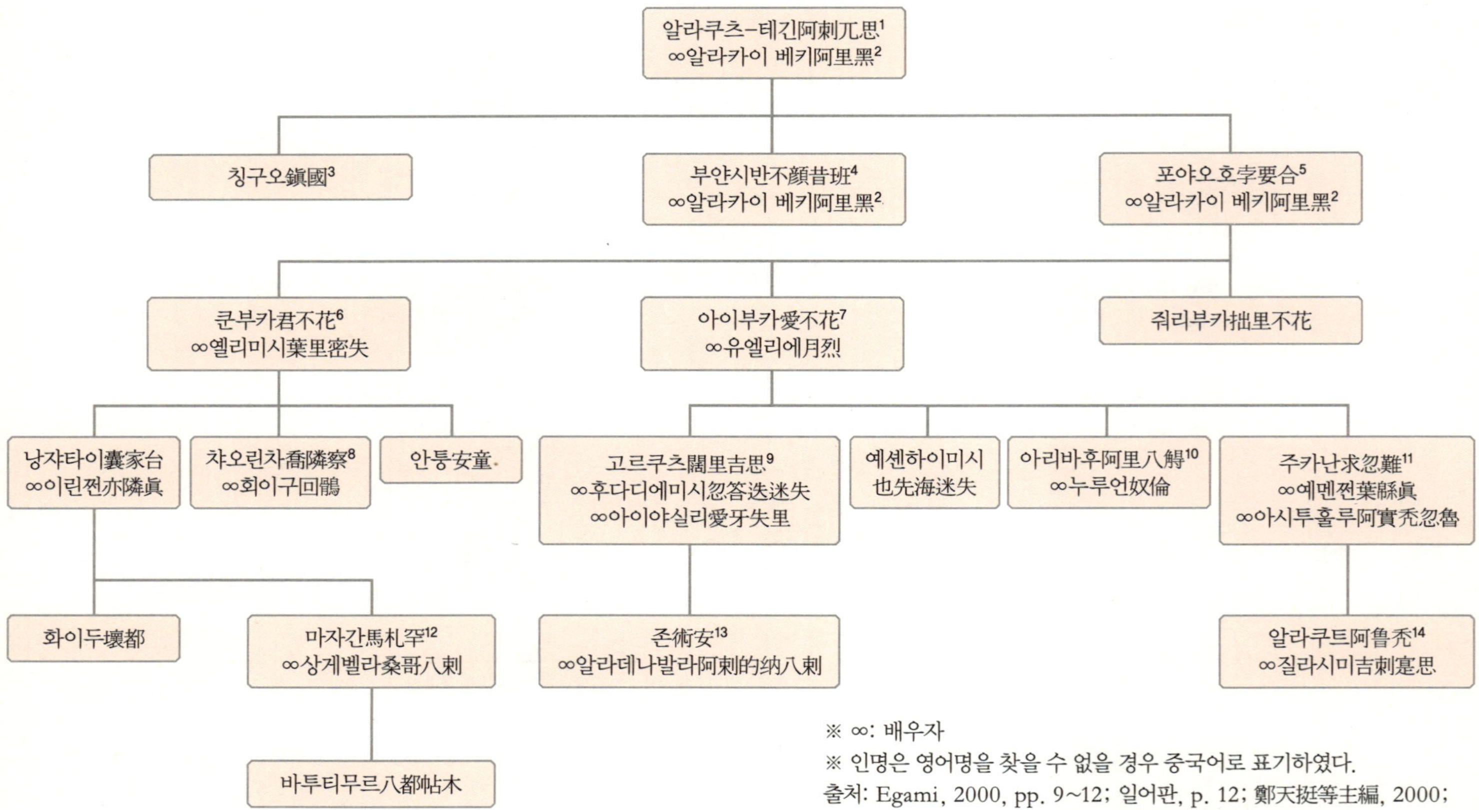

※ ∞: 배우자

※ 인명은 영어명을 찾을 수 없을 경우 중국어로 표기하였다.

출처: Egami, 2000, pp. 9~12; 일어판, p. 12; 鄭天挺等主編, 2000; 董家遵, 1995; 『元史』卷118; 『新元史』卷 116 列傳 13.

1 알라쿠츠-테긴은 옹구트 부족장으로 몽골제국의 개국 공신이다. 1204년 칭기즈 칸의 나이만족 정벌에 참여하였고, 1211년 몽골군이 자국의 영토를 지나 금나라로 진격하도록 도왔다는 이유로 신하들에게 살해되었다. 칭기즈 칸은 그를 고당왕高唐王으로 봉하였다.

2 알라카이 베키는 칭기즈 칸의 3녀이다. 알라쿠츠-테긴에게 출가하였다가, 남편이 전사하자 옹구트족 족장인 양아들 칭구오, 보야오하이, 포야오호와 연이어 결혼하면서, 몽골제국의 전략 요충지인 옹구트 지역을 20년 가까이 통치하였다. 1305년 원나라 성종(테무르)은 그녀를 '제국대장공주齊國大長公主'로 추봉하였고, 1311년 인종은 '조국대장공주趙國大長公主'로 가봉하였다.

3 칭구오는 알라쿠츠-테긴의 맏조카이다.

4 부야시반은 알라쿠츠-테긴의 맏아들이다. 1211년 칭기즈 칸의 3녀 알라카이 베키와 결혼하였다.

5 포야오호는 알라쿠츠-테긴의 유자幼子이다. 『元史』 諸公主表; 『元史』 阿剌兀思剔吉忽里傳; 〈駙馬高唐忠獻王碑〉 참조.

6 쿤부카는 구육 칸의 딸 옐리미시와 결혼하였다.

7 아이부카는 쿠빌라이의 맏딸 유엘리에[동생 제국공주齊國公主는 충렬왕忠烈王(1274~1308)의 왕후]와 1259년 결혼하여 쿠빌라이를 도와 아리크 부케를 토벌하고 1262년 제남濟南에서 일어난 이단李璮의 반란을 진압하였다.

8 종왕宗王 아즈지(阿只吉: 칭기즈 칸 씨족으로 칭기즈 칸의 현손, 차가타이의 증손, 무아투칸木阿禿干의 손자, 피리不里의 아들이다.)의 둘째 딸과 결혼하여 조왕趙王에 봉해졌다.

9 고르쿠츠는 세조의 황태자 친킴鎭金(裕宗, 1243~86)의 딸 후다디에미시Hudadiemish와 결혼하였고, 상처한 뒤에 테무르 황제의 딸 아이야실리Aiyashili와 재혼하였다. 고당왕高唐王에 봉해졌으며, 1298년 죽은 후 1305년 조왕趙王에 추봉되었다.

10 종왕인 위왕衛王 완저完澤의 딸과 결혼하였다. 종왕은 칭기즈 칸의 현손, 툴루이의 증손, 몽케의 손자, 위룽다스玉龍答失의 아들이다. 1305년 위안왕衛安王, 1310년 위왕衛王에 봉해졌다.

11 주카난은 라부화剌不花의 딸 아시투훌루Ashituhulu와 결혼하였고, 1308년 조왕趙王에 추봉되었다.

12 마자간은 황훠톄무얼晃火帖木儿의 딸 상게벨라Sanggebala와 결혼하였고, 1328년 조왕趙王에 봉해졌다.

13 또는 존注安(Juan 또는 John)이라고 표기한다. 진왕晉王 간마라甘麻剌의 딸 알라데나발라Aladenabala(쿠빌라이의 증손녀)와 결혼하였고, 1309년 조왕趙王에 봉해졌다.

14 또는 아루후阿魯忽, 아라후두阿剌忽都라고 표기한다. 1314년 조왕趙王에 봉해졌다.

찾아보기

ㄷ

ㄹ

ㅁ

ㅂ

ㅅ

ㅇ

ㅈ

ㅊ

ㅋ

ㅌ

ㅍ

ㅎ

안경덕

경기고, 연세대(경영학), 서울대 신문대학원, 연세대 연합신학대학원(선교학)에서 수학하였다. 산업은행과 대우그룹에서 근무한 뒤, 경영 컨설팅회사를 운영하였다. 2008년 이후 몽골에서 봉사 활동을 하고 있다. 역서로 『실크로드 기독교』(2016), 『부득이』(공역, 2014년 학술원 우수학술도서), 『파사집』(공역, 2018), 『아시아 그리스도교 역사』 1~3(공역, 2021년 학술원 우수학술도서) 등이 있다.

몽골과 그리스도교

1판 1쇄 펴낸날 2021년 9월 30일

지은이 | 안경덕
펴낸이 | 김시연

펴낸곳 | (주)일조각
등록 | 1953년 9월 3일 제300-1953-1호(구 : 제1-298호)
주소 | 03176 서울시 종로구 경희궁길 39
전화 | 02-734-3545 / 02-733-8811(편집부)
02-733-5430 / 02-733-5431(영업부)
팩스 | 02-735-9994(편집부) / 02-738-5857(영업부)
이메일 | ilchokak@hanmail.net
홈페이지 | www.ilchokak.co.kr

ISBN 978-89-337-0794-4 03230
값 25,000원

* 지은이와 협의하여 인지를 생략합니다.